高等职业教育学前教育专业"理实一体化"立体教材

幼儿园教育活动设计与指导

主　编：马利娜　唐冰瑶　谢春姣
副主编：李国强　王梦秋
参　编：黄丽娜　赵瑞桃
　　　　王诗柔　蒋永泰

南京大学出版社

图书在版编目(CIP)数据

幼儿园教育活动设计与指导 / 马利娜，唐冰瑶，谢春姣主编. —南京：南京大学出版社，2022.6
ISBN 978-7-305-25734-6

Ⅰ.①幼… Ⅱ.①马… ②唐… ③谢… Ⅲ.①幼儿园－教学活动－教学设计－高等职业教育－教材 Ⅳ.①G612

中国版本图书馆 CIP 数据核字(2022)第 091733 号

出版发行	南京大学出版社
社　　址	南京市汉口路 22 号　　邮　编　210093
出 版 人	金鑫荣

书　　名 幼儿园教育活动设计与指导
主　　编 马利娜　唐冰瑶　谢春姣
责任编辑 丁　群　　　　　　编辑热线　025-83597482

照　　排	南京开卷文化传媒有限公司
印　　刷	常州市武进第三印刷有限公司
开　　本	787×1092　1/16　印张 16.75　字数 377 千
版　　次	2022 年 6 月第 1 版　　2022 年 6 月第 1 次印刷
ISBN	978-7-305-25734-6
定　　价	58.00 元

网　　址：http://www.njupco.com
官方微博：http://weibo.com/njupco
微信服务号：njuyuexue
销售咨询热线：(025)83594756

真题参考答案

教学资源

* 版权所有，侵权必究
* 凡购买南大版图书，如有印装质量问题，请与所购
　图书销售部门联系调换

"幼儿园教育活动设计与指导"为高等院校学前教育专业的专业核心课程,属于理论与实践并重的教法类课程。本课程紧紧围绕幼儿园教育的现实需要来选择和组织课程内容,帮助学生掌握现代幼儿园教育活动设计的理念、方法和手段,提升专业素养,提高教育活动设计、组织与实施的能力和水平,为日后从事幼儿园教育教学工作做好准备。

本书的编写紧扣高职高专学前教育专业的人才培养目标,指向学前教育专业岗位核心能力培养。具体篇章结构如下:第一章和第二章为理论基础部分,介绍了幼儿园教育活动和幼儿园教育活动设计的基本理论。第三章至第九章为主体部分,围绕幼儿园五大领域课程,包括健康、语言、社会、科学、数学、音乐、美术七个方面,详细介绍了不同领域教育活动类型的目标、内容、途径、方法以及设计思路与评价等。

在编写过程中,本书始终以《幼儿园教师专业标准(试行)》《幼儿园教育指导纲要(试行)》《3—6岁儿童学习与发展指南》等文件为引领,对接幼儿园教师教育活动设计的核心能力,以满足学校教育专业教学的需要。具体特点如下:

1. 课程思政,凸显育人功能

教材内容具有鲜明的时代特色,在各章节目标设置上体现了课程思政要求,践行了"立德树人"的教育理念。每个章节目标注重培养学生树立科学的教育观,全面提升学生的专业理念与师德、专业知识和专业能力,凸显了教材的育人功能。

2. 理实结合,对接岗位核心能力

本书在编写过程中,以任务驱动、问题导向的形式进行设计。在内容上力求简明、实用,并在正文中穿插大量幼儿园一线教学中生动的案例,每节设置情境导入、真题链接、拓展阅读、技能训练等模块,学、思、练结合,以帮助学生在学习理解的基础上,通过不断演练与实践,真正获得幼儿园教育活动设计与实施的能力。

3. 书证一体,实现课证融通

本教材紧跟幼儿园教师资格证国考大形势,注重与幼儿园教师资格证考试挂钩,在深入研究国家教师资格证考试大纲和历年考试真题的基础上,将考试重点和考试真题融入教材中,实现"课证融合",便于学习者的学习与备考,实用性较强。

4. 技术融合,满足"三教改革"需要

本书注重信息化手段的运用,为学生提供大量的数字化教学资源(二维码形式呈现),建立集视频、文本、课件等资源于一体的立体化教材,帮助学生更好地了解幼儿园实际工作内容。大量课程资源和信息化手段的结合,能够满足教师混合式教学模式改革的需要,推动"课堂革命",同时也为学生自主学习提供信息支持。

《幼儿园教育活动设计与指导》的编写者为徐州幼儿师范高等专科学校学前教育专业具有多年教学实践经验的优秀教师和幼儿园园长、骨干教师。承担执笔任务的是:第一章和第二章由马利娜编写;第三章由李国强、马利娜编写;第四章由黄丽娜编写;第五章由王梦秋编写;第六章由赵瑞桃编写;第七章由唐冰瑶编写;第八章由蒋永泰、谢春姣(湖南民族职业学院)编写;第九章由王诗柔编写。全书由马利娜、唐冰瑶负责章节设计、组织协调、修改修订、统稿定稿等工作。

本教材在编写中参考了诸多学者关于幼儿园教育活动设计的研究成果,引用了同行和学生的一些优秀案例和素材。由于编者水平有限,难免出现错误和不足,恳请各位专家、同行和读者批评指正。

编 者

2022 年 6 月

目录

第一章 幼儿园教育活动设计概述 / 001
第一节　幼儿园教育活动的基本理论 / 002
第二节　幼儿园教育活动设计的基本理论 / 007

第二章 幼儿园教育活动设计方案 / 015
第一节　幼儿园教育活动的基本要素 / 016
第二节　幼儿园教育活动方案的形成 / 025

第三章 幼儿园健康教育活动设计与指导 / 037
第一节　幼儿园健康教育概述 / 038
第二节　幼儿园健康教育的目标与内容 / 041
第三节　幼儿园健康教育的途径与方法 / 050
第四节　幼儿园健康教育活动的设计与评价 / 053

第四章 幼儿园语言教育活动设计与指导 / 067
第一节　幼儿园语言教育概述 / 068
第二节　幼儿园语言教育的目标与内容 / 072
第三节　幼儿园语言教育的途径与方法 / 077
第四节　幼儿园语言教育活动的设计与评价 / 083

第五章 幼儿园科学教育活动设计与指导 / 102
第一节　幼儿园科学教育概述 / 103
第二节　幼儿园科学教育的目标与内容 / 107
第三节　幼儿园科学教育的途径与方法 / 113
第四节　幼儿园科学教育活动的设计与评价 / 119

第六章　幼儿园数学教育活动设计与指导 / 142

第一节　幼儿园数学教育概述 / 143
第二节　幼儿园数学教育的目标与内容 / 147
第三节　幼儿园数学教育的途径与方法 / 155
第四节　幼儿园数学教育活动的设计与评价 / 163

第七章　幼儿园社会教育活动设计与指导 / 171

第一节　幼儿园社会教育概述 / 172
第二节　幼儿园社会教育的目标与内容 / 176
第三节　幼儿园社会教育的途径与方法 / 184
第四节　幼儿园社会教育活动的设计与评价 / 191

第八章　幼儿园美术教育活动设计与指导 / 201

第一节　幼儿园美术教育概述 / 202
第二节　幼儿园美术教育的目标与内容 / 207
第三节　幼儿园美术教育的途径与方法 / 212
第四节　幼儿园美术教育活动的设计与评价 / 216

第九章　幼儿园音乐教育活动设计与指导 / 231

第一节　幼儿园音乐教育概述 / 232
第二节　幼儿园音乐教育的目标与内容 / 237
第三节　幼儿园音乐教育的途径与方法 / 243
第四节　幼儿园音乐教育活动的设计与评价 / 246

参考文献 / 260

第一章 幼儿园教育活动设计概述

《幼儿园教师专业标准》明确指出：教育活动的计划与实施能力是幼儿园教师必备专业能力之一。幼儿园教育活动是幼儿园教育目标实现的重要载体。在活动的设计、组织、实施及评价等诸多环节中，活动设计是非常重要的一环，它是有效实现幼儿园教育活动目标的第一步，同时也是衡量教师教育能力的关键。本章主要围绕幼儿园教育活动的含义、特点、类型以及幼儿园教育活动设计的原则与流程进行阐述。在学习过程中要注意理论与实践相结合，多积累案例，理解知识点并灵活运用。

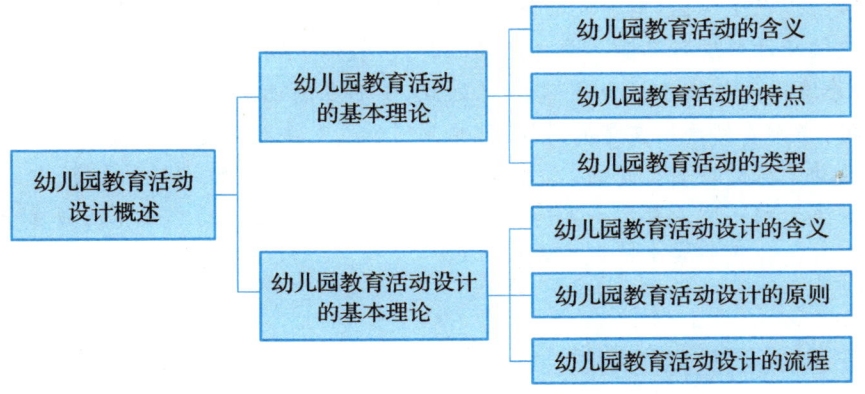

知识目标：1. 知道幼儿园教育活动的含义和特点。
　　　　　2. 理解幼儿园教育活动的类型。
能力目标：1. 掌握幼儿园教育活动的设计原则。

2. 能够对幼儿园教育活动的具体案例进行分析和评价。

情感目标：1. 乐于参与活动，对设计幼儿园教育活动感兴趣。

2. 为成为优秀的幼儿教师打下基础，提升社会责任感。

第一节　幼儿园教育活动的基本理论

某幼儿园小班近期教学主题为"探橘之旅"，为了实施主题活动，王老师提前给幼儿布置了一项亲子小任务：在家长的带领下完成"橘子大调查"，走进水果店，看看橘子长什么样，都有哪些种类等。随后，教师开展了"认识橘子"的集体教学活动，小朋友们畅所欲言，说自己见过哪些橘子，并在老师的带领下对橘子有了更加明确的认知，了解了橘子的外形特征、生长环境。同时，王老师在美工区提供了彩笔、剪刀、双面贴、画纸、橡皮泥等材料，"画上我最爱的恐龙。""加个表情更可爱！""一定要搓得圆一点。""还可以把橘子皮剪一剪，再粘一粘。"幼儿动脑筋把自己的创意借助各类材料变成了精美的作品。在科学区，王老师还提供了不同大小的橘子，幼儿通过数一数、排排序、叠叠高等展开探索活动。在生活区，老师还提供了榨汁机，小朋友们剥橘子、放橘子、榨果汁，一起合作制作橘子汁并进行品尝。户外活动的时候，教师带领幼儿开展了"橘子运动会"，进行了"看谁滚得远""橘子接力跑"等趣味游戏，小朋友们玩得不亦乐乎。

思考：当你看到这段文字的时候，你想到了什么？头脑中是否勾勒出了一个个幼儿园教育活动的生动场面？是的，这就是幼儿园教育活动实施的一个个片段，与中小学教育活动有很大的不同。那区别在哪呢？什么是幼儿园教育活动？幼儿园教育活动有哪些类型？赶快让我们来学习一下吧！

一、幼儿园教育活动的含义

《幼儿园教育指导纲要（试行）》（以下简称《纲要》）第三部分"组织与实施"第二条指出："幼儿园的教育活动，是教师以多种形式有目的、有计划地引导幼儿生动、活泼、主动活动的教育过程。"

首先，幼儿园的教育活动是一种有目的、有计划的活动。幼儿园教育活动是在幼儿园教育目标指导下，为了促进幼儿身心健康、全面、和谐发展而开展的活动，因此，幼儿教师在教育内容的选择与活动的组织上应充分考虑幼儿的学习特点和认识规律，内容上应全面涵盖各领域且有机联系、相互渗透，基于以上有目的、有计划、有针对性地组织教育活动。

其次,幼儿园教育活动是一种以幼儿为主体的活动。这反映出了幼儿在教育活动中应有的状态。教师应了解幼儿的生活实际和兴趣需要,发挥教师的主导作用。注重教育活动的综合性、趣味性、活动性,寓教育于生活、游戏之中,进而激发幼儿参与活动的积极性、主动性,增强幼儿学习过程中的实践性、自主性。

最后,幼儿园教育活动是以多种形式开展的活动。这意味着幼儿园教育活动已经摆脱了班级授课制集体教学的单一形式。幼儿园教育活动在以游戏为主要活动形式的基础上,既可以是集体的,也可以是小组或个体的组织形式;既可以是探究式的学习形式,也可以是合作式、体验式的学习形式。幼儿园教育活动还包括全园活动、亲子活动等多种类型。

二、幼儿园教育活动的特点

(一)启蒙性

学前教育是基础教育的奠基阶段,幼儿园是对幼儿进行启蒙教育的机构。另外,幼儿以具体形象思维为主,抽象思维还不够完善,认知发展水平较低。因此,学前教育的地位以及幼儿的思维和学习特点,决定了幼儿园教育活动应具有启蒙性。具体而言,幼儿园教育活动必须符合幼儿身心发展水平和年龄特征,使幼儿获得粗浅的、基础的、具体的、简单的知识和技能。如科学教育活动"探索溶解颜色的变化",对幼儿来说没有必要让他们记住两两颜色混合一起变成什么颜色,只要能激发他们去发现、探索,并对这一颜色变化现象产生兴趣就可以了。

(二)生活性

虽然教师或活动设计者按照一定的社会规范和教育要求,所选择的教育内容,相应创设的教育环境以及进行的带有目标意识的活动,或多或少地带有认知方面的要求,在某种程度上体现了一定的知识性,但即便是对知识和经验的追求也要符合和贴近幼儿所熟悉的生活,要选择生动有趣的方式,只有这样,幼儿园教育活动才能迎合幼儿的天性,唤起幼儿的热情,引发幼儿的探究并促进儿童的发展。

陶行知先生说过:"生活即教育。"越是贴近生活的教育活动越具有价值,越有利于幼儿各方面的发展。在开展教育活动的过程中,应选用接近幼儿生活,结合生活情境的方式,如"好玩的水""各种各样的线团""有趣的滚动"等,这些内容来源于幼儿生活,能帮助幼儿理解和接受,可以使幼儿在回归真实生活的背景中体验和积累经验,更主动积极地进入探索和学习。

(三)趣味性

新奇、有趣是幼儿探究和加入活动的最直接缘由。《幼儿园工作规程》中指出:"以游戏为基本活动,寓教育于各项活动之中。"例如,在户外活动时,教师可以创设情境——模仿各种动物走路的姿态来训练幼儿的动作技能,激发幼儿活动的积极性、主动性。幼儿园教育活动的趣味性不仅体现在活动内容、活动形式上,还体现在丰富的活动环境和材料。为幼儿提供新奇多变的活动环境和材料,更能满足幼儿的好奇心,激发他们的探究欲,只有这样,幼儿园教育活动才能唤起幼儿的热情,促进幼儿各方面能力的发展。

小班数学活动:小鸡吃虫

本次教学活动的目标主要是让幼儿能够手口一致地点数5以内的数,锻炼计数能力。这样一节富含数概念的枯燥活动,教师巧妙地设计了"喂小鸡吃虫"这种有趣的游戏形式,组织幼儿进行点数活动。活动中,教师请幼儿根据小鸡身上的数字,去点数相应的虫子喂小鸡吃。幼儿之间互相检查是否点数正确。

分析:教师设计利用"喂小鸡吃虫"的游戏进行数学教学,既让幼儿自然而然地了解了点数的一些要求,丰富了计数经验,同时,更使无趣的点数变得有趣,使幼儿数学计数经验的学习和获得变得生动活泼,充满了趣味性。

(四)整合性

从幼儿心理发展的内容看,它涉及幼儿身体、认知、情感、社会性等各方面的发展,而不是某一方面孤立地发展。因此,为适应幼儿心理发展的特点,幼儿园教育活动应具有整合性,以综合全面的整合性教育活动内容来促进幼儿的全面和谐发展。幼儿园教育活动是在充分协调多种教育资源,利用多种教育途径与形式,结合多个领域内容,发挥多种影响因素的基础上,构成教育活动系统的。这种整合反映在教育活动的目标、内容、资源以及方法、形式、手段等各个方面各个层次。

大班"我是中国人"主题下的各领域教育活动

在"我是中国人"的主题课程中,教师围绕该主题选择了健康领域的"爬长城"、语言领域的"五星红旗升起来"、社会领域的"国庆真热闹"、科学领域的"十二生肖"和艺术领域的"我爱天安门"等活动。

健康	语言	社会	科学	艺术
1. 爬长城 2. 功夫舞 3. 天安门前阅兵式	1. 五星红旗升起来 2. 月亮船 3. 国庆前夕 4. 盘古开天地	1. 国庆真热闹 2. 各族人民心连心 3. 献上最美的哈达 4. 中国功夫	1. 看花灯(计算) 2. 泥娃娃分家(计算) 3. 十二生肖 4. 航天科学家有功劳	1. 我爱天安门(音乐) 2. 天安门前照张相(美术) 3. 登长城(美术) 4. 大中国(音乐) 5. 京剧脸谱(美术)

分析：由以上案例可见，教师以"我是中国人"主题为核心，将幼儿在健康、语言、科学、社会、艺术等各学习领域的教育活动内容有机联系在一起，体现了教育活动的整合性，也较好地促进了幼儿和谐、全面地发展。

三、幼儿园教育活动的类型

幼儿园教育活动从不同的角度划分，有不同的类型。

（一）根据幼儿园教育活动的内容结构分类

根据幼儿园教育活动的内容结构，可将幼儿园教育活动分为学科领域活动、主题单元结构活动、区域活动。

1. 学科领域活动

学科领域活动主要包括语言、常识、计算、音乐、美术和体育活动等。通常也可以相对划分为健康、语言、社会、科学、艺术五大领域。例如，语言领域涉及语言、阅读等学科，艺术领域涉及音乐、美术学科，科学领域涉及科学、数学学科等。学科领域活动注重以学科为中心将知识系统化，以使幼儿获得相应的知识经验和技能。

2. 主题单元结构活动

主题单元结构活动主要是以某一学科知识为主题，以幼儿的兴趣和需要为出发点并渗透其他学科知识的一系列活动。主题单元结构活动注重综合性、整体性，将各学科自然地、有机地联系在一起，打破了学科领域的界限。主题单元结构活动越来越受幼儿园推崇，逐渐成为幼儿园活动的主要类型。

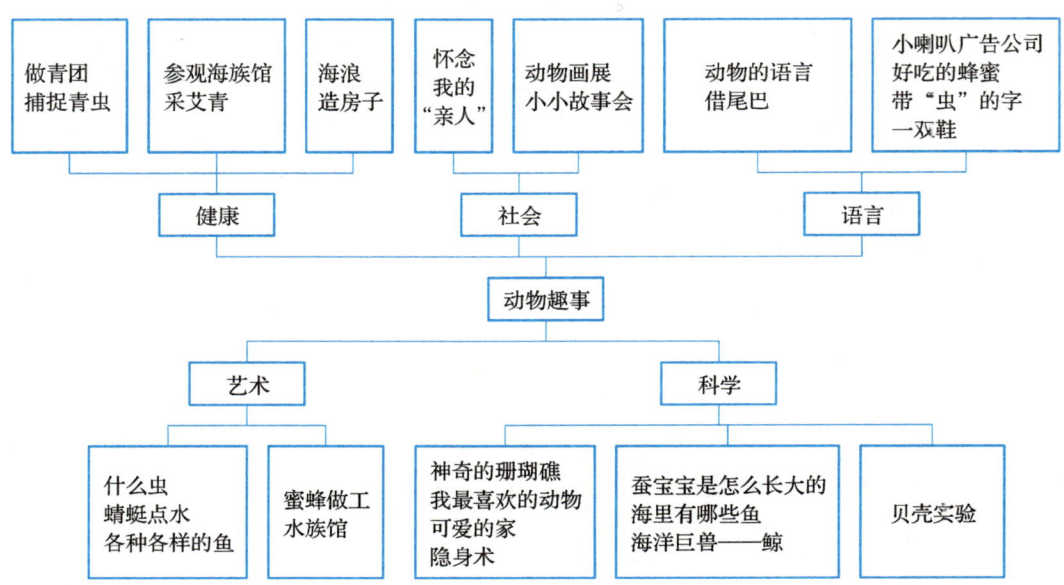

分析：对于幼儿来说，喜欢动物是孩子的天性。"动物趣事"主题的活动在设计中将各领域有机地联系在一起。在这一过程中，向5—6岁幼儿介绍不同种类动物的生长特点和形态，既可以拓展幼儿的视野，帮助幼儿了解动物的多样性，还可以培养幼儿对动物的热爱之情，认识到人类和其他动物一样，都是大自然的一部分，从小养成爱护动物、保护动物的意识。

3. 区域活动

区域活动也称区角活动，主要是指通过活动区的游戏满足幼儿不同兴趣和需求的活动。常见的区域有沙池区、角色扮演区、建构区、音乐区、美工区、图书区、科学区、故事表演区等。区域活动能为幼儿提供一个相对宽松、自由的活动环境，能满足不同幼儿的兴趣和需求，培养幼儿积极的活动态度，丰富幼儿的生活经验，引导幼儿有个性地、创造性地发展。

（二）根据幼儿园教育活动的组织形式分类

根据幼儿园教育活动组织形式的不同，一般可将幼儿园教育活动划分为集体活动、小组活动和个别活动。

1. 集体活动

集体活动是所有幼儿在教师的组织和引导下在同一时间、地点，完成同一个任务的一种教育活动形式。集体活动是我国比较传统、较为普遍的一种活动形式。

2. 小组活动

小组活动是以小组为单位开展的活动，既可以是教师安排的分组活动，也可以是幼儿自发进行的分组活动。这种形式比较容易调动幼儿的积极性，幼儿的自主性强。

3. 个别活动

个别活动一般是教师面对个别幼儿进行的活动，也可以是幼儿自发的活动。这种形式更有利于因材施教，有利于教师对个别幼儿进行深入了解；同时，这种形式有利于幼儿根据自己的兴趣和需要选择自己喜欢的活动内容及方式，有利于幼儿个体创造性的发展，真正照顾到幼儿的个别差异。

集体活动、小组活动、个别活动各有各的特点，因此，在组织与实施幼儿园教育活动时，我们应将三种活动形式有机结合，合理交替使用。需要注意的是，我们要根据不同年龄阶段幼儿的特点选择不同的组织形式。

（三）根据幼儿园教育活动的一日流程分类

根据幼儿园教育活动的一日流程，可将幼儿园教育活动划分为生活活动、游戏活动和教育活动。

1. 生活活动

生活活动主要培养幼儿的生活自理能力和良好的生活卫生习惯。一般包括入园、进餐、饮水、盥洗、如厕、睡眠等，既可以是以某一个生活环节随机进行的活动，也可以是与专门的教育活动结合进行的活动。例如，某教师以"吃午点"这一生活活动环节进行随机教育活动，引导幼儿养成良好的进餐习惯。

2. 游戏活动

游戏活动贯穿于幼儿的一日活动中。专门的游戏活动有体育游戏、音乐游戏和益智游戏等。除此之外,也有在教学活动中以游戏形式开展的一系列活动。例如,在社会领域教学活动"红灯停,绿灯行"中,可通过角色扮演的游戏形式巩固幼儿对交通规则的理解。

3. 教育活动

教育活动主要是指为实现某个教学目标而进行的活动。在幼儿园教育活动中,教师利用幼儿园及周围的环境资源,有目的地选择教育内容,灵活地运用多种活动形式、活动方法、活动手段,鼓励幼儿主动参与,积极探索周围的世界,使幼儿的身心得到全面发展。广义的教育活动主要包括教学、节日的庆祝、劳动、参观、运动会、郊游等。

第二节　幼儿园教育活动设计的基本理论

新入职的张老师给大班孩子组织了一节体育活动,为锻炼孩子们的跳跃能力,张老师设计了跳兔子舞的游戏情境。整个活动过程中,小朋友们玩得不亦乐乎,非常热闹。可是园长却指出,对于大班孩子来说,原地跳、向前跳都是非常容易做的,目标设计太过于简单。

思考:什么是幼儿园教育活动设计呢?它的特点是什么?幼儿园教育活动的设计除了考虑幼儿原有的认知发展水平和生活经验外,还需要遵循哪些原则呢?下面请跟着我们一起来认识一下幼儿园教育活动设计吧。

幼儿园教育活动的设计是实施幼儿园教育活动的前提条件。在广义上是指幼儿园课程的设计,即是指幼儿园依据一定的教育目标,有计划、系统地设计各层次教育教学计划(方案)的过程。它是一个系统工程,整个系统是由若干子系统构成。在狭义上是指一个个具体的教育活动的设计,每个教育活动的具体设计包括活动目标、活动准备、活动过程、活动延伸等方面。

一、幼儿园教育活动设计的含义

幼儿园教育活动设计是教师在尊重幼儿身心发展的规律和学习特点,了解和掌握幼儿的现有水平和发展需求的基础上,创造性地对幼儿园教育活动的目标、内容、实施策略、评价方法等进行思考和构建的一个完整的过程。

教育活动设计是对一个教育活动的具体行动规划,是教师进行教育教学的蓝图,也是教师取得良好教育效果十分必要的准备工作,它是构成教师教学准备策略的重要内容。幼儿园教育活动设计的好坏是幼儿园教育活动是否成功的关键。

二、幼儿园教育活动设计的原则

（一）发展适宜性原则

幼儿园教育活动设计应在充分考虑和利用幼儿现有发展水平的基础上，为每名幼儿提供适合其年龄特点，适合其个别差异的教育活动。例如，在某小班教学活动中，教师确定的目标是"能熟练使用筷子并进餐愉快"，显然，这个目标是不符合该年龄阶段幼儿发展特点的。小班幼儿小肌肉的发育不够完善，是不足以完成熟练使用筷子这一动作技能的。因此应将"熟练使用筷子并进餐愉快"调整为"能熟练使用勺子并进餐愉快"更为适宜。

贯彻发展适宜性原则应注意以下三个方面：首先，教师充分观察、了解幼儿是前提；其次，活动设计、组织、实施要结合本班幼儿年龄特点，关注幼儿最近发展区，一切从实际出发；最后，活动设计要为每个幼儿着想，关注个体差异。

> **拓展阅读**
>
> 苏联著名心理学家维果斯基依据一系列实验的结果，指出了对学龄期的教学与发展问题具有重要价值的观念——最近发展区。
>
> 维果斯基的"最近发展区理论"，指出儿童发展在任何时候都不是仅仅由成熟的部分决定的。他认为，儿童的发展有两种水平，第一种是现有的发展水平，表现为儿童能够独立地、自如地完成教师提出的智力任务。第二种是潜在的发展水平，即儿童还不能独立地完成任务，而必须在教师的帮助下，通过模仿和自己努力才能完成的智力任务。这两个水平之间的差距则为最近发展区。教学应着眼于学生的最近发展区，为儿童提供带有难度的内容，借助教学方法、手段，调动儿童的积极性，引导儿童掌握新知识，形成新技能、技巧。然后在此基础上进行下一个发展区的发展。

（二）科学性原则

幼儿园教育活动在设计时要确保向幼儿传授的知识、观点、技能等应该是正确的，是符合客观规律的，并帮助幼儿正确地认识事物，形成正确的概念。例如，有幼儿问："青蛙为什么是两栖动物？"有的老师这样解释："因为青蛙小时候生活在水里，长大了又能在陆地上，这样的动物就是两栖动物。"实际上这是不准确的，青蛙在幼体阶段即小蝌蚪时期是用鳃呼吸，它们成熟后是用肺在陆地上呼吸，这样的动物就是两栖动物。总之，活动目标的确立、活动内容的选择、活动方法的运用以及环境的创设等，都要科学合理，才能更好地实现教育目标。

贯彻科学性原则需要注意以下三个方面：首先，要保证活动内容的科学性，为幼儿今后树立科学的世界观奠定基础；其次，设计活动时要科学合理地安排幼儿的活动时间、活动强度；最后，幼儿教师要注重提高自身的专业素养。

(三)主体性原则

主体性原则是指在教师的引导下,幼儿通过自己的主观意识和实践活动来获得知识经验。教师必须坚持遵循和体现以幼儿作为活动的主体,在活动内容的选择及活动形式的安排方面,注重激发幼儿的能动性、自主性、创造性,通过为幼儿创设具有趣味性、探索性,可供儿童自由交流和探索的环境与材料,引发幼儿积极主动地与环境相互作用,以获得相应的经验。如,在认识"各种各样的水果"活动中,多让幼儿操作,通过摸一摸、闻一闻、比一比、尝一尝等来了解水果的属性。

贯彻主体性原则需要注意以下三个方面:第一,教师要善于激发幼儿的学习兴趣和动机;第二,要为幼儿提供更多自主性的活动内容;第三,活动中教师要给予适时的指导。

在自然角,李教师准备了种类繁多的蔬菜让幼儿观察,面对这么多的蔬菜,幼儿一时无从下手。许多孩子拣起这个又拿起那个,并不停地调换。这时幼儿虽然表现出对实物的摆弄,但其感知思维活动却是盲目的、停滞的。李教师发现后及时指导:"小朋友,你们看,哪些蔬菜的叶子是能吃的?我们先把这类蔬菜挑选出来吧。"

分析:在李老师语言的提示下,孩子的操作就更具有针对性,观察也会更有目的性和积极性,教师的主导作用和幼儿的主体地位就可以得到充分的体现。

(四)渗透性原则

在教育活动设计中,应将不同领域的内容,各种不同的学习方式与方法加以有机融合,将其作为一个互相联系而不可分割的完整体系来对待。这就要求教师要善于发现生活中的教育契机,将教育渗透于幼儿的一日活动中,同时要有技巧地将五大领域的内容有机地整合在一起,比如语言领域诗歌活动"我的祖国真大",在教学活动中,教师可以将艺术领域和社会领域的内容有机地渗透当中,如可以将诗歌填入耳熟能详的谱子唱出来,并创编出简单的动作,教师还可以讲讲我国拥有的"世界之最",激发幼儿爱祖国、爱家乡的情感。

(五)开放性原则

在幼儿园教育活动设计中,教师既要根据一定的教育目标要求和内容范围,在预测分析幼儿的学习需要以及年龄特点的基础上,积极主动地为幼儿创设和提供促进其学习的环境和资源及对教育活动进行必要的预设,同时更应当遵循充分地调动幼儿的兴趣、鼓励幼儿的探究和满足幼儿的需要的原则,给教育活动设计留有足够的空间,这种空间是随时随地为幼儿偶发的、自然生成的、即时体验的活动而准备的。因为教育活动本身是一个动态的过程,根据活动进展的情况,活动目标的及时调整、内容的丰富多元,及活动形式的灵活多样等都体现了活动设计的开放性。

三、幼儿园教育活动设计的流程

幼儿园教育活动设计是有一定流程和规律的。初学者要了解活动设计的基本流程，才能进行灵活的运用。

（一）钻研教育法规、政策文件

设计一个教育活动的目的就是为了让幼儿达到某种水平，而且要有理有据，因此不可忽略教育政策文件的精神与要求。《3—6岁儿童学习发展与指南》（以下简称《指南》）、《纲要》及《幼儿园教师专业标准》都是国家教育行政部门制定的有关幼儿园教育理念、目标、要求和如何组织教育教学活动、如何评价幼儿园活动的指导性文件，也是编写活动方案的主要依据。教师必须认真钻研文件精神，"吃"透标准，才能准确把握本次活动的目标和要求，编写活动方案时才能心中有数。

例如，《纲要》在幼儿园健康领域对"自理能力"做出了规定，即"生活、卫生习惯良好，有基本的生活自理能力。"那么老师在设计时可以考虑"自己的事情自己做""我会自己穿鞋子""小手真干净"等教学活动。

（二）分析幼儿实际和需求

幼儿是教育活动的对象，教师活动的实施最后都要落实到幼儿身上。所谓备幼儿，即深入了解幼儿实际和需求，这是方案设计过程中不可缺少的环节。幼儿的实际和需求主要指幼儿的知识基础、理解能力、认知特点、个性特征以及兴趣和需要。除此之外，教师还要思考在活动过程中可能会产生哪些问题，幼儿可能会产生哪些困惑，如果出现问题时教师如何解决等。

马老师是一位经验丰富的老教师。今年她带的小班幼儿入园适应特别好，园长让她分享经验。她说，小班幼儿离开熟悉的家庭环境，来到幼儿园，缺乏安全感，会哭闹，找妈妈等，为了让他们尽快适应，喜欢上幼儿园。我设计了很多活动，如"高高兴兴上幼儿园""小鸡小鸭在一起""老师爱我我爱她"等。

分析：在马老师这些话语中，她分析了幼儿的实际和需求，为让幼儿尽快适应幼儿园生活，她设计了一系列活动，较好地帮助了幼儿熟悉环境、安定情绪，愉快地参加幼儿园活动。

（三）拟定活动名称

幼儿园教育活动名称就是一次具体教育活动的题目。好的活动名称，首先要求充满童趣，如"奇妙的磁铁"（科学活动）、"勇敢的小伞兵"（体育活动）。其次要能反映活动的主题，如"保护自己办法多"（科学活动）。再次要简洁明了，以五大领域活动为例，如中班语言活动"春天的电话"（故事）、中班艺术活动"大树妈妈"（歌曲）。

（四）确定活动目标

活动目标是指通过某一次或某几次教育活动所期望取得的效果。它指明了教育要达到标准和要求,是开展教育活动的依据。它不仅对教育内容、教育方法、教育手段和教育活动形式产生影响,也影响了教育的结果及幼儿的发展。活动目标的确定要符合《纲要》《指南》等文件精神;目标的设置与陈述应当从幼儿的角度而非教师的角度出发;要从结果性目标和体验性目标相结合的角度确立知识与技能、过程与方法、情感态度与价值观三位一体的目标体系;要根据"最近发展区"制定明确、具体、可操作性强的行为目标,切忌大、空、不切实际。

大班语言活动:小猴卖"○"

【活动目标】
1. 理解故事内容,感知故事中小动物的形象特点。
2. 能根据故事中动物的对话分析小动物要卖的"○"代表什么事物,并尝试根据外形或功能描述出自己想购买的东西。
3. 喜欢听故事,懂得做事要动脑筋。

分析:该活动目标能够结合故事特点,深入分析其教育价值,而不是单纯的让幼儿学会讲故事;能够站在幼儿的角度进行表述,目标设计具体、可行性高,关注幼儿的全面发展,分别从认知、能力、情感态度三个维度进行表述。

(五)选择活动内容

首先,活动内容的选择根据目标进行,考虑内容是否体现目标的要求,减少随机性。其次,活动内容选择还要考虑幼儿年龄特点、发展水平、兴趣需要,体现科学性、教育性,不要以教师喜好去代替孩子的兴趣。再次,根据认知发展规律选择内容,体现整体性、有衔接、减少坡度。最后,根据时空特点和发展变化选择内容,体现规律性、季节性、社会性。

(六)确定活动方法

幼儿园教育活动可供选择的方法很多,有讲授法、演示法、操作法、讨论法、游戏法、参观法、观察法、故事法等。教师应依据幼儿的年龄特点、知识水平等因素运用恰当的方法。例如,小班选用游戏性、趣味性、操作性的具体形象法多;大班可适当增加讨论、研究、思考等较抽象的活动方法。此外,还要依据不同的活动内容而选择适宜的方法。

(七)设计活动过程

活动过程是为实现教育目标而对教育内容的具体展开和教育方式、方法的具体运用。主要考虑以下四个问题:

1. 详略得当,重点突出

在时间有限的活动中,活动过程的设计应在紧紧围绕目标的前提下,考虑环节架构的有效性。一般在导入环节、结束环节上花费时间较少,大部分时间都在展开和巩固环节。在具体操作时要根据活动目标确定本次活动的重点与难点,并在环节设计中凸显,找准活动中的重点环节,对设计方法详细考虑,如在活动时间安排的比例等方面均可思考并体现。例如,在中班健康活动"我爱刷牙"中,学习正确的刷牙方法是本活动的重点内容,那学习正确的刷牙方法环节就应抓住"多样"等特点精心设计,通过教师演示、幼儿练习、儿歌创编、实际操作、比比谁的牙齿最干净等方式落实目标,解决重点。

2. 层次分明,思路清晰

当重点环节确立之后,就要考虑每个环节的安排与推进,也就是所谓的逻辑关系,先上什么,后上什么,要设计出清晰的步骤,以及与这些步骤相关的内容。如中班"我爱刷牙"活动,先从猜谜开始,引发幼儿对牙齿的关注。然后呈现相关图片,在幼儿已有经验的基础上组织幼儿讨论,由问题逐步推进,明白保护牙齿的重要性,进而学习正确的刷牙方法,掌握这项重要的技能。最后帮助幼儿梳理除了刷牙,平常还有哪些保护牙齿的方法等。让幼儿从感知到关注到领悟,不断接受挑战,调动已有的认知经验,在原有水平上向前迈进一步,最终实现目标。

3. 衔接流畅,过渡无痕

当设计好每一个环节后,就应当考虑各个环节之间的衔接是否自然流畅、节奏紧凑、衔接无痕。例如,小班社会活动"帮帮书宝宝"的三个环节设计从欣赏新书,激发爱书的情感,到观察"问题图书",再到修补图书,环节转化自然流畅,幼儿也在活动中自然地参与、投入,产生愉快的情绪体验,构建新经验。

4. 提问得当,方法适宜

在活动中要设计好需要重点提出的问题。提出的问题能够引发幼儿学习动机,关注学习内容以及检查学习效果。因此,问题的设计显得尤为重要。如大班语言活动"会动的房子"中,教师设计重点问题进行提问,如"小松鼠第一天去了哪里?看到了什么?第二天去了什么地方?听到了什么?第三天又去了哪里呢?房子为什么会动?如果你是小乌龟你还会带小松鼠去哪里呢?"幼儿在回答问题的过程中,把握故事主要情节,感知故事中动物的形象特点,并展开想象,大胆创编故事。

活动方法应通过多种途径,运用灵活多样的手段,引发幼儿学与做的兴趣,乐意投入各类活动并最大限度地发挥所"能"。教师较常用的方法有:创设情境,以故事的形式开展活动;观察比较,让幼儿在寻找相同和不同中获得感性的经验;提问讨论,在同伴的分享中获得经验的提升;收集讨论,拓展幼儿思考的空间;实验、演绎,帮助幼儿验证自己的想法;环境推动,展现每个幼儿在活动中的所思所想;分享交流,发挥每个幼儿的"能"等。

(八) 设计活动延伸

活动延伸环节的目的是保持教学活动的完整性、连贯性,从而更好地保证幼儿发展的完整性、连贯性。活动延伸可以向区角延伸,也可以是环境创设,还可以向生活活动、户外活动、家庭活动延伸。例如,在音乐活动"小树叶"中,孩子对歌词中描写的秋天树叶飘落的景象很感兴趣,教师就可以将延伸活动设计为带孩子去户外观察树叶,捡落叶,进行树叶分类活动或树叶粘贴活动。

小班语言活动:香香的被子

【活动目标】
1. 理解故事内容,把握词汇"热热的、软软的、香香的"。
2. 初步学会说故事中角色的对话。
3. 体验晒被子带来的暖暖的感觉和乐趣。

【活动准备】
经验准备:幼儿接触过晒过的被子。
物质准备:故事背景图1幅,小猪、小猫、小山羊各1个,小狗指偶1个,实物小被子一床,背景音乐。

【活动过程】
(一)设置情节,提问导入
师:一个秋天的早上,太阳公公出来啦,照得大地热洋洋的。这时候候,胖小猪和他的好朋友小花猫、小山羊来到草地上,你们猜他们在干什么呀?小动物们究竟是在做什么呢?我们来听一个故事,故事的名字叫《香香的被子》。

(二)结合背景音乐,完全欣赏一遍
发问并根据幼儿回答出示大背景图及动物形象。
1. 故事的名字叫什么?
2. 小动物们都在做什么?
3. 有哪些小动物在晒被子呢?
4. 你们觉得晒过的被子是怎样的?
出示实物被子,幼儿在教师的引导下,通过"抱、摸、闻"感受晒过的被子"热热的,香香的,软软的",从而把握词汇"热热的、软软的、香香的"。

(三)结合教具,分段讲述故事,帮助幼儿理解故事内容
1. 讲述故事从开头到"晒过的被子是怎样的?"
提问:看见小动物都来晒被子,小狗是怎样问的呀?
2. 从"小猪说"到"晒过的被子闻起来香香的"。
提问:胖小猪是怎样回答的?小猫是怎样回答的?小山羊是怎样回答的?
幼儿在教师引导下,结合表情、动作学说"晒过的被子盖起来热热的","晒过的被子摸起来软软的","晒过的被子闻起来香香的"。
3. 讲述故事"小狗听了大家的话"到结束。
提问:假如你是小狗,盖着晒过的被子,你觉得怎样呀?
教师小结晒被子带给我们的好处。

（四）游戏：晒被子

在游戏的情境下，教师带领幼儿边晒被子边说"晒过的被子……"。

【活动延伸】

小朋友们回家以后，跟爸爸妈妈一起，晒晒自己的小被子，看看是否也是香香的，有一股太阳的味道。

【附故事】

香香的被子

秋天到了，天气凉了，小动物们要预备过冬啦，他们呀都来晒被子呢。

"噜噜噜"，胖小猪来晒被子了。

"喵喵喵"，小花猫也来晒被子了。

"咩咩咩"，小山羊也来晒被子了。

小狗跑过来，看到大家都在晒被子，他问："你们为何要晒被子呀？晒过的被子会怎么样呢？"

胖小猪说："晒过的被子盖起来热热的。"

小花猫说："晒过的被子摸起来软软的。"

小山羊说："晒过的被子闻起来香香的。"

小狗听了大家的话，他说："那我也要晒被子。"说完，小狗就跑回家晒被子去了。

冬天到了，外面下起了大雪。小狗把被子盖在身上，睡得真舒服。

他说："呜，晒过的被子，真香啊，有一股太阳的味道。"

分析：本次教学活动分为四大环节，首先以小班幼儿喜欢的游戏方式进行导入，吸引幼儿的兴趣。在讲述故事后，通过提问的方式，帮助幼儿理解故事梗概，并通过实物让幼儿感知香香的被子。在教师引导下，幼儿运用表情、动作讲述故事。最后以晒被子游戏结束活动。活动环节清晰，层层递进，重点突出，帮助幼儿理解故事内容并能进行讲述。

技能训练

1. 走进幼儿园观察老师组织活动，分析活动的类型，并思考该活动体现了幼儿园教育活动的哪些特点。

2. 观摩一次集体教学活动，并进行记录，思考如何设计活动流程。

第二章 幼儿园教育活动设计方案

幼儿园教育是一种有计划、有目的的社会实践活动。幼儿园教育活动设计的基本要素包括目标、内容、方法等。只有恰当地确定教育活动目标，选择适当的教育活动内容，采用适宜的教育活动方法，才能保证教育活动有序进行，达到预期的目的。通过本章内容的学习，应学会幼儿园教育活动目标、教学活动方案的设计，掌握幼儿园教育活动常用的方法，进一步明确幼儿园教育活动设计的步骤。

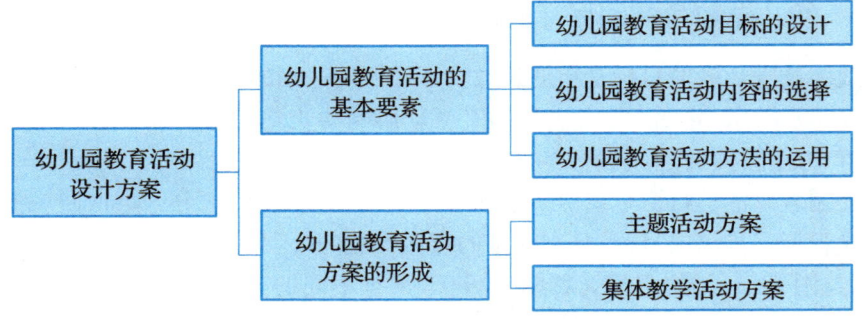

知识目标：1. 理解幼儿园教育活动各层次目标之间的关系。
　　　　　2. 知道选择幼儿园教育活动内容的原则和教学方法。
能力目标：1. 学会设计幼儿园教育活动的具体目标。
　　　　　2. 掌握幼儿园教育活动的具体方案格式并学会设计。
情感目标：1. 积极尝试设计幼儿园教育活动的目标和方案。
　　　　　2. 教学活动设计尽可能要与中华优秀传统文化相结合，加强文化自信，加深爱国情怀。

第一节　幼儿园教育活动的基本要素

雯雯是一名幼儿园实习老师，最近有一件让她很烦恼的事情，她在幼儿园实习的主班老师让她开始自己独立设计并开展一个拿手的教育活动。虽说雯雯作为一名实习老师，在平时一直跟着主班老师开展各种各样的教育活动，但是这些教育活动都是以主班老师为主进行设计和实施的。自己偶尔只是起到一些辅助作用，更多的还是在学习和积累的过程中。为此，雯雯想在独立开展幼儿园教育活动之前，先搞清楚幼儿园教育活动设计都要包含哪些要素，然后才能进一步设想自己要怎样设计这些要素并开展活动。

思考：幼儿园教育活动设计包含哪些要素呢？又怎样来设计这些要素呢？通过本节的学习，可以帮助我们分析如何解决类似问题。

一、幼儿园教育活动目标的设计

幼儿园教育活动的目标是指通过教育活动所要达到的预期目的。作为幼儿园人才培养的规格和要求，它揭示了幼儿园教育活动影响幼儿发展的预知变化。

（一）幼儿园教育活动目标的结构

幼儿园教育活动目标是按照一定的有序结构组织起来的，分为层次目标和结构目标。层次目标又称纵向目标，具有一定的层次结构，从上向下排列，最后细化到具体活动目标，见图2-1；结构目标又称横向目标，具有不同的分类结构，一般根据幼儿心理发展结构分为认知、情感、动作技能三大类。

1. 层次目标（纵向目标）

幼儿园教育活动的目标按照层次结构，可以分成幼儿园教育活动的总目标、年龄阶段目标（学年目标）、学期目标、月目标与周目标、具体活动目标五个层次。各阶段目标之间是相互衔接的，体现幼儿心理发展的渐进性和学科知识的系统性。下层目标与上层目标之间是协调统一的。层次越低的，目标越具有操作性，每一层目标都是上层目标的具体化，低层次目标的实现促进高层次目标的最终实现。

（1）幼儿园教育活动的总目标。幼儿园教育活动的总目标是一种宏观的教育目标，是一种相对比较概括、抽象的长期目标。国家或地方规定的教育活动总目标，一般在教育的纲领性文件中体现。《纲要》提出："实行保育与教育相结合的原则，对幼儿实施体、智、德、美诸方面全面教育发展的教育，促进其身心和谐发展。"同时，从健康、语言、社会、科学、艺术五个领域,明确了幼儿园教育活动的总目标,这是学前教育阶段进行教育活动的范围和方向,是教育活动所期望的最终结果。

(2) 幼儿园教育活动的年龄阶段目标。年龄阶段目标(学年目标),顾名思义,表述的是幼儿园不同年龄所期望达成的目标。在幼儿园分为小、中、大班,即3—4岁、4—5岁、5—6岁。2012年10月9日教育部颁布了《3—6岁儿童学习与发展指南》,对《纲要》的基本思想进行了进一步的解读,每个领域按照年龄阶段幼儿学习与发展最基本、最重要的内容划分为具体的学习与发展目标。

(3) 幼儿园教育活动的学期目标。幼儿园教育活动的学期目标是在年龄阶段目标(学年目标)的基础上,分为上、下学期分步实施的,是总目标的具体化。学期目标的要求在指导思想上与总目标是保持一致的。幼儿的年龄不同,其身心发展特点、需要、兴趣也是不一样的。所以,教师必须考虑幼儿年龄阶段的差异,根据幼儿的年龄特点,提出适宜幼儿年龄特点的目标,以适应幼儿发展的需要。教师制定幼儿学期目标的时候,除了要考虑幼儿的年龄之外,也要考虑幼儿的实际接受能力。

(4) 幼儿园教育活动的月目标与周目标(单元目标)。幼儿园教育活动的月目标和周目标,就是以时间为序,在一定的时间内,通过教育活动要达到的目标。这一目标的制定,一般是在上、下学期目标计划的基础上完成的。幼儿园的课程模式不一样,月目标和周目标也有所差别。主题活动模式的课程,一般以主题为主安排一组与主题有关联的教育活动,也叫单元目标。

(5) 幼儿园教育活动的具体活动目标。幼儿园教育活动的具体活动目标是指一次具体的教育活动所要达到的目标。它是根据教育活动的月目标和周目标,结合具体的教育活动内容,以及幼儿的特点,制定具体的、可操作的目标,也就是教学活动中的活动目标。具体活动目标一般由幼儿所在班级教师来制定。制定具体活动目标时,要考虑班级幼儿的实际情况、各领域教育活动本身的特点,并且注意与月目标和周目标之间的联系,是上层目标的具体化。

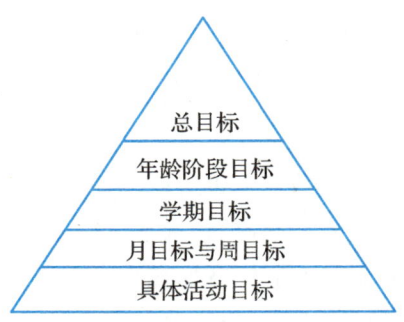

图 2-1 幼儿园教育活动的层次目标

以上五个层次的目标组成了一个金字塔式的幼儿园教育活动目标系统。它们相互联系,相互制约。及其关系是:

(1) 根据我国教育的总目标层层分解而制定,并且是用总目标来检查评定的。从第一层到第五层,每一层目标都是上一层目标的具体化,又受上一层目标的制约,下层目标与上层目标之间协调一致,由此共同构成达到总目标的阶梯。

（2）阶段性目标之间具有连续性和渐进性。目标的实现是一个长期的过程，它由若干不同的阶段来完成。每个阶段性目标之间要互相衔接，下层目标与上层目标之间、局部目标与整体目标之间要协调一致，体现幼儿心理发展的渐进性和连续性。

2. 结构目标（横向目标）

幼儿园教育活动结构目标是指教育目标的组合构成，是对教育活动目标体系的横向分析，所以也叫横向目标。幼儿园教育活动的横向目标要从幼儿心理发展结构、幼儿园教育活动内容、幼儿心理发展水平三个维度来制定。在制定教育活动目标时，要涵盖幼儿认知、情感、动作技能发展的各个方面，保证幼儿在基本知识、基本能力、基本素质方面得到全面发展。因此，幼儿园教育活动的横向目标有以下几个方面。

（1）认知目标。幼儿园教育活动的认知目标包括各学科知识的掌握和认知能力的发展。认知目标分为知识、领会、应用、分析、综合和评价等方面。

（2）情感目标。幼儿园教育活动的情感目标包括兴趣、态度、习惯、价值观念和社会适应能力的发展。情感目标分为接受、反映、评价、组织等方面。

（3）动作技能目标。幼儿园教育活动动作技能目标包括感知动作、运动协调和动作技能的发展。动作技能目标分为反射动作、基本动作、技巧动作、感知能力和体能等方面。

（二）幼儿园教育活动目标的表述

1. 具有可操作性，避免过于笼统、概括和抽象

从幼儿园目标体系来看，从低到高，各层次目标是越来越抽象、概括、笼统，作为最底层的幼儿园教育活动目标，其特点就是具体、明确，具有可操作性，能具体指导、调控教师的教学过程，有利于教育活动的开展，并且能更好地对教育活动的结果进行评价。

比如：一位中班教师为健康领域设计了一系列活动。"刷牙"活动的目标之一是：学习正确的刷牙方法，养成早晚刷牙的好习惯。"喝水"活动的目标之一是：知道口渴了要接水喝，养成主动喝水的习惯。教师在这两个教育活动中所表述的目标就比较具体、明确，比笼统地确定"培养幼儿良好的生活卫生习惯"对教学更有指导意义。

又如：大班数学活动"测量"，某教师制定的目标如下：

（1）学习测量；

（2）促进幼儿思维发展。

这样的目标太笼统，学习测量什么？是方法还是步骤？通过这个技能的掌握，要让幼儿达到一个什么水平，得到怎样的提高，在这个目标中都没有体现。促进幼儿思维发展是幼儿时期我们进行培养的一个目的，我们在制定活动目标的时候，应该考虑的是通过这次活动，你要促进和发展幼儿什么，可以对这个活动目标做如下调整：

（1）初步感知自然测量的方法；

（2）会恰当运用选择测量工具；

（3）对测量活动产生兴趣。

调整后的目标，活动的指向性更强了，更便于我们操作。

2. 以幼儿为行为主体表述目标

目标表述的角度或从教师角度出发或从幼儿的角度出发。从教师的角度表述，指

明教师应该做的工作或应该努力达到的教学效果,常以"引导……""让幼儿……"等方式表述。从幼儿的角度来表述,指明幼儿通过学习应达到的发展水平,常用"能够……""喜欢……""知道……"等方式表述。一般来说,我们建议应从幼儿角度来表述目标。从幼儿角度表述目标可以促使教师更多地关注幼儿"学什么"与"怎么学",关注幼儿的学习方式,关注幼儿学习的效果,促使教师更多地"以学定教",避免单纯的"以教定学"。

中班健康教育活动:今天,你喝牛奶了吗?

【活动目标】

1. 认识多种乳类食品,如牛奶、酸奶、豆奶等。
2. 让幼儿懂得喝牛奶有利于身体健康。
3. 培养幼儿喝牛奶的良好习惯。

分析:在这三条目标中,第1条是从幼儿角度出发的目标,而第2、3条目标却是从教师角度出发的目标,表述角度没能统一。

3. 不能用活动的过程或方法来取代,应体现学习的结果

一个完整的目标表述包括行为、条件、标准等。有些目标在编写的时候,用活动的过程和方法手段去代替行为的结果。以大班语言活动"摘橘子"目标表述为例——通过看照片和录像回忆,交流各自在摘橘子活动中的经历。该活动目标的表述把过程罗列在目标中,这是学习过程,而不是学习后表现出的行为变化。在编写时,一定要注意,这里的行为是指幼儿学习后能够做什么,是学习的结果而不是学习的过程,更不是教师的行为。同时也要避免写成教育活动内容或者程序。

4. 目标的内容应包含情感态度、能力和认识三方面

虽然不同教育活动的教育目标应有所不同,且应有各自的重点目标,但总体而言,除了突出本活动的重点目标外,还要兼顾其他方面的目标,挖掘活动内容的多种教育价值。每一个教育活动的目标原则上应该包括情感态度目标、认知目标、行为技能目标三个方面的内容。

中班语言教育活动:散文《微笑》

【活动目标】

1. 初步理解故事内容,掌握故事的名称、角色和主要情节。(认知目标)

2. 懂得只要有爱心,不管能力大小都可以帮助别人并愿意给别人带去快乐。(情感态度目标)

3. 能运用完整、连贯的语句积极反映对散文的理解。(行为技能目标)

分析: 该活动目标条理清晰、可操作性强,从认知、情感和行为技能等多维度来表述,关注和促进幼儿的全面发展。

情感态度的学习,是指幼儿在活动中产生的一种相对稳定的心理反应,它影响着幼儿参与活动的状态,如幼儿在活动中表现出来的快乐、兴趣、自信心、意志力等。情感态度目标常用的表述词汇有:乐意、愿意、喜欢、保持等。

能力方面的学习也称动作技能的学习,主要是指幼儿运用社会性知识进行社会性实践活动的技术。如交往能力、认识自我和他人的能力、辨别是非的能力。常用的表述词汇有:学会、遵守、做到、能够、形成、运用、掌握等。

认知方面的学习也称知识学习,是指幼儿所获知识的数量和种类,以及操作这些知识的技能和能力。包括有关事物的名称、现象、符号、事实等信息。如知道自己祖国的名字叫"中华人民共和国"、知道五月一日是国际劳动节。常用的表述词汇有:了解、知道、懂得、意识到、理解等。

除以上目标表述需要注意的问题外,还应考虑目标设计是否着眼于幼儿的发展,要把握幼儿身心发展水平和需要。目标的制定还要体现学科领域的特点,从所教领域出发,挖掘其促进幼儿全面发展的教育价值。绝不能为了形式上的花哨,先想环节再定目标,或将一次教育活动设计成又像语言、又像音乐、又像美术、又像科学的"四不像"。

> **真题链接**
>
> 1.《幼儿园教育指导纲要(试行)》中的教育目标较多使用"体验""感受""喜欢""乐意"等等词汇,这表明幼儿园教育强调(   )。(2015年下半年《保教知识与能力》)
> A. 知识取向   B. 情感态度取向
> C. 能力取向   D. 技能取向
> 2. 按照布鲁姆等人教育目标分类的观点,"了解青蛙的生长发育过程"属于(   )。(2019年上半年《保教知识与能力》)
> A. 情感目标   B. 认知目标
> C. 动作技能目标   D. 行为目标

二、幼儿园教育活动内容的选择

幼儿园教育活动的内容是实现教育活动目标的载体,其合适与否直接影响到目标能否顺利地实现。因此,幼儿园教师应当选择适当的活动内容。

(一)幼儿园教育活动的内容

教师组织幼儿在园的一切活动都是教育活动。因此,按照幼儿在园一日活动的类型,可将幼儿园教育活动的内容分为以下四类:

1. 生活活动的内容。如进餐、午睡、吃点心、如厕盥洗等。

2. 游戏活动的内容。如角色游戏、结构游戏及其他区角游戏等。

3. 劳动活动的内容。如穿脱衣服、叠被子等自我服务劳动,整理自然角、擦桌椅等公益劳动等。

4. 学习活动的内容。如语言、科学、健康、社会、艺术等五大领域,各领域的具体内容如下。

健康领域包括身体、心理保健和体育活动两部分。

社会领域包括自我意识、人际关系、社会行为规范和社会文化四个方面。

科学领域包括数学认知与科学探究两部分。数学部分包括分类、排序与对应、10以内的数及其加减、几何形体、量与测量、空间和时间。科学部分包括自然环境、自然科学现象及其相互关系、常用的科技产品及其对生活的影响等。

语言领域包括谈话、讲述、听说游戏、文学作品和早期阅读五个方面。

艺术领域包括音乐和美术两部分。音乐部分包括唱歌、韵律、打击乐器演奏和欣赏四个方面。美术部分包括绘画、手工和欣赏三个方面。

(二) 幼儿园教育活动内容选择的原则

《纲要》第三部分组织与实施明确规定:"教育活动内容的选择既要适合幼儿现有水平,又要有一定的挑战性;既要符合幼儿的现实需要,又要有利于其长远发展;既要贴近幼儿生活来选择幼儿感兴趣的事物和问题,又要有助于拓展幼儿的经验和视野。"根据《纲要》的规定,在幼儿园教育活动内容选择中就要遵循以下基本原则。

1. 科学性和启蒙性相结合的原则

科学性原则是指在选择内容时必须准确、可靠,符合科学原理。具体地说有三层意思:一是要贴近幼儿的实际和生活;二是要符合幼儿身心成长的特点;三是选择那些能被幼儿感知和证实的可靠的材料,以事实为根据和基础进行价值判断。

启蒙性原则是指选择的内容须符合幼儿的知识经验和认知发展水平,使幼儿在教师的帮助下,通过一定的努力能够达到教育目标。也就是说,启蒙性并不是一味的简单、容易,而低估幼儿的接受能力,若内容范围过窄、程度过浅、分量过轻(少),都会降低幼儿的知识水平,阻碍他们的认知发展,降低他们的学习兴趣。所以,老师要正确估计幼儿的接受能力,既不能过分低估幼儿的能力,也不能拔苗助长,急于求成。总之,教师在选择教育内容时,要认真处理好科学性和启蒙性之间的关系,既注重启蒙性,又重视科学性,两者要协调、有机地结合起来考虑。

2. 时代性和传统性原则

时代性是指要使选择的内容跟上时代的发展,面向现代化。随着时代的发展和科学技术的不断进步,新的适合幼儿认知和展开活动的文学作品、音乐作品和科技产品等层出不穷,因此,幼儿园教育应当补充或更新教育内容,以适应时代发展变化的要求。时代性是社会和科技发展对培养人才的客观要求,因此教育应有超前意识,要选择那些能为幼儿理解的,体现时代特点的新的科技知识,以开拓幼儿的视野。

传统性是指要着重选择那些能弘扬民族传统文化,在幼儿的心灵中播下民族自尊心、自信心和自豪感的种子,并能激励幼儿长大后为祖国科技发展作贡献,为国争光的内容,如中国古代指南针、活字印刷等发明。时代性和传统性两者是相互关联的。例如，教师在具体选择内容时，可将古代的桥和现代的桥构成"桥"的教育内容。

> **拓展阅读**
>
> ### 幼儿园教育传承传统文化的内容与方式[①]
>
> 幼儿园教育传承中华优秀传统文化的内容体系要坚持全面性这一原则。调研发现，一些地区的幼儿园在传统文化教育实践中存在"偏而不全"等突出问题，即幼儿园里的传统文化教育以形式方面的内容居多，相对缺少精神文化层面的传承，造成一些活动存在形式大于内容、缺乏文化内涵等问题。为此，在制定幼儿园教育中的中华优秀传统文化内容体系时，既要重视现象活动层面的文化内容，更要重视挖掘中华优秀传统文化精神层面的内容，从而引导幼儿园建立起对中华传统文化的全面认识，全面涵养幼儿的传统文化素养。中华优秀传统文化的内容十分丰富，但是并非所有的内容都适合在幼儿园教育中传承，因此在教育内容的选择上还应把握关键性原则。关键性指向内容的必要性、重要性。关键经验不是一般的经验，是幼儿发展过程中必不可少的、幼儿必须学习和掌握的内容，对幼儿来说是重要的、不可或缺的。对幼儿的终身发展具有奠基作用的传统文化内容。关键性还指对幼儿园教育具有切实指导作用，这些内容要能够切实转化成幼儿园的教育教学活动，能够转化成幼儿可以获得的学习经历与经验。比如，近年来对儿童"读经"的大讨论就牵扯到读什么经，用传统文化中的哪些内容来教育儿童的问题，争论的一个焦点就在于这些传统文化内容是否符合现代儿童生活的需要、是否适合作为现代教育的内容。

3. 广泛性和多样性原则

当今幼儿生活的周围环境呈现出极大的广泛性、多样性，它们都能激发幼儿强烈的好奇心，使其产生无数疑问，提出各种问题。幼儿园教育活动的内容应选择幼儿非常热衷且愿意去探究的自然现象或变化的活动，如水结冰、种子发芽、蝌蚪变青蛙、我长大了等；解决幼儿所关心的实际问题，反映幼儿周围生活的活动，如争抢玩具了怎么办、怎样做个有礼貌的好孩子等；反映社会重大事件的活动，如2022年的北京冬奥会、神州十四号发射，以及平日的各种节庆日等，都是幼儿学习和活动的好"教材"。由此可见，广泛、多样的幼儿园教育活动内容不仅能满足幼儿认识世界的需要，也有利于促进幼儿适应环境、解释周围世界、关心周围世界、积累丰富经验，更能激发幼儿对周围世界产生广泛兴趣。

4. 地方性和季节性原则

我国幅员辽阔，各地经济发展的状况和教育条件不尽相同，且各地区的教育资源也有较大的差异，地方特色十分明显。即使是人造产品、科技成果，有的也与它们所处的

[①] 高宏钰，霍力岩，谷虹.幼儿园教育传承传统文化的内容与方式[J].基础教育课程，2019(19).

环境、文化背景相关。因此，各地的儿园在选择幼儿园教育活动的内容时，应尽量反映幼儿园周围环境和社区的特点，充分利用当地的教育资源和条件，编制一些乡土教材，使活动的内容区域化、本土化，以保证幼儿直接感受本地区的特点。幼儿活动内容中涉及的各种自然现象的发生、发展和变化，都与季节变化有着必然联系。动植物的生长、发育、活动也受季节的影响，各种天气变化更是与季节有关，依据季节性原则来选择活动的内容，既能丰富、加深幼儿对季节的整体理解，又能帮助幼儿理解事物变化与季节之间的关系。

（三）幼儿园教育活动内容选择的方法

幼儿园教育活动内容要经过教师的设计，才能传授给幼儿。为幼儿选择教育内容的方法很多，要结合幼儿园具体的课程模式进行选择。

1. 以领域教学内容为主导，进行分科教学

分科教学的依据，就是按照《纲要》的具体内容来选择幼儿教育活动的内容。一般来说，各地有具体的课程体系教材，教师按照教材的要求，进行分科教学。教师可以参照教材，自由选择教学内容。

2. 以主题活动课程模式为主线，选择教育活动内容

主题活动课程模式是幼儿园经常采用的，根据主题活动的目标选择相应的教育活动内容，同时要兼顾横向和纵向的联系。从横向来看，是事物与事物之间的联系，即外部联系，不同类别的知识之间也是相互联系的。从纵向来看，内容自成体系，即现有知识内容与原有相关知识、经验的联系。

3. 以季节为主线，选择教育活动内容

以季节为主线选择教育活动内容，是以认识春、夏、秋、冬为主线，将各领域的和季节相关的教育活动内容集中编排。这种选择的方法在幼儿园教育活动中是经常使用到的，并且效果好，便于幼儿整体认知的发展。

三、幼儿园教育活动方法的运用

幼儿园教育活动方法的设计是幼儿园教育活动设计基本要素中最核心、最灵活的要素。同样的内容采用不同的方法，效果会明显不同。初学者首先要了解幼儿园教育活动常用的一般方法，在有了一定的初步认识和实践之后，才有可能进一步灵活地选择和运用，达到"教学有法、但无定法、贵在得法"的境界。

（一）幼儿园教育活动方法的类型

幼儿园教育活动的方法，是指教师和幼儿在活动中，为完成教育目标所采用的具体方式和手段。它包括两种含义：一种是指教师在组织幼儿活动时，指导幼儿学的方法；另一种是指幼儿在活动中所采用的学习方法。幼儿园教育活动常用的方法按不同性质可分为三大类，每一类又可分为不同方法。

1. 口头语言法

指运用口头语言指导幼儿学习的一种方法，主要包括：讲述法、讲解法、谈话法、讨论法、语言评价法等。

小班谈话活动：好吃的早餐

早餐之后……

教师提问：(1)刚才咱们早餐吃的是什么？(2)你还吃过哪些早餐？(3)你最喜欢吃什么早餐？(4)吃了早餐后你感觉怎么样？

分析：此例采用的是谈话的方法。这些问题可让幼儿自由结伴交谈，也可让全班幼儿集中谈。老师参与谈话活动，引导幼儿围绕主题，运用提示和平行谈话的方法，始终将幼儿的注意力集中在"早餐"上，并逐步扩展谈话范围，让幼儿学习新的谈话经验，提高谈话水平。

2. 直观教育法

指教师借助于实物、教具，设计相关的教育情境，将教育内容直观地展示给幼儿，实现教育目标的一种方法。如演示法、示范法、榜样法、情境表演法等。

中班讲述活动：我帮爷爷奶奶做事

教师：今天要学习把几张小图片排成横排，然后讲一句话，先看老师怎么做的。

教师挑选小朋友、报纸、爷爷的图片排成横排，然后讲：我帮爷爷拿报纸。视情况再示范一次，如我帮奶奶挂衣服等。

分析：此例采用的是示范的方法。通过教师的动作、语言示范，为幼儿提供模仿的范例，帮助幼儿明确如何排图讲句子，使之更直观、更易掌握。

3. 实践法

指教师为幼儿创设一定的环境，提供充足的实物材料，让幼儿通过自身的实践、练习活动进行学习的方法。如观察法、游戏法、操作法、探究法、移情训练法、练习法等。

小班科学活动：认识蝴蝶

（在自然角）观察蝴蝶标本，让幼儿观察蝴蝶的外形特征，教师启发性提问：蝴蝶的身体像什么？蝴蝶头部有什么？蝴蝶身体两侧有什么？

分析：此例采用的是对个别物体进行观察的方法。教师运用语言有意识地引导幼儿，激发幼儿的观察兴趣，可以帮助幼儿积累丰富的感性认识，进行有目的的观察。

(二) 选择幼儿园教育活动方法的要求

1. 根据教育活动目标选择活动方法

特定的目标往往需要特定的方法来实现，如认知领域有知识、理解、应用、分析、综合、评价六个层次。通常，只要求达到识记、了解层次的，可选用讲述法、讲解法和阅读法等；要求达到理解层次的，可选用探究法、启发式谈话法等；要求达到应用层次的，则应选择练习法、迁移法和讲评法等；而对于高层次的目标，如分析、综合、评价，则应选择比较法、解决问题法、讨论法等。所以在选择教育活动方法时一定要考虑教育活动所追求的目标是什么，然后根据不同种类的目标选择相应的方法。

2. 根据活动的具体内容选择教育方法

不同的教育活动内容制约着教育方法的选择。即便是同样的教育活动目标，领域性质不同，具体内容不同，所要求的教育方法也不一样。例如：同样是培养幼儿的操作能力，科学领域多用探究法、实验法，而艺术领域多用练习法。

3. 根据幼儿的年龄特征和学习特点选择方法

教育方法的选择应考虑幼儿的年龄特点和知识经验，如幼儿对某一事物已有大量的感性经验，教师就无需选择演示法，反之，可用直观教具进行演示，帮助幼儿理解。同时，对处在不同年龄的幼儿和思维水平不同的幼儿要采取不同的教育方法，如发现法和讲解法，对于小班幼儿往往不能达到预期的效果，角色扮演法、游戏法更能激发幼儿活动的兴趣和积极性。所以，教育方法的选择，既要考虑幼儿的年龄特征，又要考虑如何发挥幼儿的主体性，这样选择的方法才能有成效。

4. 各种教育方法有机结合，发挥最佳功效

每一种教育方法都有其独特的功能和长处，同时也有其局限性和不足之处。比如讲授法，它对陈述性知识的教学比较有效，但对技能的教学则效果较差。在进行技能教学时，讲授法只有在初期告知操作规则时才是有效的，如果教师一味地依赖讲授法，幼儿就会失去练习的机会，很难促进幼儿相应技能的形成。由于教育活动目标的多层次化、教育活动环节的多样性，必然要求教育方法的多样化。要保证教育活动目标的全面实现，教育活动中往往要求选择几种能互补的方法，并把它们有机地结合起来。

第二节 幼儿园教育活动方案的形成

情境导入

某幼儿园在进行教师专业能力考核时发现了这样一个问题，很多教师为了应付领

导的检查,会用大量的时间抄写教案,教案的质量参差不齐。于是,该园针对这一问题进行了教案撰写的教研活动。经过一年的研究后,大部分教师都能写出质量较高的教案,并且教师的教学水平和该园整体的教育质量也提升了。

思考: 看了上述这段文字以后,你一定很好奇什么是教案,为什么教案的书写对提升教师的教学水平以及整个幼儿园的教育质量有着如此重要的作用。下面请跟我们一起来学习一下吧。

一、主题活动方案

在中国的学前教育发展史中,幼儿园的课程模式有多种形式,当前幼儿园最具代表性的是主题(单元)活动。

(一) 主题活动的定义

主题活动可被定义为在一定时间内,组织幼儿围绕某个中心话题进行的学习、探索、游戏,从而获得有益经验的系列活动。可以从以下几个方面理解:

第一,主题活动的内容是其主题自身及其相关内容的集合。它包括中心议题本身,还包括中心议题所蕴含的或与中心议题相关的各种问题、现象及事件等。所以主题活动的名称不能代表整个主题的内容。例如"亲亲泥土"这一主题只是该系列教育活动的切入点,与之相关的泥土的质感、制作泥土、陶艺、泥塑、种植、建筑等都可以作为这一主题活动的课程内容。

第二,主题活动的组织有集体教学活动、游戏活动、区域活动、日常生活活动、社会实践活动等多种形式,鼓励幼儿通过个别或小组探索、游戏等方式进行学习。主题提供的这些活动有利于幼儿自主学习、主动探究,使幼儿在与材料和他人的互动中建构起经验,而不是被动地接受知识。

大班主题活动"闽南茶俗"活动内容

集体教学	游戏活动	生活活动	参观实践
茶的故事 学泡茶 茶艺欣赏 ……	酷酷小茶馆	和阿姨一起泡茶	茶叶店真有趣 捡茶梗

第三,主题活动在多个层面实现了幼儿园课程的综合。

其一是幼儿发展层面的综合——由主题引发的活动可能具有各不相同的发展价值,有的侧重于认知发展,有的侧重大肌肉动作训练,有的侧重情感态度的培养,这些重点不同的活动在一个主题之下被有机地综合在一起,能够更加有效地促成幼儿的全面发展。

其二是学科领域层面的综合——在绝大多数情况下,以主题方式开展的活动往往与多学科相关,很好地体现了《纲要》中领域融合的思想。

其三是各类教育资源的综合——进行主题活动设计时不仅要考虑活动本身,还要对那些完成主题活动要用到的环境、幼儿园内外的教育资源进行规划,如墙饰布置、区角设置、实践活动基地创建、家长协助等,主题活动使这些原本零散的资源得到了有序的利用。

(二) 主题活动方案的设计

1. 选择主题

(1) 主题来源

① 学科或领域。如"落叶飘飘""冬天的动物""夏天的水果""我们做朋友""新年到""六一儿童节"等。

② 社会生活事件和幼儿自身的生活事件。如"交通事故发生了""大桥通车了""台风来了""我们的新朋友""小兔子生病了""燕子来做客"等。

③ 人们专门提炼和概括的过程、原理或变化规律。如"变""原因""最……""破壳的……"等。

主题"变",没有说明实质的内容是什么,但又把一切包含变化的内容都涵盖其中,这个主题内容的生发有很大的空间,如天气在变、植物在变、动物在变、颜色在变、影子在变、形状在变……有些是自动的,有些是人为的。不同的设计者会关注不同的变化内容和形式。

④ 文学作品。文学作品本身就涉及艺术和语言两个领域,文学作品尤其是故事、寓言等,其具体的内容往往是与科学、社会等领域紧密相关的。如果将文学作品作为主题的来源,则可以进一步扩大文学作品的整合功能。如在《好饿的毛毛虫》中,毛毛虫、水果、星期的概念等都是有开发价值的话题。

在选择主题的过程中,还要考虑到幼儿的兴趣、需要、已有经验、心理水平;文件、政策中对幼儿园课程目标的要求;可以利用的现有教育资源及主题自身的教育价值和可行性等因素。

(2) 主题的命名

确定主题后,要给主题"取"一个"好名字"。好的主题名称应当具体、明了、富有童趣,便于幼儿记忆和理解,能体现对幼儿发展预期的定位和活动的主要内容。如小班主题活动"小小手,本领大""爱上幼儿园""我妈妈",中班主题活动"好玩的玩具""感谢身边的人""六一儿童节",大班主题活动"神奇的工具""有趣的变化""我要上学了"等。

2. 确定主题目标

主题目标既是主题活动开展的导向,也是评估主题活动效果的标准。教育目标在表述时,可能会划分为不同的方面。如《纲要》中把教育目标划分为健康、社会、科学、语言及艺术五个方面。除了这种划分方式外,也还有"体、智、德、美"和"运动与技能、认知及情感"等归类、划分的方式。不管哪种归类、划分方式,只是为了使我们在考虑教育目标时,不至于笼统、无序。一个主题的目标应尽量涵盖不同领域的学习任务,可以稍有侧重,但要保证幼儿在主题活动中实现全面发展。

中班主题活动：我爱小动物

【活动目标】

1. 知道与小动物相处的安全、卫生事项，能够在与小动物日常互动中保护自己；积极参与关于动物的一些经典体育游戏，提高身体的协调性和灵活性。（健康领域）

2. 能大胆地用完整的语言表述对常见动物的了解；欣赏与动物相关的文学作品，理解其表达的内容，并能大胆地说说自己的想法。（语言领域）

3. 愿意用多种方式表达自己对动物的喜爱；有兴趣了解常见动物和人们生活的关系，有初步的保护动物的意识。（社会领域）

4. 学习运用比较观察的方法，有目的地感知常见动物的特征；能按照动物的某一特征分类，并能正确命名；尝试运用参观、咨询等方法收集有关动物的信息。（科学领域）

5. 能用绘画、彩泥、结构材料、废旧材料制作等方法表现动物的基本特征和生活场景；用歌声、肢体动作表现对动物的了解和喜爱。（艺术领域）

分析：该主题活动目标设计关注幼儿全面发展的需要，涉及健康、语言、社会、科学、艺术五个方面关键经验，同时也体现了认知、情感、能力三个维度；各个目标紧密围绕核心主题，目标之间没有交叉重复；目标表述清晰，用语准确，表述角度统一。

3. 制定主题网络

主题网络就是通过"脑力激荡"而调动起来的与主题有关的知识经验或概念，经过归纳整理，建立起某种关系和联系，并以"网状"的形式将这种关系和联系直观形象地呈现出来。

根据主题网络建构思路的不同，主题网络图有两种类型，一种是要素网络图，即按照主题内核构成要素架构的主题网络图。如，大班主题活动"地铁开来了"主题网络图，见图2-2。

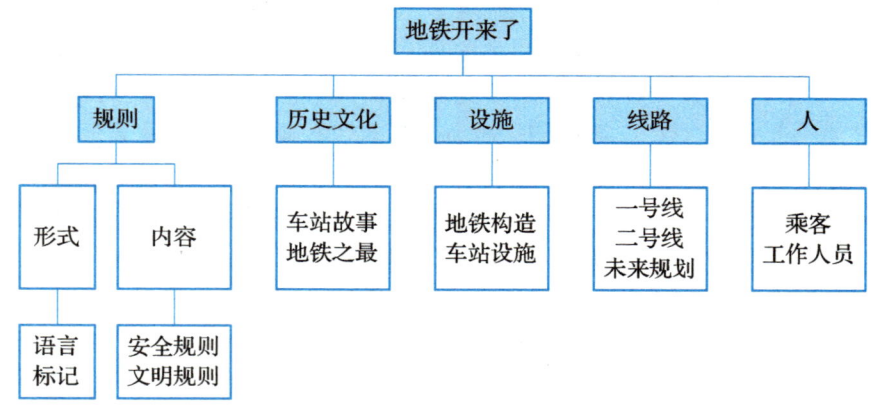

图2-2 "地铁开来了"主题网络图

另一种是活动网络图,即按照主题可开展的活动类型架构的主题网络图。如,大班主题活动"我长大了"主题网络图,见图2-3。

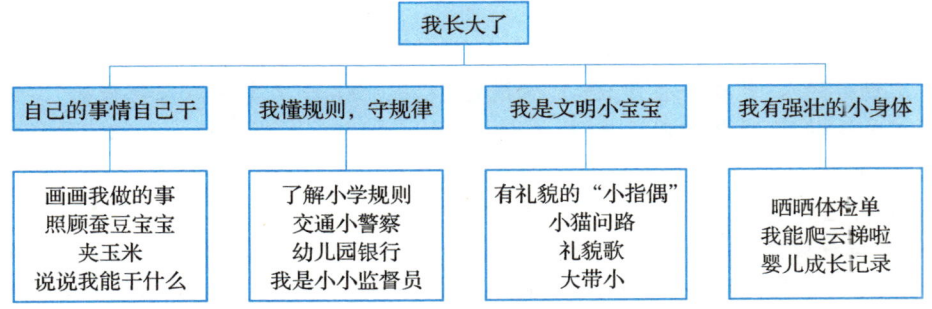

图2-3 "我长大了"主题网络图

4. 就主题活动的"区域活动""环境资源""园外资源"等方面提出建议

为使主题活动顺利开展,教师经常会考虑在主题活动开展过程中,需要创设与开展哪些相应的区域活动,区域活动中需要投放哪些材料,需要创设怎样的环境,如何利用园外资源等问题,以及如何使这些方面围绕"主题"形成教育合力。如,主题活动"我是中国人",除了集体教学活动外,还涉及区角活动、社区资源等方面的利用,见图2-4。

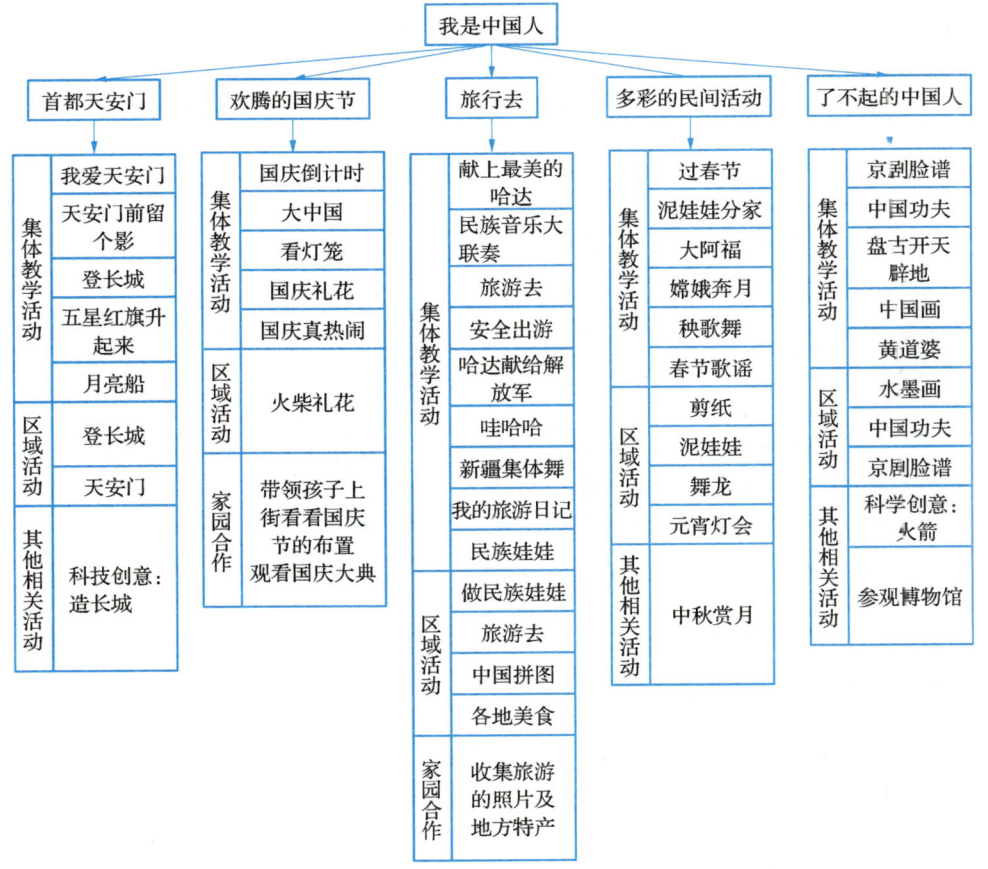

图2-4 "我是中国人"主题系列活动

案例呈现

对"勤劳的人们"这一主题活动,除设计了"医生你好""建筑工人辛苦了""巧手裁缝"等相关活动外,还提出以下建议:

1. 区域活动方面

（1）角色表演区

收集与投放医生、建筑工人、裁缝等经常使用的工具:温度计、听诊器、压舌板、针筒、瓶子、管子、纱布等医用器材,安全帽、工作服、手套、砖刀、小榔头、铁钉、螺丝、螺帽、小木块等建筑材料,剪刀、碎布料、尺子、包装纸、报纸、胶水等裁剪材料。

（2）阅读区

收集与投放一些有关建筑、医生、服装等方面的图画书,引导幼儿阅读并分享各自的发现。如投放一些有关服装制作方面的书籍,引导幼儿在设计与制作服装时查阅和参考。在此过程中,教师要注意加强指导,对幼儿不懂的一些地方及时予以指导。

2. 环境资源方面

在教师引导和家长参与的基础上,幼儿利用收集或自制的有关医生、建筑工人、裁缝等方面的材料设计与布置幼儿园环境。

3. 园外资源方面

向家长做宣传,积极争取家长的参与和支持。家长的参与不能仅停留在资源或材料的提供上,而应积极参与单元主题活动内容的选择、设计与生成中。充分发挥家长中蕴含的一些资源,如调动与医生、建筑工人或裁缝等工作相关的家长参与,可以请相关家长（如医生、裁缝）直接为幼儿讲述相关知识。[①]

> **真题链接**
>
> 请根据下列素材,设计一个大班的涉及多个领域的系列活动。要求写出3个活动的名称、目标、准备以及主要的活动环节。（2017年上半年《保教知识与能力》）
>
> 大班教室里收集了纸板箱、鞋盒、牙膏盒、药品盒等数量众多的盒子,这些大大小小的盒子吸引力幼儿。教师发现很多幼儿利用盒子自发产生了很多活动,涉及各个领域,于是,决定围绕纸箱、纸盒设计出系列活动来满足、推进幼儿的发展。

二、集体教学活动方案

幼儿园集体教学活动方案主要由活动名称、设计意图、活动目标、活动重点和难点、活动准备、活动过程、活动延伸、活动反思这几个方面组成。每一部分都是不可分割、不可缺少的。

（一）活动名称

集体教学活动名称就是一次具体教育活动的题目。从活动名称上,我们能大概了

---

① 王春燕.幼儿园课程概论[M].北京:高等教育出版社,2007:175-176.

解本次教育活动的主要内容和目标。在确定名称时要注意以下两点：一是活动名称要注意尽量符合儿童化的特点，如"嘴巴里的牙宝宝""图形变变变"等活动名称就符合幼儿情感和认知的特点；二是内容要完整，一个完整的教育活动名称应包括活动类型、活动名称、年龄班等，例如，"大班音乐活动：身体乐器"。

（二）设计意图

设计意图简单地说就是要解决"你为什么要设计这个活动""通过这个活动可以发展幼儿哪些方面的能力"等问题。设计意图的撰写可以从以下几个方面进行。

1. 根据幼儿的兴趣和需求设计

在设计幼儿园教育活动时，教师必须了解幼儿的发展特点，学会分析幼儿，追随幼儿的兴趣和需求。如小班幼儿刚入园，身心各方面表现出许多的不适应，缺乏安全感、信赖感。为了尽快让他们熟悉环境，安定幼儿的情绪，王老师设计了"高高兴兴上幼儿园"活动。

2. 根据幼儿园教育活动的目标设计

教育活动目标是设计一个教学活动方案的依据，我们通常也可以将教育活动目标作为设计意图，例如健康领域中，中班幼儿要求"能听信号跟随节奏上下肢体协调一致地走"，根据这个目标，可以设计"雪花飘""我是小战士"等活动达成。

3. 根据《纲要》《指南》等文件要求设计

设计一个教育活动的目的就是为了让幼儿达到某种水平，而且要有理有据，因此不可忽略文件的精神与要求。例如：在《指南》中健康领域对"生活卫生习惯"做出了规定，要关注幼儿睡眠习惯、饮食习惯、运动习惯等方面的内容。所以，教师可以设计了"我要自己睡""香香的大米饭""我爱运动"等教学活动。

总之，不管是从哪一个方面写，设计意图旨在简要介绍本次活动的内容、设计思路和依据，言之有理即可。

（三）活动目标

幼儿园活动目标一般包括三个维度的内容：情态态度、认知、行为技能。目标表述的要求具体如下（详细内容见本章第一节）：

1. 目标具有可操作性，避免过于笼统、概括和抽象。
2. 要清晰、准确、可检测，不能用活动的过程或方法来取代。
3. 要从统一的角度表述目标——以幼儿为行为主体。
4. 活动目标要具有完整性，应包括情感态度、知识、能力培养三个方面的目标。

小班健康活动：饭后漱口好

【活动目标】

1. 知道漱口可以清洁口腔，保护牙齿。
2. 学习正确的漱口方法。

3.愿意坚持饭后漱口。

(四)活动重点和难点

重点是为了达到活动目标而着重引导幼儿必须掌握的要点;难点是比较复杂抽象且缺乏感性认识,幼儿不易理解和掌握的内容。应当指出的是,并非所有的活动方案都要把重点难点单列出来,有时候这一项可以包含在活动目标里。难点不一定是重点,有些内容既是重点也是难点。如中班健康活动"有营养的蔬菜",确立的活动重点是"认识蔬菜的营养,养成不挑食的习惯",活动难点是"能给蔬菜分类"。重点和难点的确立要视具体活动内容和幼儿认知经验而定。

小班健康活动:饭后漱口好

重点:学习正确的漱口方法。
难点:愿意坚持饭后漱口。

(五)活动准备

准备工作是实施活动的前提,直接影响幼儿参与活动的积极性、活动的进程和实际效果。活动准备包括物质准备和经验准备。物质准备包括活动所需要的材料、道具、教具等;经验准备是指活动前幼儿已有的各种知识经验。

小班健康活动:饭后漱口好

【活动准备】
1.物质准备:镜子、杯子、水、毛巾等。
2.经验准备:有过漱口的经验。

(六)活动过程

活动过程一般包括活动导入、活动展开、活动巩固、活动结束等环节。
1.活动导入
导入环节要求语言精练、简洁,方法巧妙、准确,时间3—5分钟为宜。常用的导入方式有:提问导入、情境导入、直观导入、谈话导入、故事导入、游戏导入等。

小班健康活动:饭后漱口好

导入环节:提问导入,引发幼儿思考。
师:你早餐吃了什么?好吃吗?
此活动为提问导入。

2. 展开环节

展开环节是完成目标的主要过程,所以分配的时间相对要多。展开环节的主要目的是引入新经验,需要采用不同的教学方法和形式围绕目标循序渐进、层层递进、由浅入深地开展,以帮助幼儿主动参与活动,通过感知、体验、操作,最终达成活动目标。

小班健康活动:饭后漱口好

展开环节:
(一)送礼物,照镜子
1. 师:今天准备了小礼物送给你们,看看是什么?(镜子)我们来照照嘴巴里面有什么?(牙齿)牙齿是什么颜色的?
2. 引导幼儿发现牙齿上的食物残渣。
3. 师:它们爬到牙齿上去了,牙齿变脏了,你有什么办法把它们从牙齿上赶走呢?
(二)幼儿自由讨论清洁牙齿的方法
1. 可以刷牙、漱口或用牙签。
2. 讨论哪种方法方便快捷。
(三)学习正确漱口的方法
1. 教师演示:手拿小杯子,喝口清清水,抬起头,闭起嘴,咕噜咕噜吐出水。
2. 幼儿边念儿歌边模仿学习正确漱口的方法。
3. 尝试漱口,幼儿拿好杯子喝水漱口,教师指导。

3. 巩固环节

巩固环节的目的是为了进一步巩固幼儿对新经验的掌握、技能的获得,检测幼儿的学习情况。此环节要灵活运用多种方法,引导幼儿通过角色表演、情景游戏等形式加强练习,也可以开展幼儿操作、讨论等拓展活动,进一步丰富幼儿对新经验的理解和加工。

小班健康活动:饭后漱口好

巩固环节:互相看看谁的牙齿最干净。
师:比一比,你和好朋友,谁的牙齿最干净!

4. 结束环节

活动结束环节的主要目的是引导幼儿对已经获得的经验进行归纳和总结,如进行评价总结、展示和交流成果等。需要注意的是,教师在对活动进行总结时,语言要简洁、精炼,要对幼儿在活动中的表现进行客观、宽容的评价,让幼儿在轻松、愉快的氛围中结束活动。

需要强调的是,为使活动过程的开展层次清晰、分明、便于操作,设计时一般以4—5个环节来安排和划分,每个环节可以一个概括简洁的标题注明环节名称,说明该环节组织安排的主要内容。在环节之下还需要详细设计活动小步骤,具体说明活动开展的程序和内容。

(七)活动延伸

活动延伸是对本次所学的知识技能在日常生活中的继续巩固运用,对未尽事宜的补充扩展。如说明向哪里延伸、做什么和怎么做,可巩固什么经验或让幼儿得到什么新经验。如"恐龙"的主题活动实施后,教师请幼儿回家和家长一起寻找资料,一起研究和探讨,这就是向家庭延伸,实施家园共育。

小班健康活动:饭后漱口好

【活动延伸】
1. 利用生活环节,巩固漱口的方法。
2. 与家长联系,要求幼儿在家中也养成饭后漱口的习惯。
3. 开展幼儿龋齿的防治工作。

(八)活动反思

活动反思即教学的小结,它应包括教师对本次活动内容的总结,也应包括对活动中幼儿的行为表现的小结。教师可以进行教学反思、自我诊断,通过对活动情况的分析,找到自己设计或组织活动的过程中的优势或不足,以便及时调整和改进工作,促进每一个幼儿的发展,提高教学质量。

小班健康活动:饭后漱口好

【活动反思】
本次教学活动通过谈话、照镜子,让幼儿自主探究,发现问题,并在讨论的基础上知道漱口是最便捷的方法,最后通过教师的示范,采用儿歌的形式形象地帮助幼儿掌握了漱口的方法。整个活动为幼儿创设了能让他们亲自感知、操作、体验的环境,从而使幼儿真切地感受到了漱口的作用,并学会了正确的漱口方法。本次教学目标得到了真正的落实,但养成饭后漱口的好习惯不是通过今天一个活动就能达成的,需要老师、家长持之以恒地去引导与培养,因此在后续活动中还将进一步把生活课堂和家庭生活有效连接,形成教育合力,逐渐把这种认识变成幼儿自觉的行动。

拓展阅读

大班社会活动:紧急撤离

【活动目标】
1. 遇到突发事件时,幼儿能及时快捷地撤离到安全地带。
2. 幼儿熟悉安全撤离路径,提高自我保护能力,增强安全意识。

【活动准备】
1. 经验准备:幼儿对幼儿园比较熟悉。
2. 物质准备:
(1) 幼儿、家长和教师共同收集报纸、杂志、电视报道中有关紧急撤离的事例或图片。
(2) 班级紧急撤离图。

【活动过程】
(一) 组织幼儿观看录像或图片,让幼儿感知遇到突发事件给人们带来的危害(煤气泄漏、火灾等)
1. 师:如果遇到突发事情时怎么办?
2. 引导幼儿说说自己的见识和感受。
小结:知道遇到突发事件不要慌,有秩序地撤离可以避免危害的发生。
(二) 出示班级撤离图
1. 带幼儿观察并找出班级在紧急情况下撤离的路径和位置。
2. 引导幼儿讨论:为什么撤离时要走图中标注的路径?使幼儿了解图中标注的撤离路径是离户外安全地带最近的一条通道。

（三）带幼儿观察撤离路径的条件（几层楼梯、弯道情况等）

1. 引导幼儿讨论：怎样走到达安全地带最快？

2. 启发幼儿讲述撤离方法和注意事项。如可以分成两队，沿楼梯两侧迅速撤离；按顺序，不拥挤；听老师指挥等。

（四）熟悉警报录音，组织幼儿"实战演习"

1. 听到警报声音时，在老师的带领下，按图标路径迅速撤离到户外安全地带。

2. 如幼儿在撤离情况下出现拥挤、用时过长等情况，教师带幼儿查找原因，再次演习，使幼儿掌握正确、快捷的撤离方法。

（五）活动结束

教师总结：今天我们学习了安全撤离的方法，小朋友们回到家以后可以和爸爸妈妈一起寻找家里、小区在紧急情况下撤离的路径和安全位置。

【活动延伸】

1. 将幼儿撤离时的正确方法，用照片或绘画图片的方式呈现在墙饰上。

2. 教师或家长带领幼儿了解生活环境（幼儿园、公共场所）中都有安全通道及出口，认识紧急出口标志。

技能训练

1. 任选班级，按照集体教学活动设计方案的表述形式，进行教学活动设计。

2. 任选班级，根据"水果大集合"主题名称，设计主题教育活动。

第三章 幼儿园健康教育活动设计与指导

《纲要》明确提出"幼儿园必须把保护幼儿的生命和促进幼儿的健康放在工作的首位",凸显了幼儿园健康教育的重要作用,幼儿期正处于个体一生健康发展的奠基阶段,幼儿在幼儿园获得良好健康教育对其日后一生的健康发展至关重要。本章主要内容包括幼儿园健康教育活动的概念、意义和特征,幼儿园健康教育活动的目标内容,重点针对当前幼儿园健康教育工作实际详细阐述了如何设计和评价幼儿园健康教育活动,并提供了典型案例,供学习者学习和借鉴。

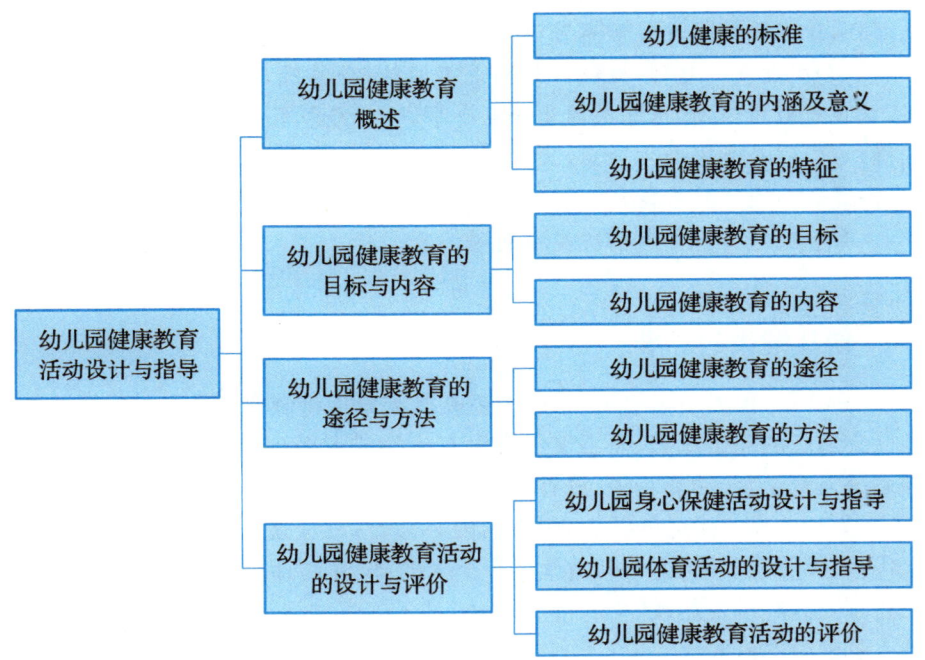

知识目标: 1. 熟悉幼儿园健康教育的目标和内容。
2. 了解幼儿园健康教育的组织形式。
能力目标: 1. 能够设计与实施幼儿健康领域集体教学活动。
2. 能够设计与组织幼儿健康领域体育游戏活动。
情感目标: 1. 树立科学的幼儿园健康教育活动教学理念。
2. 加深对优秀传统文化的热爱、认同和传承。

第一节 幼儿园健康教育概述

妮妮小朋友长得白白净净,特别听话,上课非常认真。但是她每天都被衣服裹得严严实实,老师试图说服其家长让他们给妮妮少穿点,可家长却说穿少要感冒的。虽然妮妮穿成这样,但在平日里却经常感冒请假。户外活动时,妮妮总是远远地站在一边,问她为什么不和小朋友一起玩,她说:"奶奶说不能跑,会摔跤,还会弄脏衣服。"妮妮还特别爱哭,抗挫折能力较弱,很容易因为一点小事,哇哇哭个不停。面对乖巧的妮妮,老师常常觉得心疼,可是和家长沟通后,又觉得力不从心。

思考: 妮妮出现了什么问题?什么是健康?幼儿健康的标准是什么?通过本节的学习,可以帮助我们分析如何解决类似问题。

一、幼儿健康的标准

早在1948年,世界卫生组织(WHO)就在其宪章中将健康定义为:"健康是指身体、心理和社会适应的完美状态,而不仅仅指没有疾病或虚弱现象。"身体健康指个体各个器官和系统发育正常、功能完善,没有疾病;心理健康是一种良好的、持续的心理状态与过程,表现为个体具有生命的活力、积极的内心体验;社会适应能力是指能适应生活的各种变化,人际关系和谐,能够有效地发挥个人的身心潜力以及作为社会一员的积极的社会功能。随着经济发展,社会的进步,人们对于健康的认识有了新的解读,将道德健康也纳入了健康的内涵。

幼儿健康是指幼儿的各个器官、系统正常生长发育,能较好地抵抗各种疾病,性格开朗,情绪稳定,对环境有较快的适应能力(见表3-1)。幼儿健康是一个动态的过程,只有及时了解、准确评价幼儿的健康状态,才能更积极地改进和完善幼儿健康教育工作。

表3-1 幼儿健康的标准

指标维度	具体内容
身体健康	生长发育良好;机体对外界有一定的适应能力;体能发育良好
心理健康	动作发育正常;认知发育正常;情绪稳定,反应适度;人际关系融洽;性格特征良好;没有严重的心理卫生问题
社会性发展良好	社会适应能力较强,能较快地融入集体生活;人际关系良好,乐于与人交往,具有较好的人际交往能力;自我意识发展良好,具有一定的自我调控能力

二、幼儿园健康教育的内涵及意义

(一)幼儿园健康教育的内涵

幼儿园健康教育是根据幼儿身心发展的特点,以促进幼儿生长发育,形成愉快的情绪情感、强健的体质、协调的动作,养成良好生活习惯和基本生活能力的教育活动。幼儿园健康教育的主要功能是保护和促进幼儿的健康,帮助幼儿掌握有关身体保健知识和身体锻炼技能,形成积极对待生活的健康态度和情感,逐步养成有利于健康的行为习惯,达到身体、心理和社会适应的健康状态。

(二)幼儿园健康教育的意义

《纲要》明确提出:"幼儿园必须把保护幼儿的生命和促进幼儿的健康放在工作的首位。"由此可见,幼儿园健康教育具有十分重要的意义。

1. 幼儿园健康教育是个人、国家和民族发展的需要

《指南》指出:"幼儿阶段是儿童身体发育和机能发展极为迅速的时期,也是形成安全感和乐观态度的重要阶段。"《中共中央国务院关于深化教育改革全面推进素质教育的决定》指出:"健康的体魄是青少年为祖国和人民服务的基本前提,是中华民族旺盛生命力的体现。"幼儿园健康教育是提高人口素质、民族素质的重要保证。

2. 幼儿园健康教育是个体健康成长的重要保障

幼儿期生长发育迅速,新陈代谢旺盛,但幼儿身体各器官、系统的机能尚未发育完善,独立生活能力差,自我保护能力欠缺。他们天真好奇,活泼好动,极易导致幼儿身体受到伤害。通过健康教育活动,使幼儿了解健康常识,改善自己的健康态度,规避危险,形成有利于自身和他人的健康行为,保障自身健康成长。

3. 幼儿园健康教育可以促进幼儿全面发展

幼儿园健康教育在促进幼儿身心健康发展的同时,还能促进幼儿其他方面的发展。比如,幼儿学习体操,不仅能锻炼身体,还能学习如何与同伴相处,欣赏优美的音乐,掌握科学的练习方法,提高语言表达能力等,有利于促进幼儿全面发展。

三、幼儿园健康教育的特征

(一)广泛性

幼儿园健康教育渗透于幼儿一日生活中的方方面面。健康教育的内容具有广泛

性、基础性的特点，与幼儿的生活息息相关。无论是专门的健康教育活动，还是其他领域活动，也无论在家庭、幼儿园，还是在其他场所，家长和教师要时时刻刻提高幼儿的安全意识，保证幼儿生命健康，培养幼儿健康的生活方式和生活习惯，使幼儿园健康教育贯穿于幼儿一日生活之中。

（二）整合性

首先，幼儿园健康教育内容涉及幼儿的生活教育、安全教育、身体锻炼、心理健康教育等多个方面。其次，幼儿园健康教育是与其他领域教育整合在一起来实现的。例如，可以结合语言活动，利用故事、儿歌和散文等文学作品来开展健康意识教育；可以结合科学活动，了解人体构造的基本知识，形成科学的锻炼方法；可以结合社会活动，建立良好的人际关系，学习与他人相处，培养健康的情绪情感和社会适应能力。

（三）多样性

幼儿园健康教育的多样性主要体现在途径和组织形式上。首先，幼儿园健康教育的途径是多样的，可以通过日常生活活动、集体教学活动、游戏和区域活动等途径来开展。其次，幼儿园健康教育的组织形式也是多样的，在教育教学过程中，可以灵活地采用集体、小组和个别活动等形式来实施。再次，幼儿园健康教育活动可以在幼儿园、家庭、社区等场所进行。

（四）长期性

幼儿园健康教育内容是复杂多样的，无论是身体发育、动作发展，还是情绪愉快、心理健康，也无论是卫生习惯、生活习惯，还是安全自保、生活能力，都需要对其实施长期的教育。家长和教师要明确幼儿园健康教育的复杂性和长期性，对不同年龄阶段的幼儿实施必要的健康教育。

拓展阅读

幼儿园健康教育现状存在的问题

调查表明，中国首次幼儿体质健康检测结果令人担忧，越来越多的幼儿出现身体素质明显下降、运动能力下降、体重超标、近视等问题，一些疾病表现出低龄化的趋势。另外，"亚健康"的状况在幼儿群体身上有所显现，幼儿虽然不生病，却有适应不良、精力不足、不活泼等不良表现，都是幼儿身体虚弱的表现，属于亚健康状态。[1]

幼儿园健康教育存在的问题主要体现在以下几个方面。

1. 体育活动时间不足、质量较低

一些规模小的幼儿园，场地狭小，硬件设施不齐全，体育运动器材不足。不能满足幼儿开展充足的体育活动，造成幼儿每天户外活动时间少于《幼儿园工作规程》规定的"幼儿户外活动时间在正常情况下每天不得少于2小时"。

幼儿居家锻炼不足，家长缺乏运动意识。大多数家长缺乏家庭健康教育意

---

[1] 刘春雨.学前儿童身体健康教育问题探析[J].文教资料，2021(9).

识,对幼儿的家庭教育主要是儿歌、故事、数字等和智育相关的内容,幼儿在家多数是在玩手机、看电视或者玩玩具,幼儿身体锻炼有关的内容较少。很少有家长带幼儿进行室内体育活动,甚至多数家长认为让孩子每周上一次舞蹈、篮球或武术等兴趣班就可以达到锻炼身体的效果。

缺少专业体育教师,幼儿园体育教育活动内容开展较少。由于缺乏男幼师,加之体育硬件设施的限制,幼儿园日常体育活动多为广播体操、体育游戏等基础性活动,幼儿体育活动质量较低。

2. 家长缺少膳食知识,幼儿居家饮食不健康

如今,人民的物质生活水平日益提高,家长会给孩子提供营养丰富的膳食。但由于一些家长没有掌握膳食科学知识,不能很好地控制幼儿合理进食,幼儿"偏食""饮食过度"现象严重,幼儿养成了不良的饮食习惯,往往造成幼儿营养缺乏或营养过量。同时,一些不健康饮食,如含糖量高的饮料、膨化食品、西式快餐、油炸食品等,深受广大儿童的喜爱,但家长普遍缺乏健康饮食观念,一味满足儿童的口欲,致使幼儿身体素质下降、体重超标、近视等越来越多。①

3. 幼儿心理健康教育不足

心理健康教育观念落后,缺乏系统完善的本土理论教育体系和教育内容。我国的幼儿心理健康教育大多数是借鉴西方的理论体系,没有形成本土化的教育,教育内容严重西化。② 幼儿园教师缺乏专业的心理健康教育理论和技术,不能对幼儿开展专业化的心理辅导或心理咨询。幼师面对儿童心理问题难以有效应对,不能及时采取合理的办法加以解决和纠正,也不能够根据经验和知识来预见儿童的心理问题并及时采取措施预防。③

第二节 幼儿园健康教育的目标与内容

 情境导入

米米,女,三岁零一个月入园,在家中情况较稳定。入园之前一直由妈妈独自照顾,入园时极不适应幼儿园生活,性格孤僻、内向,不愿与同伴交往,总是一个人无助地哭

---

① 刘春雨.学前儿童身体健康教育问题探析[J].文教资料,2021(9).
② 王志.加强儿童心理健康教育,促进学前儿童心理健康发展——评《学前儿童心理健康教育》[J].学前教育研究.2020(06).
③ 张欣.浅谈学前儿童心理健康教育存在的问题及对策[J].考试周刊,2019(67).

泣。早上来园时一直躲在妈妈怀里，不愿进幼儿园大门，当幼儿园老师在门口接过她时，她会哭闹挣扎得很厉害。上述情况持续一个月不见好转，甚至出现一看到幼儿园的建筑就试图利用上厕所、哭闹、让妈妈放开自己等理由独自往回走的逃离现象。

思考：如果你是米米的老师，你会如何进行教育？这些教育的目标如何制定和撰写？哪些教育内容能够支持这些目标的实现？

一、幼儿园健康教育的目标

（一）幼儿园健康教育的总目标

幼儿园健康教育的总目标对幼儿的身心保健起到规范作用，也是确定相应的年龄段目标及具体活动目标的依据。《纲要》中对幼儿健康领域的总目标表述如下：

1. 身体健康，在集体生活中情绪安定、愉快。
2. 生活、卫生习惯良好，有基本的生活自理能力。
3. 知道必要的安全保健常识，学习保护自己。
4. 喜欢参加体育活动，动作协调、灵活。

上述目标可以视为当前我国幼儿园健康教育的总目标，它表明了以下价值取向：

1. 身心和谐发展

幼儿健康应包括身体健康和心理健康两个主要方面，幼儿的身体健康以发育健全、具备基本的生活自理能力为主要特征；幼儿的心理健康以情绪愉快、适应集体生活为主要特征。由于幼儿的身体健康与心理健康是密不可分的两个方面，因此有的目标如"生活、卫生习惯良好"既包含日常生活中的盥洗、排泄等生理意义的卫生习惯，也包含不吮吸手指等心理意义的问题行为，只有身心和谐发展才能既保证身体的健康，又保证心理的健康。

2. 保护与锻炼并重

既重视掌握必要的保健知识，提高保护自身的能力，又强调通过体育活动提高身体素质，其中与安全问题相关的知识和技能，以及培养对体育活动的兴趣，增强动作的协调性和灵活性是幼儿园健康教育的重点。我们认为《纲要》健康领域目标如此表述，实际上还隐含了幼儿园健康教育包含幼儿园体育这一思想，这与许多相关的教育或体育专著中将健康教育纳入体育之中有所不同，与目前基础教育相关科目的界定也不完全一样，但无论学术界如何看待健康教育与体育的关系，幼教工作者都应遵照《纲要》的基本精神，坚持保护与锻炼并重。

3. 注重健康行为的形成

探讨幼儿健康行为建立、改变和巩固的一般规律是幼儿园健康教育研究的重点，虽然提高幼儿的健康认识、改善幼儿的健康态度、培养幼儿的健康行为都是幼儿园健康教育的目标，但幼儿健康行为的形成是幼儿园健康教育的核心目标。

（二）幼儿园健康教育的年龄阶段目标

幼儿园健康教育的年龄阶段目标是对幼儿园各年龄阶段幼儿健康发展的具体要求，也是总目标在各个年龄阶段上应达到的教育效果的具体体现。《指南》中关于健康领域的各年龄阶段目标如下：

1. 身心状况

目标1　具有健康的体态

3—4岁	4—5岁	5—6岁
1. 身高和体重适宜。参考标准： 男孩： 身高：94.9—111.7厘米 体重：12.7—21.2公斤 女孩： 身高：94.1—111.3厘米 体重：12.3—21.5公斤 2. 在提醒下能自然坐直、站直。	1. 身高和体重适宜。参考标准： 男孩： 身高：100.7—119.2厘米 体重：14.1—24.2公斤 女孩： 身高：99.9—118.9厘米 体重：13.7—24.9公斤 2. 在提醒下能保持正确的站、坐和行走姿势。	1. 身高和体重适宜。参考标准： 男孩： 身高：106.1—125.8厘米 体重：15.9—27.1公斤 女孩： 身高：104.9—125.4厘米 体重：15.3—27.8公斤 2. 经常保持正确的站、坐和行走姿势。

注：身高和体重数据来源：《2006年世界卫生组织儿童生长标准》4、5、6周岁儿童身高和体重的参考数据。

目标2　情绪安定愉快

3—4岁	4—5岁	5—6岁
1. 情绪比较稳定，很少因一点小事哭闹不止。 2. 有比较强烈的情绪反应时，能在成人的安抚下逐渐平静下来。	1. 经常保持愉快的情绪，不高兴时能较快缓解。 2. 有比较强烈情绪反应时，能在成人提醒下逐渐平静下来。 3. 愿意把自己的情绪告诉亲近的人，一起分享快乐或求得安慰。	1. 经常保持愉快的情绪。知道引起自己某种情绪的原因，并努力缓解。 2. 表达情绪的方式比较适度，不乱发脾气。 3. 能随着活动的需要转换情绪和注意。

目标3　具有一定的适应能力

3—4岁	4—5岁	5—6岁
1. 能在较热或较冷的户外环境中活动。 2. 换新环境时情绪能较快稳定，睡眠、饮食基本正常。 3. 在帮助下能较快适应集体生活。	1. 能在较热或较冷的户外环境中连续活动半小时左右。 2. 换新环境时较少出现身体不适。 3. 能较快适应人际环境中发生的变化。如换了新老师能较快适应。	1. 能在较热或较冷的户外环境中连续活动半小时以上。 2. 天气变化时较少感冒，能适应车、船等交通工具造成的轻微颠簸。 3. 能较快融入新的人际关系环境。如换了新的幼儿园或班级能较快适应。

2. 动作发展

目标1　具有一定的平衡能力，动作协调、灵敏

3—4岁	4—5岁	5—6岁
1. 能沿地面直线或在较窄的低矮物体上走一段距离。 2. 能双脚灵活交替上下楼梯。 3. 能身体平稳地双脚连续向前跳。 4. 分散跑时能躲避他人的碰撞。 5. 能双手向上抛球。	1. 能在较窄的低矮物体上平稳地走一段距离。 2. 能以匍匐、膝盖悬空等多种方式钻爬。 3. 能助跑跨跳过一定距离，或助跑跨跳过一定高度的物体。 4. 能与他人玩追逐、躲闪跑的游戏。 5. 能连续自抛自接球。	1. 能在斜坡、荡桥和有一定间隔的物体上较平稳地行走。 2. 能以手脚并用的方式安全地爬攀登架、网等。 3. 能连续跳绳。 4. 能躲避他人滚过来的球或扔过来的沙包。 5. 能连续拍球。

目标 2　具有一定的力量和耐力

3—4 岁	4—5 岁	5—6 岁
1. 能双手抓杠悬空吊起 10 秒左右。 2. 能单手将沙包向前投掷 2 米左右。 3. 能单脚连续向前跳 2 米左右。 4. 能快跑 15 米左右。 5. 能行走 1 公里左右(途中可适当停歇)。	1. 能双手抓杠悬空吊起 15 秒左右。 2. 能单手将沙包向前投掷 4 米左右。 3. 能单脚连续向前跳 5 米左右。 4. 能快跑 20 米左右。 5. 能连续行走 1.5 公里左右(途中可适当停歇)。	1. 能双手抓杠悬空吊起 20 秒左右。 2. 能单手将沙包向前投掷 5 米左右。 3. 能单脚连续向前跳 8 米左右。 4. 能快跑 25 米左右。 5. 能连续行走 1.5 公里以上(途中可适当停歇)。

目标 3　手的动作灵活协调

3—4 岁	4—5 岁	5—6 岁
1. 能用笔涂涂画画。 2. 能熟练地用勺子吃饭。 3. 能用剪刀沿直线剪,边线基本吻合。	1. 能沿边线较直地画出简单图形,或能边线基本对齐地折纸。 2. 会用筷子吃饭。 3. 能沿轮廓线剪出由直线构成的简单图形,边线吻合。	1. 能根据需要画出图形,线条基本平滑。 2. 能熟练使用筷子。 3. 能沿轮廓线剪出由曲线构成的简单图形,边线吻合且平滑。 4. 能使用简单的劳动工具或用具。

3. 生活习惯和生活能力

目标 1　具有良好的生活与卫生习惯

3—4 岁	4—5 岁	5—6 岁
1. 在提醒下,按时睡觉和起床,并能坚持午睡。 2. 喜欢参加体育活动。 3. 在引导下,不偏食、挑食。喜欢吃瓜果、蔬菜等新鲜食品。 4. 愿意饮用白开水,不贪喝饮料。 5. 不用脏手揉眼睛,连续看电视等不超过 15 分钟。 6. 在提醒下,每天早晚刷牙,饭前便后洗手。	1. 每天按时睡觉和起床,并能坚持午睡。 2. 喜欢参加体育活动。 3. 不偏食、挑食,不暴饮暴食。喜欢吃瓜果、蔬菜等新鲜食品。 4. 常喝白开水,不贪喝饮料。 5. 知道保护眼睛,不在光线过强或过暗的地方看书,连续看电视等不超过 20 分钟。 6. 每天早晚刷牙,饭前便后洗手,方法基本正确。	1. 养成每天按时睡觉和起床的习惯。 2. 能主动参加体育活动。 3. 吃东西时细嚼慢咽。 4. 主动饮用白开水,不贪喝饮料。 5. 主动保护眼睛。不在光线过强或过暗的地方看书,连续看电视等不超过 30 分钟。 6. 每天早晚主动刷牙,饭前便后主动洗手,方法正确。

目标 2　具有基本的生活自理能力

3—4 岁	4—5 岁	5—6 岁
1. 在帮助下能穿脱衣服或鞋袜。 2. 能将玩具和图书放回原处。	1. 能自己穿脱衣服、鞋袜、扣纽扣。 2. 能整理自己的物品。	1. 能知道根据冷热增减衣服。 2. 会自己系鞋带。 3. 能按类别整理好自己的物品。

目标3　具备基本的安全知识和自我保护能力

3—4 岁	4—5 岁	5—6 岁
1. 不吃陌生人给的东西，不跟陌生人走。 2. 在提醒下能注意安全，不做危险的事。 3. 在公共场所走失时，能向警察或有关人员说出自己和家长的名字、电话号码等简单信息。	1. 知道在公共场合不远离成人的视线单独活动。 2. 认识常见的安全标志，能遵守安全规则。 3. 运动时能主动躲避危险。 4. 知道简单的求助方式。	1. 未经大人允许不给陌生人开门。 2. 能自觉遵守基本的安全规则和交通规则。 3. 运动时能注意安全，不给他人造成危险。 4. 知道一些基本的防灾知识。

拓展阅读

《指南》健康领域目标的理解

《指南》提出的幼儿健康教育学习与发展目标，是对我国幼儿健康发展目标的合理规定，其核心价值理念主要有：

1. 科学的健康观念：身心健康良好

幼儿健康包括身体、心理和社会适应三个方面的良好状态。幼儿在健康领域的学习和发展是围绕这样的健康观念展开的。

（1）身体健康方面，《指南》提出具有"健康的体态"的发展目标，根据儿童发展水平，提出了身高、体重适宜，及逐渐形成正确的坐姿、站姿和行走姿势的具体要求。身高和体重是评价幼儿生长发育状况最常用、最重要的形态指标，它在一定程度上反映了幼儿身体发育的基本特征和幼儿的营养状况。

（2）心理健康方面，《指南》提出"情绪安定愉快"的发展目标。良好的情绪表现是心理健康的重要标志，对于幼儿来说，情绪的安定与愉快是维护其身心健康，促使其产生社会适应行为并逐渐形成良好个性的必要条件。

（3）社会适应方面，《指南》提出了"具有一定的适应能力"的发展目标。《指南》根据幼儿的年龄特点，从人体对天气冷热及其变化的适应、对日常交通工具的适应、对新环境和集体生活的适应等方面提出了幼儿学习与发展的具体目标。

2. 基本的身体素质：操作、运动能力发展适宜

身体素质反映幼儿在操作、运动方面的机能水平，主要表现为粗大动作和精细动作两大方面的发展。

（1）粗大动作方面，《指南》提出了"具有一定的平衡能力，动作协调、灵敏"和"具有一定的力量和耐力"的发展目标。平衡能力是完成各种身体动作的前提，发展幼儿的平衡能力，有助于幼儿身体保持在平稳、安全的状态下进行各种活动，它是幼儿实现自主操作和自我保护的最基本能力。身体运动多种多样，无论是走、跑，还是攀登、跳跃等活动，都需要身体很多部位快速、准确的反应和

有效的配合,这与协调能力和灵敏性直接关联。力量是身体运动的基础,肌肉没有力量,幼儿就无法站立、行走,更无法做跑、跳、攀登、悬吊等动作。耐力体现了心肺和肌肉等方面的综合状况,幼儿心肺功能逐渐增强,肌肉耐力不断提高,就能较轻松地开展各种长时间的活动。

(2) 精细动作方面,《指南》提出了"手的动作灵活协调"的发展目标。手的动作的发展对于个体适应社会生活以及实现自身发展具有重要的意义。《指南》依据幼儿的年龄特点,从手的动作的灵活与协调以及使用工具这两个维度提出了幼儿在各年龄段学习与发展的具体目标。使用工具是维持人类生存以及适应人类生活必须具备的基本能力,对于幼儿来讲,手的动作发展的重要内容就是学习使用工具,如用勺吃饭、用笔绘画或写字、用剪刀剪东西等。由于幼儿日常生活离不开手的活动,其他领域的活动(如阅读与书写、摆弄物体、美术活动等)也离不开手的参与,因此,《指南》把"手的动作灵活协调"的发展目标作为幼儿精细动作发展的依据。

3. 良好的生活习惯与基本的生活自理、自护能力:生存与发展能力适宜

幼儿健康的有效维护和促进不仅需要减少有害因素的不良影响,而且需要不断增强生存与发展能力,主要体现在生活习惯、生活自理能力、自我保护能力三个方面。

(1) 生活习惯方面,《指南》提出了"具有良好的生活与卫生习惯"的发展目标。从小养成良好的生活与卫生习惯是维护和促进幼儿健康发展的积极方式和重要途径。《指南》从有规律地生活、对体育活动有兴趣、良好的饮食习惯(如不偏食、不挑食、不暴饮暴食、常喝白开水)和卫生习惯(如用眼卫生、早晚刷牙、饭前便后洗手)等方面提出了不同年龄段幼儿学习与发展的具体目标。

(2) 生活自理方面,《指南》提出了"具有基本的生活自理能力"的发展目标。具体从盥洗、排泄、穿脱衣服和鞋袜、整理生活用品与学习用品等方面提出了发展目标。

(3) 自我保护能力方面,《指南》提出了"具备基本的安全知识和自我保护能力"的发展目标。幼儿好奇心强,喜欢探索,但又缺乏对危险事物或行为的认识和判断能力,自我保护的意识和能力也较弱,因而意外伤害事故时有发生,随着幼儿年龄的逐渐增长,幼儿还需要在成人的指导下自主掌握基本的安全知识,具备一定的自我保护能力。幼儿安全生活的能力是保障自身生命安全、维护自身健康必备的基本能力,《指南》针对幼儿的生活环境与发展需要,从与人交往的安全、活动或运动的安全、交通安全以及求助、防灾等角度提出了不同年龄段幼儿学习与发展的目标。

《指南》提出的幼儿健康领域学习与发展目标,与《纲要》提出的幼儿园健康教育目标,既有密不可分的联系,又有所区别。首先,二者是从不同的角度提出来的,《指南》是

从幼儿自身健康发展的角度,《纲要》是从幼儿园健康教育的角度。但是,幼儿园健康教育是服务于幼儿健康发展的,幼儿健康发展的目标正是幼儿园健康教育实现的目标,所以二者的终极追求是一致的。其次二者的表述是有差异的,相对而言,《指南》比《纲要》表述更为详尽,更为全面,更为具体。①

(三) 幼儿园健康教育的具体活动目标

制定具体的健康教育活动目标时,必须按照幼儿的身心发展水平和实际的条件,充分考虑健康教育活动的内容和形式的不同,有针对性地制定。每次健康教育活动的具体目标都应该既体现总目标的要求,又适应年龄阶段目标,从而使目标的确立符合各年龄班幼儿的特点。教师不能忽略教育目标,随意选择教学内容,应真正做到目标体现内容,内容反映目标。活动目标的内容应从发展幼儿的认知、情感及动作技能等方面全面考虑,体现活动功能的综合性。在表述时,宜采用幼儿行为目标表达方式,即以幼儿应习得的各种行为来表达活动的目标。

大班健康教育活动"筷子夹夹夹"

【活动目标】
1. 学习用筷子的方法,锻炼手部小肌肉群。
2. 增强手眼协调能力,训练手指、手腕动作的准确性和灵活性。
3. 培养做事认真、耐心的态度。

分析: 首先该活动目标表述主体不统一,没有体现以幼儿为中心的教育理念。其次,目标过于笼统,操作性不强。最后,目标制定层次结构不清晰,认知目标和技能目标不清晰。

二、幼儿园健康教育的内容

幼儿园健康教育的内容可以从身心保健活动、体育活动两个方面来概括。具体来说有如下内容:

(一) 身心保健活动内容

1. 生活、卫生习惯

(1) 生活自理习惯。自己盥洗、穿脱整理衣服鞋袜、吃饭、收拾整理玩具和用具等生活自理能力和习惯。

(2) 良好的作息习惯。按时睡眠,定时饮食盥洗及大小便,每天参加体育锻炼和户外活动等有规律的生活习惯,一日生活有规律性。

---

① 张晓辉等.幼儿园健康教育活动设计与指导[M].北京:北京理工大学出版社,2018:6-7.

（3）清洁卫生习惯。讲究个人卫生，养成勤洗手、勤洗头、勤洗澡和勤换衣、勤剪指甲、勤理发等清洁卫生习惯，学会使用自己专用的手帕、面巾和浴巾、茶杯，或一次性的卫生纸巾，特别是在咳嗽、打喷嚏时会用手帕或纸巾捂住口鼻，不挖鼻孔。

（4）学习卫生习惯。养成良好的阅读、绘画、写字、唱歌等习惯，坐、站、行、睡姿势正确，注意用眼卫生，保持书籍、文具和玩具的清洁，养成自己整理活动用具的习惯。

（5）关心周围环境卫生的习惯。爱护周围环境，养成关心和自觉保护周围环境卫生的习惯。

2. 饮食与营养

（1）情绪愉快，愿意独立进餐。

（2）辨识常见的食物，平衡膳食，不偏食，不挑食，少吃零食，主动饮水。

（3）进餐习惯良好，如饭前洗手，进食定时，正确使用餐具，保持桌面和地面清洁，不乱吃零食，进餐时细嚼慢咽，不边吃边说笑等。

（4）初步感受中外饮食礼仪和文化。

3. 身体认识与保护

（1）具有积极探索生命现象的兴趣。

（2）认识身体外形和人体的一些主要器官及其功能。

（3）保护五官，爱牙、护牙，注意用眼卫生，不将异物塞入口鼻耳内。

（4）初步了解身心疾病和缺陷的预防知识，能够愉快地接受身体健康检查和预防接种，积极配合疾病的预防和治疗。

（5）知道愉快的情绪和良好的行为有益于身体健康，反之亦然。

4. 安全教育

（1）了解及遵守日常生活中安全常识与规则，过马路、乘坐交通工具、玩大型运动器械和玩具时能注意安全。

（2）认识有关安全的标志，遵守交通规则，初步形成自我保护意识。

（3）了解应付意外事故和自然灾害的常识，具备基本的求生技能，知道自救和向成人求教的方法。

5. 心理健康

（1）能够正确认识、评价和调节自我，形成积极的自我意识。

（2）学习表达和调节自己情绪的方法，正确理解情绪的反应情境。适应幼儿园生活，能够较快适应陌生的人和环境。

（3）学习感知和理解他人的情感，学习轮流、分享、合作、互助的技能，有初步的公平竞争的意识和行为，懂得基本的礼貌礼节。

（4）爱祖国、爱社会、爱他人，能够关爱家人，友爱同伴，爱护公共卫生和设施，爱护动植物。

（5）学会独立思考和解决问题，有主见，不依赖他人，不怕困难，有克服困难的勇气和信心，愿意主动探究，掌握初步的学习方法，养成良好的学习习惯。

（6）具有正确的性认同和性角色意识，学习科学简洁的性知识，预防常见的心理障碍，形成健康的性心理。

（二）体育活动内容

1. 基本动作的练习
幼儿走、跑、跳、投掷、攀登、钻、爬等基本动作的练习与活动，基本动作灵活协调。

2. 基本体操的练习
（1）能够跟随口号和音乐节奏做徒手操、模仿操和轻器械操等。
（2）能够听口号，进行队列队形的变化。

3. 体育游戏活动
（1）喜欢参与体育游戏，在体育游戏活动中获得积极情绪体验及身体的锻炼。
（2）遵守体育游戏的规则，户外体育游戏时能够注意安全。

4. 运动器械活动
大中型固定性运动器械活动，如滑梯、攀登架、钻、爬洞等；中小型可移动运动器械活动，如摇马、儿童自行车、呼啦圈等；手持的小型运动器械活动，如各种球类、跳绳、毽子等。

真题链接

为了准备"六一"儿童节全园体操表演，刘老师提前一个月组织幼儿反复训练，甚至缩短幼儿午睡及游戏时间。刘老师的做法（　　）。（2014年下半年《综合素质》）
  A. 错误，不利于儿童身体健康
  B. 错误，不利于儿童个性发展
  C. 正确，有利于提高儿童素质
  D. 正确，有利于儿童全面发展

1. 请根据所学知识对以下活动目标进行分析并修改。
健康教育活动：我爱吃水果（小班）
原定目标：
（1）知道各种水果的名称。
（2）能根据水果的形状将水果分类。
2. 根据下列活动名称，设计具体的教育活动目标。
（1）小班身体保健活动"鼻子的秘密"
（2）中班饮食营养活动"我爱吃蔬菜"
（3）大班体育活动"好玩的球"
3. 根据上题中你所列出的活动目标，请列出至少5个相关的活动内容。

第三节　幼儿园健康教育的途径与方法

情境导入

小斌是个比较活泼开朗的孩子,十分招人喜欢。但是他睡觉、吃饭都是班里最有问题的一个。吃饭的时候不是要上厕所就是还有玩具要玩,不能做到按时吃饭;睡觉的时候经常去惹别的小朋友,就算自己睡也不好好睡,不是脚翘起来就是自己跟自己讲话或者乱叫,必须要老师盯着才会安静。这些让老师感觉很头疼。

思考: 应该通过哪些途径帮助小斌改掉这些不良的行为习惯呢?采用什么样的方法更能有效形成良好的行为习惯呢?

一、幼儿园健康教育的途径

幼儿园健康教育贯穿于幼儿生活全过程,开展幼儿园健康教育的形式是多种多样的,可根据教育内容选择合适的教育途径,如生活习惯和生活能力培养可以在幼儿的一日生活随时进行渗透式教育,也可以通过集体教学活动、游戏和区域活动等途径来开展。概括起来,幼儿园健康教育的组织形式有:集体教学活动、游戏活动、区角活动、日常生活、家园合作等。

(一)集体教学活动

集体教学活动是针对健康领域的专门性教育活动,是指在幼儿园的常规教学中,以健康领域内容为主的教学活动。所有健康领域的教育内容都可以集体教学的形式设计并实施。这种教学形式的优势:一是教师可以选择健康领域的重点内容或幼儿普遍出现的问题作为主要内容,面向全体幼儿集中授课;二是集体教学设计严格、组织严密,教学效率较高,效果较好。例如,2020年,面对来势汹汹的新冠肺炎病毒,人们能做的就是尽力预防感染。预防的方法有消毒、戴口罩、自我居家隔离等。因此围绕这个主题,教师可以设计"病毒快走开"集体教学活动。通过对新冠病毒的了解和预防,培养幼儿尊重科学、严于律己的生活态度。

(二)游戏活动

游戏是幼儿园教育活动的基本形式。幼儿天性爱玩好动,体育游戏,尤其是户外体育游戏是幼儿锻炼身体最好的活动形式。幼儿户外体育活动形式可以是幼儿自发组织的,也可以由教师组织设计并实施。教师组织的体育游戏的优点是教师活动前精心设计游戏,游戏准备充分,游戏材料可选可用,游戏规则合理,面向班级全体幼儿开展,能

够最大限度地实现游戏目标。如，在"追火车"游戏中主要锻炼幼儿跑及躲闪的能力和身体的协调性。在"捉蝴蝶"体育活动中主要发展幼儿跳的动作，增强幼儿腿部的力量。

（三）区角活动

区角活动是以幼儿自主操作为途径的学习活动。教师需要创设有利于幼儿健康发展的环境，科学投放相应的活动材料，以促进幼儿获取健康知识，增强自理能力等。在幼儿园区角中，幼儿可以模拟做饭、穿衣等日常生活活动，也可以通过"看医生""拔牙""配眼镜"等区角活动，学习科学的生活常识，培养良好的生活和卫生习惯。区角活动的开展能有效增长幼儿对健康的认知，帮助幼儿掌握基本生活技能。活动中幼儿通过互相交往，共同商讨，不但提高了幼儿处理问题、解决问题的能力，同时还有效促进了幼儿良好社会交往能力的发展。

（四）日常生活

陈鹤琴先生说过："儿童离不开生活，生活离不开健康教育；儿童的生活是丰富多彩的，健康教育也应把握时机。"《指南》提出："让幼儿保持有规律的生活，养成良好的作息习惯。如早睡早起、每天午睡、按时进餐、吃好早餐等。"教师和家长要指导幼儿学习和掌握生活自理的基本方法，如穿脱衣服和鞋袜、洗手洗脸、刷牙漱口、擦屁股的正确方法。在日常生活中，幼儿通过各种自我服务的劳动，逐步养成基本的生活自理能力与习惯，培养身体认识与保护能力。日常生活中的各个环节都是可以利用的资源。如来园盥洗、进餐、如厕等，教师和家长可将身体认识与安全教育融入其中，这样的活动轻松自然，易见成效。

（五）家园合作

《纲要》指出："家庭是幼儿园重要的合作伙伴，应本着尊重、平等、合作的原则，争取家长的理解、支持和主动参与，并积极支持、帮助家长提高教育能力。"幼儿园健康教育的有关内容与家庭生活密不可分，家庭教育应该与幼儿园教育协调一致，密切合作，充分实现幼儿健康教育目标。

幼儿园教育必须取得家长的配合才能取得实际效果，如果家长不配合，甚至与幼儿园教育背道而驰，其教育效果就会事倍功半或一事无成。

二、幼儿园健康教育的方法

（一）讲解演示法

讲解演示法是指教师通过具体而形象地向幼儿讲解，并结合实物或动作加以演示，给幼儿一个正确、完整的概念，从而帮助幼儿尽快掌握有关的知识技能，使他们有效仿的榜样。例如，小班身体保健教育活动"我的小手真干净"，教师可以选择讲解演示法，讲解洗手的重要性并示范正确的洗手方法。在使用该方法时要注意，教师的讲解要通俗易懂，最好以儿歌化的方式，更能帮助幼儿理解和学习。示范时，动作要缓慢而清晰，便于幼儿观察，示范 2—3 次为宜。

（二）行为练习法

行为练习法是指让幼儿对已经学过的行为和技能进行反复练习，加深幼儿对某个行为或技能的理解和掌握，从而形成稳定的行为习惯。幼儿的年龄特点决定了他们要获得相应的行为方式需要通过主动获得、亲自操作和反复练习才能完成。例如，幼儿对生活技能的掌握如穿脱与整理衣服鞋袜、盥洗、独立进餐等,都离不开动作与行为练习。根据幼儿身心发展的特点,幼儿的操作练习不应是枯燥的、机械的,而应是有趣的、游戏化的。因此,幼儿园的教育活动可以常常通过游戏、竞赛等途径,不断地变化形式进行相关练习,以增强练习的趣味性。

(三) 感知体验法

感知体验法是指让幼儿通过各种感官来认识和辨别事物的特性,这种方法能有效地激发幼儿参与活动和在活动中探究的兴趣,加强他们对事物的印象。当幼儿对周围的事物感到新鲜好奇时,他们需要机会亲自去寻找答案;当他们对所看到的情况产生怀疑时,也会进行实验,亲身体验经历,以此真正了解这些事物。例如,组织大班幼儿开展"跳动不停的心脏"活动,教师可以引导幼儿通过观察心脏的位置、形状和大小;听心脏跳动时发出的声音;摸一摸脉搏;跑一跑,感知心脏运动前后的变化等方式,让幼儿通过多种感官来获取对心脏的认知。

(四) 讨论评议法

讨论评议法是指在幼儿参与健康教育的过程中,让他们提出问题,发表自己的意见和看法,最后得出结论,形成共识,这种方法能有效地帮助幼儿表达自己的真实想法,在讨论评议中,提高他们辨别是非的能力和对健康的认识水平。使用该方法时,要让幼儿充分地、自由地发表自己的意见,不要"代言";讨论评议的话题最好是贴近幼儿生活的、幼儿有话可讲的话题;得出的结论对幼儿的认知与行为具有正确导向作用;根据幼儿的年龄特点确定讨论评议的广度和深度,并注意调控和引导。

(五) 情景表演法

情景表演法是指教师或幼儿就特定的生活情景、故事情节等加以表演,然后让他们思考分析情景中所涉及的健康教育的问题,了解应该做出的合乎要求的行为。由于情景表演的主题来源于幼儿的现实生活,因而能激发幼儿对情景的兴趣和思考,较好地帮助幼儿认识生活中可能遇到的同类问题和冲突,从而树立正确的认知,养成良好的行为习惯。例如,幼儿就"不乱扔果皮、垃圾"这一主题进行表演,让幼儿分析判断,懂得乱扔果皮、垃圾不仅破坏了环境卫生,而且可能会出现让人摔跤而受伤的严重后果。

(六) 作品感染法

作品感染法又称故事法,是以文学作品中的虚拟角色为对象,进行是非判断与分析,从而确立学习榜样(正面榜样的树立、正面角色与反面角色的对比、角色前后变化的对比、反面形象的剖析)。如果我们能向幼儿提供合适的材料,欣赏文学作品也能成为对幼儿进行健康教育的重要方法。例如,故事《不爱洗澡的小猪》、诗歌《小弟和小猫》能对幼儿爱清洁、讲卫生的方面具有一定的教育意义。

为帮助幼儿更直观地学习正确的洗手方法,请结合讲解演示法,利用下面儿歌进行模拟展示。

洗手歌

小朋友，来洗手，轻轻拧开水龙头；
先湿手，打肥皂，关上龙头再搓手；
搓搓手心搓手背，指甲缝要抠一抠；
十指交错擦擦掌，拇指为轴转转手；
重开龙头接水流，冲净双手关龙头；
擦干双手病菌溜，小手洗得白加净，
不生疾病好心情。

第四节　幼儿园健康教育活动的设计与评价

菲菲老师作为实习生已经有一段时间了，她发现，每天中午吃饭的时候都是最忙的时候，有的小朋友吃饭特别慢，有的挑食，还有的压根不想吃饭。小朋友来到幼儿园之后，白天吃喝都在幼儿园，如果幼儿挑食、厌食，不爱吃饭，幼儿园老师又很难兼顾所有的孩子，会严重影响幼儿的身体发育。

思考： 孩子在幼儿园不爱吃饭怎么办？针对幼儿不爱吃饭、挑食等问题，如何设计集体教学活动？

一、幼儿园身心保健活动的设计与指导

（一）幼儿园身心保健活动的设计

教学过程设计是幼儿园健康教育活动设计的重点，是实现活动目标的关键。幼儿园身心保健活动一般设计思路是：

1. 活动导入，引起兴趣

活动导入是为了将教育活动目标和内容转化为幼儿的需要，激发幼儿学习的兴趣，教师可以根据不同的活动内容采用不同的导入方法，常用的方法有：

（1）**直观导入法**。教师向幼儿提供图片、实物、模型等与本活动有关的直观的材料，激发幼儿参与活动的兴趣。

（2）**设疑导入法**。教师用提问、设置悬疑等方式引入活动。

（3）**作品导入法**。教师运用猜谜语、念诗歌、讲故事等方式引导幼儿进入活动。

2. 呈现主题,分析原因

教师可以利用现实情境、问题情境、表演情境等引导幼儿进行感知,引发幼儿关注和思考。主要呈现方式有:视频画面呈现、实物呈现、动作呈现、悬疑问题呈现。例如,在"食物的衣服"的活动中,教师呈现发霉的面包,提问:"面包上面有什么,还能吃吗?怎样才能知道开封后搁了一段时间的食品有没有变质呢?"这里主要采用实物呈现,引发幼儿关注学习内容。

3. 交流讨论,得出结论

在幼儿自由讨论交流的基础之上,师幼共同总结正确的健康知识与行为。例如,在"食物的衣服"的活动中,幼儿积极思考"怎样知道食物不能吃了呢",在讨论交流的过程中,形成对这一问题的正确认知——原来在吃食物之前,我们要确定食物是不是安全的,可以先用眼睛仔细地观察一下有没有霉点,还可以用鼻子闻闻有没有奇怪的味道。如果颜色和味道改变,就说明这个食物坏掉了,不能吃了。

4. 示范讲解,实践操作

教师正确示范,幼儿边学边做、自主探索。幼儿的思维是以具体形象思维为主的,因此,我们要把抽象的道理转换成幼儿看得见、摸得着、感受得到的东西,通过体验让幼儿产生共鸣,让幼儿在做一做、玩一玩、动一动的过程中,达到教学目标。

5. 巩固练习,灵活运用

引导幼儿通过游戏、情境表演、情境判断、实际练习等方式进行巩固强化和经验迁移。例如,在"我会洗手"活动中,在幼儿练习洗手后设计"比比谁的小手最干净"比赛环节,更能激发幼儿参与活动的积极性。

6. 活动结束,延伸生活

教师可以自然结束活动,或对活动的亮点进行点评总结,设置新的问题请幼儿回家或到区域活动中思考解决。

大班健康教育活动:牙齿真干净

【活动目标】

1. 知道吃完东西会有食物留在牙齿上,对牙齿有损害。
2. 认识刷牙用品,学习正确的刷牙方法。
3. 养成刷牙、漱口的良好卫生习惯。

【活动准备】

1. 物质准备:每人一个水杯、一把一次性牙刷、黑芝麻糖若干,牙齿模型和图片,儿歌《牙》音频。
2. 经验准备:幼儿在生活中有刷牙的经验。

【活动过程】

（一）吃芝麻糖导入，激发幼儿参与活动的兴趣

1. 品尝芝麻糖：芝麻糖香不香？黑乎乎的颗粒是什么？

2. 引导幼儿自由交流。

（二）感知体验，理解不刷牙对我们的危害

1. 引导幼儿观察同伴的牙齿，发现芝麻糖粘在牙齿上的现象。

2. 幼儿进行漱口，通过观察漱口水激发幼儿漱口的愿望。

教师小结：残留在牙齿上的食物时间长了就会变质，会腐蚀我们又白又硬的牙齿（出示牙图片），不仅会使我们牙疼，而且会影响我们吃东西，怎样才能把牙齿上残留的食物残渣清除掉呢？

（三）示范讲解，引导幼儿掌握正确的刷牙方法

1. 教师利用牙齿模型讲解正确的刷牙方法。

2. 教师示范正确的刷牙方法：上牙从上往下刷，下牙从下往上刷；咬合面要来回刷，每面刷上七八下。

（四）幼儿练习，巩固刷牙的方法

1. 幼儿每人一把牙刷，学习正确的刷牙方法。

2. 教师观察，个别指导。

（五）活动结束

教师小结：从今天开始，小朋友每天晚上睡觉前和早起床后都要刷牙，饭后漱口，少吃糖果和零食，比一比哪位小朋友的牙齿保护得好。

【活动延伸】

1. 到社区医院牙科参观。

2. 进行娃娃家游戏"牙科医院"。幼儿进行角色游戏，请"小医生"帮助检查牙齿。

分析：该教学活动导入部分新颖有趣，活动展开分步骤进行，层层深入，层次分明；活动过程和方法保证活动目标充分实现，重难点目标顺利突破；延伸活动设计自然，注重幼儿新经验的巩固和运用。

中班健康教育活动：病毒快走开

【活动目标】

1. 认识新型冠状病毒，了解新冠病毒的传播途径。

2. 学会如何预防病毒感染，如消毒、戴口罩、勤洗手、自我隔离等。

3. 愿意自觉消毒，自觉在家隔离。

【活动准备】

1. 物质准备：新型冠状病毒的图片、卡通视频、PPT课件，每人一个口罩、一瓶消毒液。

2. 经验准备：幼儿在疫情期间对新冠病毒有一定的了解。

【活动过程】

(一) 图片导入,引发幼儿关注

1. 出示新型冠状病毒的图片激发幼儿兴趣,引发幼儿猜测。

2. 提问:小朋友们知道图片上是什么吗?

(二) 认识新型冠状病毒

1. 教师播放有关新型冠状病毒的动画视频。

提问:小朋友们从视频中了解到了什么?

邀请小朋友分享自己看到的内容。

2. 了解病毒传播途径。

提问:小朋友们知道新型冠状病毒是通过什么途径传播的吗?

教师出示PPT课件。

(1) 展示并讲解病毒的传播途径。

(2) 邀请幼儿向同伴讲解病毒的传播途径。

(三) 学习如何预防病毒传染

提问:小朋友们知道如何预防新型冠状病毒吗?

教师向幼儿介绍预防新型冠状病毒的方法——戴口罩、消毒、勤洗手等。

(四) 介绍具体方法

1. 教师给每名幼儿都发放一只口罩,让幼儿自行探索口罩的正确佩戴方法。

2. 教师示范口罩的正确佩戴方法。

3. 提问:小朋友们知道消毒液有什么作用吗?它应该怎么使用?

4. 教师讲解消毒液的正确用法。

(五) 动手操作:给桌椅消毒

保育员老师提前调好消毒水,让幼儿自己给自己的桌椅消毒。

教师总结:新冠肺炎已经发生,现在的重中之重就是要预防感染。因此我们要从小树立讲卫生、勤洗手的好习惯。如出现疫情,自觉在家隔离。在本节活动中,小朋友们已经学会基本的预防方法,希望疫情可以早日结束,人们的生活可以恢复正常。

【活动延伸】

1. 将口罩的正确佩戴方法教给爸爸妈妈。

2. 帮助保育员老师对教室进行大扫除。

分析: 本次教学活动,以预防新冠肺炎为内容生成了健康领域活动,通过图片、动画视频和教师的讲解说明,幼儿了解了什么是新冠病毒,实现了认识目标。通过幼儿的动手操作,学会了戴口罩、洗手和消毒的方法,能力目标顺利达成。同时,培养了幼儿良好的卫生习惯,实现了情感目标。

(二) 幼儿园身心保健活动的指导要点

1. 认知教育和行为训练相结合

健康认知和健康行为是幼儿身心健康教育紧密联系的两个方面,因此对幼儿进行健康教育不仅要从知识、态度入手,还要从外在行为方式入手。

2. 面向全体,重视个别差异

幼儿的发展具有个体差异性,教师要通过观察,充分了解每个幼儿身心发展的特点,采用个别化的指导方式,充分满足幼儿的个体需求。

3. 渗透于一日生活中

幼儿园健康教育应渗透到幼儿的各个方面和一日生活中,应与幼儿园各项教育领域的活动紧密联系,与家庭、社会相互沟通。

> **真题链接**
>
> 活动设计题(2012年下半年《保教知识与能力》):
> 　　新入园的小班幼儿在洗手时出现许多问题,有的把袖子弄湿、不洗手背、冲不净皂液,有的争抢或拥挤、玩水忘记洗手、擦手后毛巾乱放在架子上,有的握不住大块肥皂,有的因毛巾离水池远,一路甩水把地面弄得很湿……
> 　　请针对上述问题,设计一份改进洗手环节的工作方案,要求写出:对问题的分析、工作目标、解决各类问题的方法。

二、幼儿园体育活动的设计与指导

幼儿园体育活动是一种有目的、有计划、有组织的正规性体育教育活动,它以身体的练习为主要内容,传授简单的体育知识和技能,发展幼儿的基本活动能力,注重幼儿身体素质的全面提高,增强幼儿的体质,同时也重视促进幼儿智力和良好个性品质的发展。因此,幼儿园体育活动是实现幼儿园健康教育目标的基本途径之一。目前幼儿园体育活动多采用三部分结构,即热身活动、练习环节、放松活动。具体思路如下:

(一)热身活动——暖身运动与伸展

任务: 集中幼儿的注意力,使幼儿明确活动的内容和要求,激发兴趣等。

内容: 排队和队列队形练习;向幼儿说明活动的要求和主要内容;做一些基本体操或模仿活动;开展一些运动负荷不大,有利于发展幼儿体能的游戏,也可进行一些简单的舞蹈和律动等。

幼儿园体育活动的热身原理和成人的基本相同,在活动前做好身体和心理准备,以免在基本活动中出现不适应或身体安全问题。与成人的热身不同的是,幼儿体育活动热身要体现幼儿特点,比如活动形式要有趣味性,通常伴随幼儿音乐进行律动,活动量不宜过大等。

中班体育活动:勇敢的孩子

1. 引导幼儿扮演角色,活动身体

(1)教师做指挥员,幼儿当解放军战士进行队列练习。

(2)教师启发提问:解放军叔叔有哪些本领?

2.根据幼儿的回答,师幼一起做模仿动作

打枪——上肢运动;扔手榴弹——下蹲运动;开炮——体转运动;骑马——全身运动。

教师引导幼儿边做动作边发出象声词,以激发幼儿的兴趣。

(二)练习活动——主要游戏与活动

任务:学习新的或较难的活动内容,巩固和提高已学过的各类练习和游戏等,提高幼儿的身体素质,发展能力,培养良好的心理品质等。

内容:各种类型的游戏。一次活动一般安排1—2项活动内容。注意新旧搭配,急缓结合,全面锻炼幼儿的身体。本环节主要有以下几个小步骤:

首先,交代活动内容及规则。有两种方法:直接方法——教师直接示范动作;间接方法——幼儿运动探索,教师个别指导。

其次,示范讲解。教师将正确动作做给幼儿看,示范要有明确的目的,次数以2—3次为宜。教师讲解时要向幼儿说明动作名称、要领以及要求,语言要简练。

再次,幼儿练习。注意练习方式的多样性,动静结合,避免疲劳。如个人分散式、两人合作式、集体集中式、分组轮换观摩式等。

最后,复习游戏。交代游戏规则,可以把以前学过的动作设计到游戏当中;示范游戏玩法,提示安全问题。需要强调的是,教师要根据活动的目标设计游戏玩法,制定游戏的规则。一般在游戏玩法上要遵循由易到难、由简到繁的顺序。在游戏规则方面既要体现幼儿个体差异,又要遵循同伴合作和良性竞争原则,提高幼儿活动的自我效能感和集体荣誉感。

为了更好地巩固大班幼儿爬行动作的学习,王老师设计"冲破敌阵"游戏环节。分别发给每名幼儿两个红色圆圈,让幼儿贴在身上准备游戏——冲破敌阵(注意一定不要碰到红外线,否则能量会减少),最后谁剩的能量多就获胜。具体规则:三个孩子平躺,三个孩子拱起身,让其他幼儿爬过三个平躺的孩子,爬过有红外线的地方,再爬过拱起身的孩子,到达终点(记录男孩和女孩剩下能量的多少)。此游戏很好地激发了幼儿参与活动的兴趣和竞争意识。

拓展阅读

各年龄班体育游戏的特点

1.小班体育游戏的特点

动作内容和情节比较简单,角色较少,便于幼儿模仿,而且常常集体做同一动作。规则比较简单,是幼儿容易做到的,游戏规则往往也是游戏内容。

2. 中班体育游戏的特点

游戏中动作情节和角色比小班复杂,对游戏结果有所注意。中班的体育游戏除了带有一定的情节外,还增加了一些无情节的,只为完成某项任务的分组竞赛游戏,游戏规则也比较复杂,并带有一定的限制性。

3. 大班体育游戏的特点

竞赛性游戏增多,游戏动作加多,难度加大,往往需要幼儿克服一定的困难之后才能达到游戏目的,游戏中的情节和角色之间的关系更为复杂。

(三) 放松活动

任务:降低幼儿大脑的兴奋性,使幼儿的身体由运动的紧张状态逐渐恢复到相对安静状态,放松肢体;小结评价,收拾和整理器材。

内容:轻松自然地走步;徒手放松练习;简单、轻松的操节或舞蹈;较安静的游戏等。

学前儿童体育活动过程的三个部分之间是相互联系的,各部分有自己的主要任务和内容,但在活动的结构上又是一个紧密相连的整体,以共同实现身体锻炼的目标。另外,体育活动的结构和各部分的内容、时间等方面的安排也应根据具体的活动任务、目标、季节气候等情况灵活调整。

大班体育活动:蚂蚁搬家

【活动目标】

1. 知道双脚夹住沙包连续跳的要领。
2. 在游戏中掌握能双脚夹住沙包连续跳的方法。
3. 体验体育游戏的乐趣,在夹包跳比赛中获得成就感。

【活动准备】

1. 物质准备:每位幼儿一个小蚂蚁头饰、一个沙包。
2. 经验准备:幼儿有关于蚂蚁生活习性的经验,知道沙包的多种玩法。

【活动过程】

(一) 角色扮演,激发幼儿兴趣

1. 师:小朋友们,你们都知道小蚂蚁可以搬比自己还重的东西,他们的力气最大是不是?(是)老师为你们准备了小蚂蚁头饰,戴上去你们就变成小蚂蚁了!

2. 幼儿佩戴头饰,代入小蚂蚁角色。

(二) 趣味运动,伸展身体

1. 师：我们作为小蚂蚁，最重要的工作是什么？（搬运粮食）今天，我们就发现了一大堆粮食，接下来我们需要做什么？（把粮食搬回家）

2. 引导幼儿进行热身。

把沙包顶在头顶上，变换头的角度，保证沙包不能掉下来（活动脖子）

以同样的方式活动肩（顶在肩上）、胳膊（放在手臂上）、腰（放在肚子上）。

3. 师：如果我们在搬运粮食的过程中，遇到了障碍物，该怎么办？

引导幼儿说出跳过去，请幼儿拿好沙包，原地跳，活动腿部。

（三）自主探索，技能学习

1. 师：不好，天上下起了小雨，我们赶紧把伞撑起来！可是，粮食还在这里，我们得把它们搬到雨淋不到的地方，可是我们的手还得打伞，你们有什么好办法吗？

2. 幼儿自主探索不用手将沙包夹起来的方法。

师：我发现有几只小蚂蚁的方法特别好，我们来看看他们是怎么做的！

请幼儿上前示范自己的方法。

师：你们觉得谁的方法最好呢？（引导幼儿说出夹包跳的方法最好）对！我也觉得这个方法最好，那我们一起来看一下他是怎么做的？

请幼儿再次上前示范，幼儿模仿。

3. 师：我发现了，他是用双脚紧紧夹住了粮食，然后屈膝（弯膝盖），用力往前跳，落地时也要屈膝（弯膝盖），我们一起来试一下！

（四）练习技能，进行比赛

1. 师：那我们就用刚刚的方法，把我们的粮食运过去吧，要注意，粮食可千万不能掉下来！

幼儿使用夹包跳的方式将沙包运送到指定位置，如有个别幼儿动作不规范，可以再次强调动作要领。

2. 师：我们的小蚂蚁们真的是太棒了！真的想给你们颁发一个"最棒小蚂蚁"的奖杯，可是，奖杯的数量有限，我们有这么多的小蚂蚁，该给谁呢？

3. 幼儿分组进行比赛。教师观察，并提示注意安全。

（五）放松活动

师：搬了好久的粮食，真累啊，我们来锤一锤自己强壮的腿，让腿也放松一下吧！（幼儿捶打腿部，放松）

师：雨停了！天气真好，小蚂蚁们，我们要再出发去寻找食物啦！走！

带领幼儿退场，活动结束。

【活动延伸】

在户外活动时继续增加难度，尝试夹包掷远。

分析：此活动利用幼儿喜欢小动物的特点，让孩子们扮演聪明可爱的小蚂蚁，以游戏情境形式激发幼儿兴趣。充分利用沙包进行热身，让幼儿在自主探索中掌握夹包跳的动作要领，体现幼儿的主体地位。大班幼儿竞赛意识比较强烈，在游戏中通过分组竞赛的形式满足了幼儿的竞赛心理，同时进一步锻炼了孩子夹包跳的能力，活动效果好。

（二）幼儿园体育活动的指导要点

1. 做好必要的活动准备

活动的准备工作主要包括幼儿的知识准备、活动场地的布置、活动器材和教具的制备等工作。教师要以积极的态度和高昂的情绪投入活动，要注意用自身的言行来带动幼儿积极参与活动。

2. 提供适宜的指导方式

教师要灵活运用多种指导方式，既面向全体，又注意个体差异，根据各年龄班幼儿的不同需要，运用不同的指导方式。例如，小班幼儿喜欢玩角色化的游戏，因此可以让小班幼儿扮演某一角色，在模仿角色的活动中练习动作。中班和大班则应开展挑战性的游戏活动，随着身体的生长、生活经验的增多，中班和大班幼儿喜欢玩追逐、竞争的游戏，喜欢体力与智力相结合的游戏，喜欢合作性游戏，喜欢有胜负的游戏。

3. 发挥幼儿的主体作用

在活动过程中，教师应充分发挥幼儿的主体作用，要借助环境资源，引导幼儿积极地参与活动，主动探究，在活动的过程中创造性地一物多玩。值得注意的是，在活动过程中教师要充分尊重和满足幼儿的兴趣和需要。

4. 关注幼儿的个体差异

幼儿的发展具有个体差异性，在集体活动中教师应根据幼儿的个体差异提出不同的要求，在活动中创设多层次、难易程度不一的运动环境，鼓励幼儿不断地去尝试，引导幼儿在最近发展区内获得发展。

真题链接

2021年下半年全国幼儿园教师资格证考试面试真题：
1. 题目：体育游戏《绕大树》
2. 内容：
（1）模拟组织中班幼儿玩"绕大树"游戏。
（2）回答问题。
玩法介绍：幼儿平均分成两组，分别面向"大树"（积木）站齐，听到老师发出的信号后，每组第一位幼儿出发跑向大树，在穿插绕过大树到达终点线后返回，然后反方向穿插绕过大树，再快速跑回，跑回起点的幼儿必须与前面的幼儿双手击打后队伍前的幼儿才能出发继续玩游戏。最先完成任务的小组为胜利者。
3. 基本要求：
（1）模拟组织中班幼儿玩"绕大树"游戏。（如有需要可以借助考场材料模拟示范）动作和语言相互配合，能清楚交代游戏规则与要求。
（2）回答问题。
① 这个游戏能促进幼儿哪些方面的发展？
② 如果幼儿在游戏时遇到困难，你会用什么办法帮助幼儿？
（3）请在10分钟内完成上述任务。

答辩题目：
1. 请问：你此次活动的目标是什么？
2. 请简单评价一下你此次活动。

三、幼儿园健康教育活动的评价

（一）幼儿园健康教育活动评价的原则

1. 单项评价和综合评价相结合

单项评价是指对评价对象的某个侧面进行的评价判断。综合评价是对评价对象完整性的价值判断。单项评价可以为评价对象某一方面健康教育工作的改进提供依据。但是由于幼儿园健康教育是一个多层次的系统工程，综合评价能够获得更加完整、系统的信息。在实际评价中，单项评价和综合评价往往是互相补充、相互转化的。

2. 定性评价和定量评价相结合

定量评价是采用统计的方法，收集和处理数据资料，对评价对象做出定量的评价结论。定性评价则是评价者在对评价对象进行谈话、观察的基础上，直接得出定性的评价结论。由于定量评价和定性评价各有利弊，在进行幼儿园健康教育评价时必须采用定性和定量相结合的方法，获得较完整的信息。

3. 筛查性评价和诊断性评价相结合

筛查性评价是通过筛查的方法，对集体或者个体儿童某方面的发展进行评价，其特点是简单、快速。诊断性评价通常是在筛查性评价的基础上进行的细致、复杂的评价，诊断性评价的结果可以作个体或者群体发展的结论。在对儿童心理发展进行评价时，往往是在筛查性评价的基础上，进一步实施诊断性评价。

4. 形成性评价和终结性评价相结合

形成性评价是指在幼儿园健康教育过程中进行的评价。目的是获取反馈信息，及时调整和改进健康教育活动，多用于某主题、某单元活动开展一段时间后。终结性评价是指在结束某个教育活动或单元主题活动后进行的评价。目的是用来检验活动目标，改善健康教育工作，促进幼儿的身心发展。终结性评价既是最终的评价结果，也是制订新的健康教育计划的依据。

5. 绝对评价与个体间差异评价相结合

绝对评价是在被评价对象的集合外，预先确定一个客观标准，将评价对象与该客观标准进行比较，判断其是否达到标准程度的评价。个体间差异评价法是将被评价对象中每个个体的过去和现在相比较。由于儿童身心发展既有一定的共同规律，又有明显的个体差异性，因此仅仅运用绝对评价的方法是不客观的，要实现绝对评价与个体间差异评价相结合。

6. 自我评价和他人评价相结合

自我评价是评价者根据一定的标准对自己进行的评价。他人评价是由被评价之外的他人进行的评价。严格的他人评价能够得到比较客观的信息。由于自我评价和他人评价各有优缺点，因此越来越多的人将自我评价和他人评价结合起来使用。

（二）幼儿园健康教育活动的评价内容

1. 对活动目标达成度的评价

要评价活动目标是否达成，应先评价幼儿园健康教育活动目标定位是否与教育内容、教育对象相适宜。教师要考虑教育活动的目标是否建立在了解本班幼儿现状的基础上,此外制订活动目标时应该从情感、能力、知识三个维度进行考虑,目标的难度要适中。

2. 对活动准备的评价

对幼儿园健康教育活动准备的评价包括:活动物质环境的创设和知识经验的准备两个方面。

物质环境的创设包括活动场地的准备、活动材料的投放、活动情境的创设等。例如,在开展户外体育区域活动之前,教师要对活动场地做全面规划,准备开设哪些活动区,应设在哪个具体位置,需要多大空间,对周围环境有怎样的要求等。教师应根据活动提供的材料和活动的内容,事先估计本活动中幼儿可能会有哪些玩法,并从安全的角度科学地对活动场所进行适当的分区,以便安全地管理。例如大班体育活动"花样玩球",活动的核心目标是引导幼儿运用所提供的材料(绳子、呼啦圈、高尔夫球棍和园内自制的跳跳板、跑车等)进行花样玩球,教师要预先估计本活动可能会出现哪些玩法,并根据这些玩法进行分区设置,如可以将该活动分成跳跳板区、跑车区、呼啦圈区、高尔夫球区等,进行分区管理。

活动材料是教育意图的物质载体,它本身的特性及由这些特性所规定的活动方式往往决定着幼儿可能获得什么样的学习经验,获得哪些方面的发展。幼儿园的活动材料的选择要注意安全、卫生、无毒,对幼儿无伤害。材料可以来源于日常生活中的各种物品、当地的自然资源和安全的废旧材料,这样可以让幼儿学会珍惜和利用资源。材料的利用率要高,力求一物多用,材料的种类和数量要丰富。

幼儿的学习兴趣与学习愿望总是在一定的情境中发生的,适宜的情境能够引发幼儿参与活动的兴趣。在教学活动设计中,教师可以根据教学内容、幼儿的年龄和生活经验,借鉴一些常见的生活事件,去创设一个个生动而真实的、可亲身体验的、科学而有效地模拟生活情境,让幼儿与情境中的人、物、事件相互作用,从而建立起连接教学与生活的桥梁。如在"我是环保小卫士"的健康活动中,教师给幼儿出示了被污染的环境这一场景,由此激发了幼儿讨论的兴趣。

经验即经历、体验,泛指由实践得来的知识或技能,它是人在实践中通过直接接触外界而获得的对各种事物的初步认识。教师准确地找到新的"经验点",即把握幼儿的"最近发展区",是活动成功的关键所在。要找准新的经验点,就要求教师在进行新的教育教学活动前必须了解幼儿先期已经掌握了哪些与本活动相关的知识技能,具备了哪些能力。教师可以采用"任务分析"的方法,来分析并了解幼儿的经验准备情况。如大班的"营养自助餐"活动的目标之一是"学习合理搭配食物",而懂得"合理搭配食物"的前提是幼儿有"常见食物的主要营养素"方面的知识,因此本活动的知识经验准备是丰富幼儿相关的营养知识。

3. 对活动设计和实施过程的评价

一是评价活动过程是否遵循幼儿的学习特点和认识规律。幼儿园健康教育活动的组织要考虑幼儿的学习特点和认识规律,各领域的内容要有机联系、相互渗透,要注重组织和实施过程中的综合性、趣味性、活动性,寓教育于生活、游戏之中。例如,在组织幼儿体育活动时,由于幼儿身体娇嫩,力量小,一般不安排专项的动作练习内容,要避免机械的动作练习和单调枯燥的身体素质专项练习,因为这样容易造成局部机体的过度疲劳,对幼儿的生长发育造成不利。特别是组织小班的体育活动时,教师应灵活运用多种方法和组织形式,促进幼儿身体各部分得到全面锻炼。

二是评价活动过程能否科学、合理地安排和组织。在时间安排方面,是否有相对的稳定性与灵活性;是否有利于形成秩序,又能满足幼儿的合理需要,照顾到个体差异;教师在活动的组织实施中的角色和地位如何;幼儿是否有适当的自主选择和自由活动时间;组织活动中的时间浪费现象和消极等待现象是否存在。通过观察和评定集体行动和过渡环节,有助于判断这种现象是否存在。例如,在组织幼儿体育活动时,应遵循"低强度、高密度"的组织原则,这在客观上要求教师所组织的体育活动应尽量减少幼儿等待的时间,尽量通过提高活动密度,以达到锻炼的效果。

注意活动开展的层次性与条理性,遵循由易到难、循序渐进的原则。例如,教师在组织户外体育活动时,一般要先决定户外活动要求幼儿完成的动作,如走、跑、跳、爬等,动作选定后,接着再编排动作的次序,先完成什么动作再完成什么动作。在评价动作的编排时要考察教师是否注意到动作的前后顺序、动作的难易程度等相关问题。

4. 对活动延伸的评价

活动结束后,首先要评价教师是否想到了还需要进行活动延伸,再评价教师使用的活动延伸的方法是否具有可操作性,是否对幼儿的长期发展起到积极的作用。

5. 对活动反思的评价

活动反思就是教师以已经展开的活动为思考对象,对活动的目标、内容、组织、评价等环节以及由此产生的结果进行审视和分析的过程。对活动反思的评价可以从以下三个方面来进行:

第一,对教学活动设计的反思。教学活动设计的反思就是对教学活动的预设是否与教学的实际进程相一致进行分析,目的是找出成功和不足之处及其原因,从而有效地改进教学。设计教学方案时,教师对如何依据幼儿已有的认知水平设计活动过程,如何突出重点和突破难点,幼儿在活动中可能会出现哪些情况以及如何处理这些情况,设计哪些练习或游戏以巩固新知识,如何评价幼儿的活动效果等,都会有一定的思考和预设。

第二,对教学过程的反思。应评价教师是否从这些方面进行活动反思:各活动环节的时间分配是否合理,活动重点和难点的处理情况如何;提问有效性如何,问题是否恰时恰点,幼儿是否有充分的思考机会;活动内容是否科学准确,是否关注到幼儿个性差异,幼儿活动是否高质高效;教学方法的选择是否恰当,教师的语言、行为是否符合教育教学规律,是否关注幼儿的反应;游戏和练习是否适当,师幼互动情况如何。

第三,对教学效果的反思。对活动效果的反思,是指在活动结束后,教师对整个活动所取得的成效的价值判断,包括幼儿所获得的发展和教师自己的价值感受两个方面。活动是否达到了预期的目标,幼儿知识、情感和行为是否产生了预期的变化,是教学效果反思的重点。

某幼儿园户外活动评价表

班级：　　　　　教师：　　　　　评价者：　　　　　评价时间：

项目	评价标准	评价等级 优	评价等级 良	评价等级 一般	评分	分项得分
教学目标（14分）	1. 根据《指南》健康领域目标，为每个幼儿制定符合幼儿实际水平、发展需要、季节特点的明确、具体、易于操作的目标，以培养幼儿参与体育活动、锻炼身体的兴趣为起点，达到增强体质的目标。	8	7	6		
	2. 目标具有层次性，注重个体差异。	6	5	4		
教学内容（25分）	1. 根据目标选择丰富内容，注重培养幼儿创新意识。	10	9	8		
	2. 体现基本动作的均衡发展。	6	5	4		
	3. 体现本班幼儿不同发展水平。	9	8	7		
教学环境（16分）	1. 根据目标因地制宜，合理利用场地，并确保场地安全。	3	2	1		
	2. 为幼儿创设愉快的环境，培养幼儿竞争意识与抗挫折能力。	5	4	3		
	3. 师生着装适宜。	3	2	1		
	4. 为幼儿投放适合年龄、能力以及兴趣的材料，体现材料的层次性，并确保材料的使用安全。	5	4	3		
教学过程（30分）	1. 根据幼儿实际水平、兴趣、季节特点，灵活调整活动内容及方法，挖掘幼儿潜能。	4	3	2		
	2. 教师精神饱满、语言简练、口令规范、声音洪亮、动作准确有力。	2	2	2		
	3. 认真观察，随时调整幼儿活动量，注意个体差异，有重点地指导体弱幼儿、肥胖幼儿。	4	3	2		
	4. 注意幼儿安全，注意对幼儿自我保护意识和能力的培养。	2	2	1		
	5. 充分调动幼儿参与活动的积极性，鼓励幼儿创造性的发挥。	5	4	3		

(续表)

项目	评价标准	评价等级 优	评价等级 良	评价等级 一般	评分	分项得分
	6. 引导幼儿建立并遵守游戏规则和必要的常规。	4	3	2		
	7. 师生关系融洽,气氛宽松自由。	3	3	2		
	8. 引导幼儿根据自己的意愿选择玩具、伙伴和游戏内容。	3	3	2		
	9. 幼儿的活动强度、密度适当,活动量由小到大再到小,过渡自然,重点突出。	3	2	1		
教学效果（15分）	1. 幼儿能充分利用教师所提供的环境、材料,情绪愉快,积极参与活动。	4	3	2		
	2. 能培养幼儿意志品质和主动、乐观、合作的态度。	3	2	1		
	3. 有灵活的教育机制。	4	3	2		
	4. 能满足不同发展水平幼儿的运动需要,基本动作得到发展。	4	3	2		
备注	此标准满分为100分,90分以上为良好,75分以下为一般。评课老师根据情况认真评定,客观合理地给出成绩。					
评价过程及建议						

技能训练

1. 以学习小组为单位设计一个关于3岁幼儿耳朵保健的教学活动,并开展评课活动。具体要求:教案设计具体完整;仪容仪表端正,教态自然;普通话标准;课前准备充分。

2. 请围绕"好玩的呼啦圈"设计一个大班幼儿体育活动方案并进行模拟教学展示。

3. 观摩一节幼儿园健康教育集体教学活动,对活动的设计思路、活动目标、组织与实施、师幼互动等进行评议,并提交一份报告。

第四章 幼儿园语言教育活动设计与指导

本章概要

语言是人类社会特有的一种现象,对幼儿来说讲,语言是思维发展和社会交往中必不可少的工具,是社会化和个性发展的重要标志。那么幼儿是如何进行语言学习的?幼儿语言的发展呈现什么样的特点?幼儿语言学习的目标和内容是什么?如何组织与实施幼儿园的语言教育活动?这一系列问题构成了幼儿园语言教育的重要组成部分。为此,本章阐述了幼儿语言学习的特点,幼儿园语言教育的内涵,幼儿园语言教育的目标及内容,幼儿园谈话活动、讲述活动、文学作品活动、听说游戏和早期阅读活动的设计与指导要点等内容,以期引导教师树立正确的幼儿语言教育观念,设计科学的幼儿园语言教育活动,以全面促进幼儿的语言发展。

知识框架

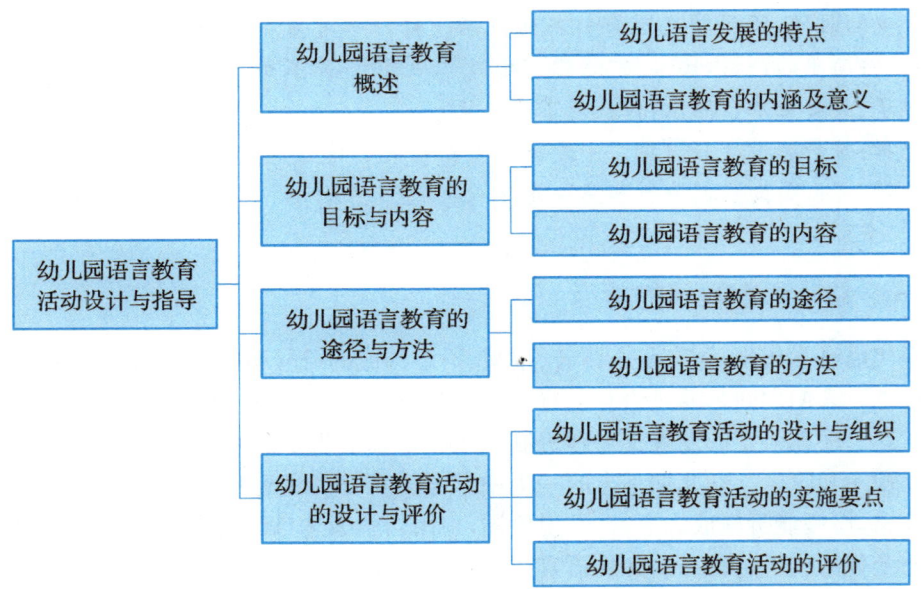

知识目标: 1. 了解幼儿语言发展和幼儿园语言教育的内涵与意义。
     2. 理解幼儿园语言教育目标的结构和幼儿园语言教育的内容。
能力目标: 1. 掌握并灵活运用幼儿园语言教育的方法和途径。
     2. 能够设计并组织幼儿园语言教育活动。
情感目标: 1. 增强对道德和价值观的认识,形成使用规范、文明语言的习惯。
     2. 乐意使用适合的、温暖的语言与人交流交往,形成良好的人际关系和交往氛围。

第一节　幼儿园语言教育概述

  轩轩上个月刚满4岁,正在幼儿园上小班,平时和妈妈、爷爷奶奶生活在一起。爸爸因工作原因长期在外地,妈妈工作也很忙,因此平时轩轩更多的是爷爷奶奶带着。在轩轩3岁的时候,妈妈就发现轩轩不爱说话。轩轩平时基本只会说"妈妈""爷爷""奶奶"和一些简单的词语,比如要"嘘嘘""吃饭""抱我"。家长说的话他都能听懂,比如让她拿勺子、关灯他都会照做,但就是不开口说。
  思考: 轩轩为什么只做事而不爱说话呢?幼儿的语言发展具有什么特点?通过本节的学习,可以帮助我们分析和解决此类问题。

一、幼儿语言发展的特点

  现代语言学指出,语言是由语音、语义、语汇构成的符号系统,并具有一定的地域和语境特色。人们之间是通过语言进行认识和交往活动的,它是人类最重要的思维和交际的工具。幼儿语言的发展受生理机制成熟和认知能力发展的相互制约,呈现出固有的发展顺序和阶段。幼儿期是人的一生中学习语言最为迅速和关键的时期,从语言的感知开始,慢慢能听懂成人语言,学说单词,到用句子表达自己的意思,是一个经历翻天覆地的变化的成长过程。幼儿的语言并不是与生俱来的,是与幼儿的生理、心理因素,和社会生活、教育环境等高度关联的,随着幼儿年龄的变化而发展变化。

（一）幼儿语音的发展

幼儿发音的正确率是与年龄成正比的。3—4 岁幼儿的发音器官发育不成熟，不能掌握某些发音方法，以至于发音不清楚、不正确。幼儿发音错误多发生在辅音，而且集中在 zh、ch、sh、z、c、s 上。3—4 岁是幼儿语音发展的飞跃期，所以，4 岁以后，发音的正确率有明显提高。4—5 岁的幼儿能正确发音，基本能掌握全部的语音了，只是对某些相似的音，发音仍有困难。5—6 岁幼儿发音基本没有问题，在成人的正确教育下，能发音正确，口齿清楚，如果幼儿仍存在发音不清的问题，应引起成人的重视。5—6 岁幼儿还能够纠正别人的发音错误或模仿和评价他人发音，语音意识逐渐形成。

（二）幼儿词汇的发展

词是语言的基本构成要素，幼儿词汇的发展主要是通过口语词汇的掌握情况来体现的。幼儿词汇的发展主要体现在词汇数量的增加、词汇范围的扩大和词义理解的加深等方面。

3—4 岁幼儿掌握的词汇量在 1 000 个以内，所掌握的词汇大多以实词为主，多是名词和动词，还有简单的形容词。这些词汇与具体事物、动作、幼儿的日常生活高度相关。幼儿对词义的理解是笼统的、不确切的，常用一个词来代表多个对象。4—5 岁幼儿大约能掌握 2 000—3 000 个词，词汇量大大增加。所掌握的词类范围逐渐扩大，对词义的理解也逐步加深，能使用数量较大的实词和少部分虚词。5—6 岁幼儿的词汇量增加到 3 000 个以上，能熟练掌握数词和量词，词类已经相当丰富，积累了一些与日常生活距离稍远的词汇，甚至开始掌握与社会现象有关的词并具备一定的构词能力。

（三）幼儿语法的发展

语音和词汇本身是无法实现交流的，只有按照一定的语法规则合乎逻辑地组织起语句才能够实现表达思想、理解他人的功能。幼儿语法的发展有这些趋势：由简单句到复合句，由陈述句到非陈述句，由无修饰句到有修饰句，由情境性语言到连贯性语言等。随着幼儿表达能力和经验的提升，他们不仅能掌握复杂的语言形式，还能有感情地表达自己的观点，概括出主要意思，并就他人的发言进行评价和补充。

案例呈现

中三班的王老师带一半小朋友在室内活动，张老师带着另一半小朋友去外面踢足球，玩得很高兴。只见乐乐一脚将球踢来，张老师赶紧上前，一不小心直接踩到足球上，摔倒在地，乐乐扶着张老师到保健室去。彤彤见状赶紧跑到教室大声说："不好了，张老师被乐乐扶去找医生。"室内的小朋友说："乐乐受伤了，我们去看看乐乐吧。"王老师问："到底是谁受伤了？是张老师还是乐乐？"彤彤赶紧说："是张老师。"小朋友们一脸茫然，原来是他们以为乐乐受伤了，张老师背乐乐看医生呢！

分析：彤彤的语言能力较为突出，能使用较为复杂的句子来表达自己想说的事情，乐于与小朋友们交流。中班幼儿的连贯性语言有了一定的发展，但是他们对某些复杂句型还不能完全理解，把彤彤说的"张老师被乐乐扶去找医生"理解成"张老师背乐乐找医生",产生了误解。教师和家长应善用各种机会和情境,引导幼儿了解语言结构的组合规则,经常用较复杂的句式来表达思想,交流信息,提高幼儿的理解和表达能力。

二、幼儿园语言教育的内涵及意义

(一) 幼儿园语言教育的内涵

幼儿园语言教育是教师根据幼儿身心发展规律和语言发展的特点,有目的、有计划、有组织地对幼儿进行语言教育的全过程。《纲要》明确指出:"幼儿园应为幼儿创设自由、宽松的语言交往环境,支持、鼓励、吸引幼儿与教师、同伴或他人交流,让幼儿想说、敢说、喜欢说并能得到积极回应。"幼儿园要创设语言交流的环境,运用科学有效的方法,开展丰富多样的活动,培养幼儿的语言能力,提高幼儿的语言水平。

(二) 幼儿园语言教育的意义

1. 幼儿园语言教育促进幼儿思维的发展

语言和思维有着密切的关系,思维和语言是同步发展的。语言在思维活动中的主要职能是参与形成思维,没有语言思维无法进行,而思维活动的成果,必须用语言表达出来。幼儿通过语言能加深和巩固形成概念。例如将"苹果、梨、香蕉"等归类为水果,将"小狗、小猫、老虎"等归类为动物,对"喜欢、分享、担心"等抽象的概念有了一定的认识。在培养幼儿运用语言的过程中,不仅要让幼儿具有模仿语言的能力,还要学习举一反三,创造性地去填换内容,表达新的意思,想办法去解决问题。例如幼儿园体育老师陆老师,小朋友们总是记不住他的姓氏。陆老师年龄不大,朝气蓬勃,小朋友们很快都称呼他"哥哥老师",既熟悉又与其形象接近,这是语言引发创造的普遍表现。因此,幼儿早期语言能力的发展也被视为认知发展的重要标志。

2. 幼儿园语言教育促进幼儿社会性的发展

社会性的发展是个体在一定条件下逐步了解社会规则、掌握社会规范、正确处理人际关系,从而客观地适应社会生活的心理发展过程。语言的发展能帮助幼儿逐步发展对周围世界、对自己、对他人的认识和看法。例如幼儿可以说出自己的感受和需要,表达自己的情感;在与同伴交往时,逐步学会使用语言而不是通过粗暴行为或发脾气来表达情绪,有矛盾时要向人进行说明和解释,学习通过商量和讨论去解决问题;幼儿掌握一定的规则规范后,开始关心自己或他人的行为是否符合道德标准,而道德判断也是在掌握语言以后才逐步产生的。

3. 幼儿园语言教育为书面语言学习打下基础

语言能力的具体表现就是听、说、读、写,而这些能力的发展是有先有后的,听、说是读、写的基础。幼儿园语言教育非常注重幼儿口语表达能力的培养,也注重帮助幼儿积累一定的前阅读、前书写的经验,为入学后顺利过渡到正式学习打下良好的基础。

总之,幼儿园语言教育可以促进幼儿的全面发展,对于幼儿一生的成长都具有重要意义。幼儿期语言教育既要发展幼儿一般的语言能力,更要引发幼儿对语言现象的兴趣和敏感性,促进幼儿语言能力的全面发展。

真题链接

1. 2—6岁的儿童掌握的词汇数量迅速增加，各类型词汇出现的先后顺序通常是（　　）。（2016下半年《保教知识与能力》）

　　A. 动词，名词，形容词　　　　　　B. 动词，形容词，名词
　　C. 名词，动词，形容词　　　　　　D. 形容词，动词，名词

2. 1岁半的儿童想给妈妈吃饼干时，会说："妈妈""饼""吃"，并把饼干递过去，这表明该阶段儿童语言发展的一个主要特点是（　　）。（2016上半年《保教知识与能力》）

　　A. 电报句　　　B. 完整句　　　C. 单词句　　　D. 简单句

3. 一名4岁幼儿听到教师说"一滴水，不起眼"，结果他理解成了"一滴水，肚脐眼"。这一现象主要说明幼儿（　　）。（2016上半年《保教知识与能力》）

　　A. 听觉辨别力较弱　　　　　　　B. 想象力非常丰富
　　C. 语言理解凭借自己的具体经验　　D. 理解语言具有随意性

拓展阅读

乔姆斯基的普遍语法理论

美国著名语言学家乔姆斯在《语言与心智》一书中认为，语言是一种以规则为基础的复杂系统。儿童何以能掌握这样一个复杂的系统？原因在于人有先天的掌握语言规则的能力，即语言能力，这是一种能将头脑中已经具有的普遍语法规则转换为母语语法规则的能力。乔姆斯基还提出"语言运用"的概念，是指说话者、听话者对语言规则的具体应用。语言运用以语言能力为基础。正因为人有先天的语言能力，后天的语言运用才有了无限的"语言创造力"。

乔姆斯基假设儿童有一个先天的语言获得装置（Language Acquisition Device，简称LAD），这是语言能力的体现机制。乔姆斯基认为LAD中潜存着一整套普遍的语言规则，这些规则按照一定的逻辑顺序，就能构成一系列可供选择的转换语法，当原始的语言材料（母语）输入该装置时，LAD就将这些备用的转换语法与输入的机构进行比较和匹配，不断调整备用语法以便与输入的语法吻合，并通过评价把与母语相一致的语法确定下来，从而产生母语特定的抽象语法，于是，儿童就能运用母语的语法结构产生语言。根据这一假设，语法规则不是根据输入的语言材料归纳出来的，而是由LAD中的普遍语法规则转换而来的。也就是说，经过LAD对语言输入材料的"过滤"和选择，使普遍语法转换成母语的语法，并运用这些语法实现深层结构向表层结构的转换，使有限的规则创造出无穷的句子，使儿童能经常听懂和说出从未接触过的句子。

第二节 幼儿园语言教育的目标与内容

情境导入

王老师参加公开课活动,她提前进行活动设计,然后做各种活动准备,认真组织了一次语言教育活动。在之后的研讨会中,老师们展开了激烈的讨论和意见交流,尤其对此次活动的目标和内容方面,大家的看法有些不一样,王老师也不知该如何是好。

思考: 幼儿园语言教育活动的目标是什么?如何设计?幼儿园语言教育活动的内容应该如何选择?下面让我们系统学习这些方面的内容吧。

一、幼儿园语言教育的目标

幼儿园语言教育的目标是由幼儿教育的基本需求和幼儿语言发展规律决定的。教师只有遵循幼儿语言发展的规律,提出适宜的语言教育目标,才能选择适合幼儿学习的内容,采用科学的组织形式和方法,对幼儿实施适宜的语言教育。

(一)幼儿园语言教育目标制定的依据

任何教育目标都要有一定的客观依据。幼儿园语言教育目标要以幼儿生活的现实社会为依据,结合幼儿教育的基本要求、幼儿语言发展的规律等因素来确立。

1. 依据社会的需求

社会的不断进步和经济的快速发展,对人的素质要求越来越高。人们需要掌握更多的知识和技能,具备良好的交往能力和创新能力等,语言作为重要的思维工具和交流工具愈发重要,已成为高素质人才不可缺少的基本能力。幼儿园语言教育的目标要有一定的前瞻性,要考虑未来社会对人才素质的要求。

2. 幼儿教育的要求

《指南》指出:"幼儿的语言能力是在交流和运用的过程中发展起来的。"将这条高度概括的要求进行分解,可以具体规定幼儿园语言教育要发展幼儿的哪些能力,通过哪些活动来落实。如语言教育目标是培养幼儿良好的倾听能力、表达能力,并具有一定的前阅读、前书写经验,那么幼儿园语言教育就要通过多种活动,如谈话活动、讲述活动、听说游戏活动、文学活动、早期阅读活动等来实现。

3. 幼儿语言发展的规律和需求

幼儿园教育目标的确立必须关注幼儿的发展,尤其是幼儿的兴趣与需要,以及幼儿认知、情感、社会性和个性方面的规律和特点，从而使教育目标能有效地引导和促进幼儿的学习与发展。也就是说，幼儿园制定语言教育目标时，必须考虑幼儿语言发展的规律和需求。

（二）幼儿园语言教育目标的结构

幼儿园语言教育目标具有一定的结构性，而这个自上而下的目标结构对于教师确立语言教育活动的目标，具有非常大的指导意义。根据教育目标的概括性程度，可以将幼儿园语言教育的目标分为三个层次，即幼儿园语言教育的总目标、年龄阶段目标、具体活动目标。

1. 幼儿园语言教育的总目标

幼儿园语言教育的总目标是幼儿园语言教育所期待的最终结果，是学前阶段语言教育任务要求的总和，是幼儿园教育目标的重要组成部分，对教师制定具体的语言教育活动目标起到方向引领的作用。《纲要》中，幼儿语言领域的总目标表述如下：

（1）乐意与人交谈，讲话礼貌。
（2）注意倾听对方讲话，能理解日常用语。
（3）能清楚地说出自己想说的事。
（4）喜欢听故事、看图书。
（5）能听懂和会说普通话。

2. 幼儿园语言教育的年龄阶段目标

幼儿园语言教育的年龄阶段目标是第二层次的目标，是总目标在各年龄段上的具体体现，是对不同年龄阶段幼儿的语言发展提出的具体要求。幼儿的语言发展在不同的年龄段有不同的特点，体现出一定的阶段性、规律性和连续性，因此，幼儿园语言教育总目标的内容在不同年龄阶段的幼儿身上应有不同的体现，这样才能将总目标落实到不同年龄的幼儿身上。在《指南》中分别针对3—4岁、4—5岁、5—6岁三个年龄阶段末期幼儿的语言发展提出了可以到达的发展水平。不同年龄段的幼儿在目标上有明显的差异，体现了不同年龄段的身心发展特点。

（1）倾听与表达

目标1　认真听并能听懂常用语言

3—4岁	4—5岁	5—6岁
1. 别人对自己说话时能注意听并做出回应。 2. 能听懂日常会话。	1. 在群体中能有意识地听与自己有关的信息。 2. 能结合情境感受到不同语气、语调所表达的不同意思。 3. 方言地区和少数民族幼儿能基本听懂普通话。	1. 在集体中能注意听老师或其他人讲话。 2. 听不懂或有疑问时能主动提问。 3. 能结合情境理解一些表示因果、假设等相对复杂的句子。

目标 2　愿意讲话并能清楚地表达

3—4 岁	4—5 岁	5—6 岁
1. 愿意在熟悉的人面前说话，能大方地与人打招呼。 2. 基本会说本民族或本地区的语言。 3. 愿意表达自己的需要和想法，必要时能配以手势动作。 4. 能口齿清楚地说儿歌、童谣或复述简短的故事。	1. 愿意与他人交谈，喜欢谈论自己感兴趣的话题。 2. 会说本民族或本地区的语言，基本会说普通话。少数民族聚居地区幼儿会用普通话进行日常会话。 3. 能基本完整地讲述自己的所见所闻和经历的事情。 4. 讲述比较连贯。	1. 愿意与他人讨论问题，敢在众人面前说话。 2. 会说本民族或本地区的语言和普通话，发音正确清晰。少数民族聚居地区幼儿基本会说普通话。 3. 能有序、连贯、清楚地讲述一件事情。 4. 讲述时能使用常见的形容词、同义词等，语言比较生动。

目标 3　具有文明的语言习惯

3—4 岁	4—5 岁	5—6 岁
1. 与别人讲话时知道眼睛要看着对方。 2. 讲话自然，声音大小适中。 3. 能在成人的提醒下使用恰当的礼貌用语。	1. 别人对自己讲话时能回应。 2. 能根据场合调节自己说话声音的大小。 3. 能主动使用礼貌用语，不说脏话、粗话。	1. 别人说话时能积极主动地回应。 2. 能根据谈话对象和需要，调整说话的语气。 3. 懂得按次序轮流讲话，不随意打断别人。 4. 能依据所处情境使用恰当的语言。如在别人难过时会用恰当的语言表示安慰。

（2）阅读与书写准备

目标 1　喜欢听故事，看图书

3—4 岁	4—5 岁	5—6 岁
1. 主动要求成人讲故事、读图书。 2. 喜欢跟读韵律感强的儿歌、童谣。 3. 爱护图书，不乱撕、乱扔。	1. 反复看自己喜欢的图书。 2. 喜欢把听过的故事或看过的图书讲给别人听。 3. 对生活中常见的标识、符号感兴趣，知道它们表示一定的意义。	1. 专注地阅读图书。 2. 喜欢与他人一起谈论图书和故事的有关内容。 3. 对图书和生活情境中的文字符号感兴趣，知道文字表示一定的意义。

目标 2　具有初步的阅读理解能力

3—4 岁	4—5 岁	5—6 岁
1. 能听懂短小的儿歌或故事。 2. 会看画面，能根据画面说出图中有什么，发生了什么事等。 3. 能理解图书上的文字是和画面对应的，是用来表达画面意义的。	1. 能大体说出所听故事的主要内容。 2. 能根据连续画面提供的信息，大致说出故事的情节。 3. 能随着作品的展开产生喜悦、担忧等相应的情绪反应，体会作品所表达的情绪情感。	1. 能说出所阅读的幼儿文学作品的主要内容。 2. 能根据故事的部分情节或图书画面的线索猜想故事情节的发展，后续编、创故事。 3. 对看过的图书、听过的故事能说出自己的看法。 4. 能初步感受文学语言的美。

目标3　具有书面表达的愿望和初步技能

3—4岁	4—5岁	5—6岁
1.喜欢用涂涂画画表达一定的意思。	1.愿意用图画和符号表达自己的愿望和想法。 2.在成人提醒下,写写画画时姿势正确。	1.愿意用图画和符号表现事物或故事。 2.会正确书写自己的名字。 3.写画时姿势正确。

幼儿园语言教育年龄阶段目标主要是依据幼儿园语言教育的总目标和不同年龄段幼儿语言发展的具体水平来确立的。

> **真题链接**
>
> 一般情况下,哪个年龄段的幼儿能结合情境理解一些表示因果、假设等关系的相对复杂的句子?(　　)(2017年下半年《保教知识与能力》)
>
> A.托班　　　　　　　　　　　　B.小班
> C.中班　　　　　　　　　　　　D.大班

3.幼儿园语言教育的具体活动目标

幼儿园语言教育的活动目标是最具体的目标,是指在某一具体的语言教育活动中期望幼儿所获得的某些语言能力的发展。活动目标一般由教师根据总目标、年龄阶段目标以及幼儿语言发展的具体特征和水平、活动的内容和性质来设定。具体的活动目标是可观察、可评价的,具有更强的可操作性,它具体指导幼儿园语言教育活动的开展。

从具体的语言教育活动来看,目标并不局限于语言教育这一个领域。幼儿在学习语言的过程中,不仅要学习和运用各种语音、词语和句式,而且要体会这些语言符号所蕴含的丰富情感以及文化内涵,要继承和发扬中华优秀传统文化,融合现阶段我国社会主义核心价值观。因此,在设计幼儿园语言教育活动的目标时,涵盖面要广泛,尽可能为幼儿提供适宜的、丰富的、有益的经验。

中班讲述活动:我喜欢的区角

【活动目标】
1.能感受与别人沟通的乐趣,积极大胆地表达自己的看法。
2.根据自己的兴趣和需要以快乐和满足为目的,自由选择,积极参与活动。
3.培养幼儿在区域活动中学习与他人合作的精神。

分析:该活动制定的目标存在的问题:首先,目标表述主体不统一,没有体现以幼儿为中心的教育理念。其次,语言表达有些抽象,不具备操作性。最后,目标层次不清晰,认知和技能目标不明显。

二、幼儿园语言教育的内容

(一) 幼儿园语言教育内容的选择依据

幼儿园语言教育的内容是指幼儿园为幼儿提供的语言形式、语言内容、语言运用的基本知识、基本态度和基本行为方式的总和,是幼儿学习语言、获得语言经验的载体。

幼儿园语言教育内容是将教育目标转化为幼儿发展的中间环节,是实现教育目标的手段,也是幼儿园教育活动设计的重要依据。教育内容要面向幼儿,充分尊重幼儿心理发展和语言发展的规律和特点,还要贴近幼儿的生活,最好是幼儿感觉到熟悉而奇特、新颖而有趣、简单又充满创意的内容。教师要充分利用周边各类资源,将富有我国文化传统、地域特色、优秀品质的内容揉进幼儿园语言教育活动的内容中。

(二) 幼儿园语言教育内容的表现形式

1. 谈话活动

谈话活动创设的是日常口语交往情景,要求幼儿调动自己已有的经验,围绕一定的话题倾听他人的意见,表达自己的想法。谈话活动的重点在于培养幼儿运用口头语言与他人交际的意识、情感和能力,内容涉及两个方面:(1)围绕自己熟悉的人或事进行谈话;(2)就某一熟悉的场景发表个人的观点和想法。

2. 讲述活动

讲述活动主要为幼儿创设正式的口语表达情景,使幼儿有机会在集体面前表达自己对某一图片、实物或情境的认识、看法等,学习表述的方法和技能。这类活动主要培养幼儿认真倾听的习惯和完整、连贯、清楚表述的能力,促进其独白语言的发展。内容涉及:(1)用简单明了的语言,把一实物的特征、功用解说清楚;(2)用比较恰当的语言讲述图片或影片中的主要人物、事件;(3)用生动形象的语言,讲述处在某一情境之中的人物的神态、动作。

3. 听说游戏

听说游戏为幼儿提供一种游戏情景,使幼儿在游戏中按一定规则练习口头语言,培养幼儿在口语交往活动中快速、机智、灵活的倾听和表达能力。听说游戏涉及以下语言教育内容:(1)巩固难发的音和方言干扰音,练习声调和发声用气;(2)扩展、丰富词汇量,练习词的用法;(3)在游戏中尝试运用某些结构的句子,锻炼语感。

4. 文学作品活动

文学作品活动从某一具体文学作品入手,为幼儿提供一个全面学习语言的机会,使他们在理解感受作品的过程中,欣赏和学习运用文学作品提供的有质量的语言。文学作品活动着重培养幼儿欣赏文学作品的能力以及利用文学语言表达想象、表达生活经验的能力。文学作品活动涉及的语言教育内容包括:(1)在欣赏儿童诗歌、散文的基础上,仿照某一首诗歌或一篇散文的框架,编出自己的诗歌或散文段落;(2)童话故事和生活故事的学习、表演或仿编和续编;(3)通过对话、动作、表情进行故事表演,体验作品的情节变化和人物情感的变化。

5. 早期阅读活动

早期阅读活动利用图书、绘画,为幼儿创设一个书面语言环境,使幼儿有机会接触书面语言,了解语言的基本文化内涵。早期阅读活动重点培养幼儿对书面语言的兴趣,引导他们逐渐产生对汉字的敏感性,丰富他们前阅读和前书写的经验。早期阅读包括前图书阅读、前识字和前书写。

这些内容需要教师了解不同形式语言教育活动的特点,提前进行活动设计,撰写活动方案,做好活动准备,精心组织活动,并根据幼儿的具体表现随时进行调整,活动结束后还要进行反思。

真题链接

教师在幼儿书写准备的指导中,不恰当的做法是(　　)。(2016年上半年《保教知识与能力》)

A. 用图画和符号表达自己的愿望和想法　　B. 书写自己的名字
C. 养成正确的写画姿势　　　　　　　　　D. 学习书写常见汉字

1. 请根据下列现象,试确定一个相关的幼儿园语言教育活动的内容并拟出这个活动的目标。

幼儿园大一班新转来一位男孩,刚刚进班时还有些陌生,不太说话。几天之后和小伙伴们熟络起来后特别能说,说话嗓门大,想什么时候说话就什么时候说,有时候还夹杂着一些脏话。又过了几天,老师发现班里说脏话的孩子越来越多,几经制止后仍然没有好转。

2. 根据当地文化特色和民俗习惯,确定一个幼儿园语言教育活动的内容并拟出这个活动的目标。

第三节　幼儿园语言教育的途径与方法

幼儿园一次教研会上,研讨的主题是"语言活动的多样性"。张老师说:"语言活动的内容有很多,有故事、诗歌、散文、童话等。"唐老师说:"不止这些,还有猜谜语、绕口令。"其他老师纷纷附和。

思考: 幼儿园语言教育的内容只有案例中说的这些吗?除了教学活动,幼儿园还有哪些形式的语言教育?教师采用什么方法让幼儿对语言教育活动保持持久的兴趣?

一、幼儿园语言教育的途径

《纲要》中语言领域的指导要点明确指出:"发展幼儿语言的重要途径是通过互相渗透的各领域的教育,在丰富多彩的活动中去扩展幼儿的经验,提供促进语言发展的条件。"为了促进幼儿语言能力的提升,幼儿园语言教育的实施途径是多种多样的,可以利用一切机会和条件来进行。它既包括教师专门的集体活动,也包括渗透在幼儿园一日生活、区域活动、游戏活动以及家园合作中的各种语言活动。

(一) 专门的语言教育活动

专门的语言教育活动就是通常所说的集体教学活动,是根据幼儿园既定的语言教育目标,按照计划来安排和组织的,让幼儿系统学习语言的教育活动。在活动组织过程中,教师要为幼儿提供良好的环境,引导幼儿主动参与活动,促进幼儿语言能力的提高。

1. 集体教学活动

集体教学活动是指幼儿园语言领域的常规教学活动。教学活动要求教师思路清晰,目标明确,内容安排合理,方法灵活多变,保证语言活动有序地开展,在短时间内使得全体幼儿获得新知识、新技能,提升已有经验。例如,班里小朋友的语言表达能力弱,教师可多多组织讲故事、朗诵诗歌、谈话活动等。

2. 游戏活动

游戏是幼儿喜欢的活动,也是幼儿园的基本活动。幼儿语言活动的很多内容可以通过游戏来进一步吸引幼儿参与其中,如扮演故事中的角色,学习角色间的对话,体会角色的感受和心理变化。幼儿语言活动里有很多听说游戏,可以有效地练习发音辨音,增加词汇量,掌握句式结构,体会语言的节奏感和韵律感,让幼儿充分体会正式语言的美。

3. 实践活动

幼儿处在直观形象思维阶段,他们喜欢真实的情境。对于幼儿园语言教育来说,应让幼儿充分感受和实践语言的应用,也可以进一步丰富幼儿的社会经验。幼儿园可以和本地区艺术家、表演团体加强联系,互助共赢。既可以带领幼儿去参观学习,也可以请他们入园为幼儿表演。如邀请木偶剧团入园演出,去艺术馆观看表演,到民俗馆学习等,这些互动有利于幼儿的成长,更有利于我国优秀传统文化和地方特色文化的传承。

大班文学作品活动:小雪花

【活动目标】

1. 理解散文诗的内容,懂得散文中比喻手法的特殊作用。
2. 能有感情地朗诵,初步学会根据诗中句式结构仿编。
3. 感受雪花的美,体验散文诗的优美意境。

【活动准备】

1. 物质准备：图片、散文诗配乐。

2. 经验准备：对雪花有一定的认识。

【活动过程】

(一)激发幼儿兴趣，引导幼儿想象

故事导入：一天夜晚，乌云妈妈对小雪花们说："孩子们，等风婆婆放开风口袋的时候，你们就离开妈妈的怀抱，去装点美丽的冬天吧！"小雪花们高兴极了，都在想我要飘去哪呢？第二天清晨，风婆婆将风口袋一抖，小雪花们就挣脱了乌云妈妈的怀抱，纷纷扬扬飘向了天空。

提问：如果你是洁白晶莹的小雪花，你从高高的云层轻盈地飘下，你最想落到什么地方呢？把它装扮成什么样子？

(二)引导幼儿欣赏诗歌，初步理解诗歌的意境

1. 引导幼儿观察图片：小雪花落到哪里？那里有什么变化？

2. 教师结合挂图，清晰、有感情地配乐诗朗诵。

3. 提问：听了有什么感受？

4. 再次欣赏散文诗。

(三)体验作品，引导幼儿理解诗歌内容

1. 欣赏第一自然段，提问：小雪花是怎样落下来的？诗歌里说小雪花是怎样落下的？什么是"轻盈"？谁能学一学小雪花"轻盈"飘下的样子？

2. 欣赏第二自然段，幼儿交流讨论：为什么说雪花像"美丽的白纱""闪光的银瓦""松软的棉絮"？初步理解散文中"比喻"手法的特殊作用。

(四)引导幼儿尝试朗诵诗歌，感受诗歌的意境美

1. 跟老师小声朗读。

2. 配乐朗读。

(五)迁移作品，幼儿创编

1. 提问：如果你是小雪花，你还会落到哪里？那里会有什么变化？

2. 幼儿回答发表自己见解。

师：你们喜欢小雪花吗？请你们像诗中说的那样也说一句话好吗？

幼儿自由组成小组，练习仿编，教师引导。

【活动延伸】

在美工区投放材料，幼儿制作雪花，体验雪花飘落。

【附故事】

小雪花

我是洁白晶莹的小雪花

我从高高的云层轻盈地飘下

我落满高山，高山披上美丽的白纱

我落满屋顶,屋顶铺上一层闪光的银瓦
我落满松柏,松柏结出许多棉花
我落满光秃秃的树枝,树枝盛开梨花
我落满麦田,麦田盖上松软的棉絮
我落满地面,地面铺上洁白的地毯
闪着耀眼的银花花
我是洁白晶莹的小雪花
我从高高的云层飘下

(二)渗透的语言教育活动

渗透的语言教育活动是利用幼儿的生活和学习经验,让他们在真实的情境中去学习和运用,充分发挥语言作为交往工具的作用。教师要重视渗透的语言教育活动,使之与专门的教育教育活动相互联系、互为补充,真正将幼儿语言能力的发展落到实处。

日常生活是幼儿利用语言建立起联系的最佳时机,幼儿与成人、同伴之间的沟通交流更真实自然。幼儿一日生活中需要运用语言去了解事物、社会习俗、规则要求,更需要去了解同伴及他人等,也需要在不同的场合和情境下运用恰当的语言进行表述和交流。日常生活中幼儿可以自然地表达需求,进行交往,更有利于幼儿更新原有的经验,建立起新的经验,获得自我成长。《纲要》语言领域中提出的目标,如乐意与人交谈,注意倾听对方说话,理解日常用语,能清楚地说出自己想说的事等,不仅仅是目标,更像是一种待人处事的习惯。它不是某一次或某几次专门的语言教育活动就能落实的,而是要在幼儿日常生活中、在日积月累的运用中实现。

拓展阅读

给孩子一个说话的机会

下午快放学的时候,星霖走到我面前,低着头,不说话,手使劲地拧着衣服,我用手摸他的衣服,果然湿了,全部都湿了。我轻轻地问他:"衣服为什么湿了?是不是洒水了?是不是开水龙头的时候,用力过大,把水溅得满身都是?"他一直低着头,红着脸,支支吾吾不说话。我接着问他:"是不是其他小朋友,不小心,把水弄到你身上了?"星霖还是不说话……这个时候,我正要批评,但看着他撅起的小嘴,我想:算了吧,等等吧,给他一个思考的时间,给他一个说话的机会。于是我用我的衣服给他换下湿了的衣服,告诉他:"先穿老师的吧,等你的干了再换下来。"接着,我开始揽着他,耐心地等。一分钟过去了,星霖终于抬起头,说话了,他说:"老师,我刚才大便了,水冲不下去,我用盆接水往下冲的,不小心,盆里的水就洒身上了,但是我把大便冲下去了。"

我紧紧地抱着星霖,跟抱自己的孩子一样,这个时候,我还能说什么呢,我差点因为自己的自以为是伤了孩子的心。

> 星霖也紧紧地抱着我,让我喘不过气来。我们总是因为自己是大人,有很多的想当然,并且把这个想当然当作真的事情放在孩子做错的事情上面,殊不知,我们这些自以为是伤过孩子多少次心。
> 给孩子一个说话的机会吧,也许他会给你一个不一样的答案。

游戏也是渗透语言教育的好时机。幼儿园是以游戏为基本活动的,独自游戏时幼儿通常自言自语,进行独白式的语言学习,集体游戏时幼儿要通过倾听、讨论去了解规则,与同伴进行分享与合作,运用角色语言进行对话,在游戏产生矛盾时还要表达观点,商量、讨论怎样解决。

幼儿园语言教育活动并不局限于语言领域本身,其他领域的教育内容与语言领域是密不可分、相互渗透的。其他领域的教育内容在语言上往往具有该领域的典型特点,这就使得语言教育的内容愈发广泛和深入。如在科学教育活动中,幼儿的语言表达需要更精确、简练和完整,进一步帮助幼儿提升理解能力、判断能力、推理能力等,实现全面发展。

二、幼儿园语言教育的方法

幼儿园语言教育的方法是教师为实现教育目标,施行教育内容而采取的策略性途径,往往需要教师创设条件和情境,采用多种方法支持、鼓励幼儿参与其中,帮助幼儿在语言活动中学习。正确运用各种教育方法,对提高教育质量、实现教育目的、完成教学任务具有重要的意义。幼儿园语言教育的方法是根据幼儿语言发展理论、幼儿学习语言的规律、幼儿园语言教育的目标以及幼儿园语言教育的实践经验总结归纳出来的,常见的方法有:

(一) 示范法

示范法是指教师通过自身规范的、有感染力的语言,为幼儿提供语言学习、模仿的榜样,让幼儿在良好的语言环境中自然地学习。教师的示范是幼儿进行语言学习的基础,同伴间的模仿学习也是示范模仿法的体现。教师在使用示范法时应注意以下几点:

1. 示范语言规范到位,形成良好语境

教师的语言是幼儿语言学习的直接模仿对象,教师的一言一行,幼儿每天听在耳里,看在眼里,都会受到直接和间接的影响。教师要使用规范性的语言,并辅以自然适当的表情、手势、姿态,让幼儿感觉到平等、关爱和被尊重,这样才能为幼儿创设良好的语言环境,幼儿可以自由地模仿、学习。教师也可以提供优质的图书资料和规范的语音产品,让幼儿自由选择和使用。

2. 鼓励幼儿大胆模仿,不过度纠正

教师要关注幼儿在各种活动中的语言表现,善于发现幼儿语言发展的差异,因材施教,要对幼儿正确的语言行为和习惯给予适当的激励,引导幼儿模仿。如果幼儿在讲述过程中出现语言错误,教师应鼓励幼儿做得更好,不可过于挑剔,以免降低幼儿学习的积极性。例如,在听说游戏活动中,对不太主动参与活动的琳琳,教师及时鼓励:"老师

知道你也能说得很好的,和大家一起来玩吧",以此激发琳琳参与游戏的积极性。

3. 引导幼儿大胆想象、创新

教师在运用示范法时,要鼓励幼儿在模仿的基础上大胆创新,鼓励幼儿说出不同的语句,不断加强词语、语句等的替换和创新。教师不要过度限制幼儿的思维,更不能要求幼儿和老师说的一模一样。可以在幼儿已经掌握基本内容的前提下,用不同的顺序进行表述,让幼儿在不断的变化中感受到创新的可能,体会创新带来的快乐。

(二)视听结合法

视听结合法是依据"直观法"的要求提出来的。视听结合法是指教师提供材料让幼儿直接感知物体,并配合教师的语言讲解帮助幼儿学习语言。视听结合法的具体运用要注意:(1)教师提供给幼儿感知的物体,应该是幼儿熟悉的;(2)教师的语言要通俗易懂。

(三)游戏法

游戏法是指教师运用有规则的游戏,训练幼儿学习语言的一种方法。游戏法的运用能提高幼儿学习兴趣,促进幼儿各种感官和大脑的积极活动。游戏法的运用有的需要配合教具(实物、图片)来进行,有的就是纯语言的游戏,如练习发音、学习反义词、练习组词和造句等游戏。随着幼儿年龄的增长,应逐渐减少直观材料。

(四)表演法

表演法是指在教师的指导下,幼儿学习表演文学作品以提高口语表达能力的一种方法。表演法的具体运用要求:(1)必须在幼儿理解、熟悉文学作品的基础上进行表演;(2)鼓励幼儿在表演中大胆地创作;(3)要为全体幼儿提供参与表演的机会。

(五)练习法

练习法是指有意识地让儿童多次使用同一个言语因素(如语音、词汇、句子等)或训练儿童某方面技巧的一种方法。在幼儿语言教育中,口头练习是大量的。练习法的具体运用要求:(1)练习的方式要多样化;(2)练习要求要逐步提高。

以上几种是比较常见的幼儿园语言教育方法,教师在实际应用中,需要根据幼儿园的具体条件、本班幼儿语言学习的特点和实际水平,选择恰当的教育方法,有针对性地进行语言教育。另外,各种教育方法还可以互相配合、交叉使用或互相补充、综合运用,以共同促进幼儿语言的发展,达到最佳的教育效果。

以下是中班语言活动"萤火虫找朋友"的活动过程部分,试分析此案例,运用了哪些教育方法。

(一)谜语导入,激发幼儿兴趣

1. 教师提出谜语:白天草丛待,夜晚空中游。一盏小灯笼,挂在身后头。引出主题——萤火虫。

提问:小朋友们,你们猜猜这是谁?

2. 幼儿根据自身经验,大胆回答:萤火虫。

3. 师幼小结：这是一只夏天夜晚里的萤火虫，她今天很难过，为什么呢？让我们听听故事找找答案。

（二）讲述故事，引导幼儿初步感知

1. 教师边播放PPT，边完整地讲述故事，引导幼儿安静倾听。

教师讲述：在一个夏天的夜晚，萤火虫提着绿色的灯笼，飞来飞去，找朋友……

2. 教师提问，帮助幼儿回忆和梳理故事：萤火虫到了几个地方？分别是哪里？都碰到了谁？

师幼小结：萤火虫到了三个地方，灯光下碰到了飞蛾，池塘边碰到了青蛙，大树下碰到了蚂蚁。

3. 教师提问，引导幼儿学说故事对话：萤火虫说了什么？小飞蛾、小青蛙、小蚂蚁分别说了什么？

（三）播放视频，启发幼儿深入思考

1. 教师播放视频动画，引导幼儿再次欣赏故事。

教师提问：为什么萤火虫找不到朋友？你喜欢它吗？如果你是萤火虫，在面对小动物们的要求时你会怎么说？

2. 幼儿大胆回答。

3. 师幼小结：原来萤火虫是因为没有帮助别人，才交不到朋友；我们和好朋友在一起需要互帮互助。

（四）提供图片，鼓励幼儿大胆创编

1. 教师提供动物图片，引导幼儿思考：萤火虫明白了这个道理后，又遇到了许多小动物，它会说什么，怎么做才能交到朋友呢？

2. 幼儿选择自己喜欢的动物图片大胆创编。

3. 教师鼓励幼儿大胆表达。

（五）组织表演，鼓励幼儿大胆展示

1. 教师创设池塘边、大树下等情境，提供小动物胸饰。

2. 幼儿与同伴合作大胆表演。

3. 师幼共评将经验延伸到生活中去。

第四节　幼儿园语言教育活动的设计与评价

幼儿正在观看奥运会滑冰比赛，不断地为运动员的精彩表演鼓掌欢呼。突然有一

位运动员重重摔倒在冰面上,小朋友们大笑了起来。

轩轩大声说:"真是个笨蛋!"佳明说:"摔个大马趴,笑死我了。"好几位小朋友还起身去模仿运动员摔跤的动作,觉得很好玩。

瑶瑶不同意,说:"她摔得一定很疼,不能这么说她!"

阿豪说:"她很勇敢,看,她爬起来,滑得真快,加油加油!"

思考:怎样才能让小朋友们学会说话,使用温暖的、文明的语言来表达观点,进行正确的评价?本节将带领大家一起来设计幼儿园的语言教育活动。

一、幼儿园语言教育活动的设计与组织

(一) 谈话活动的设计与组织

1. 话题的导入

谈话活动是要围绕中心话题进行的,中心话题是需要逐渐导入的。导入环节在一定程度上影响幼儿的谈话兴趣和思路,所以,教师要重视导入环节。一般情况下,可以用实物、教具、场景、语言等多种方式进行导入,将幼儿自然而然地带入话题中,调动幼儿谈话的意愿和积极性。

2. 围绕话题自由交谈

教师要多给幼儿提供自由交谈的机会和时间,目的在于调动幼儿对话题的原有经验,让幼儿能充分地表达个人看法。教师应鼓励幼儿积极参与谈话,形成多方的交流,形式可以多种多样,如集体的、小组的,让每位幼儿都能有更多的机会进行谈话,保证谈话的气氛更加融洽。

幼儿可以说任何与话题相关的想法,教师不需要进行示范,不纠正幼儿在字词句方面的错误,让幼儿充分运用自己的经验说出自己想说的话。为了让幼儿的谈话更加具有针对性,可以适当加入一些操作内容,将更有利于调动幼儿谈话的积极性和主动性。

3. 逐步拓展谈话范围

幼儿交谈时,教师要注意观察,了解他们的看法和见解,了解幼儿原有的认识水平。交谈后,教师要逐步地帮助幼儿拓展谈话的思路,引导幼儿扩大谈话的范围,使得幼儿在原有水平上能够进一步提升,获得新的情绪体验和谈话经验。同时,也要根据幼儿的年龄特点和具体表现,加强谈话活动中的一些基本规则(如取放材料、说话的顺序)的落实。拓展谈话可以通过关键性提问、讨论、新材料的呈现等方式完成。

4. 总结评价

谈话活动结束环节,教师和幼儿都要进行总结和评价。教师要以正面鼓励为主,表扬幼儿的进步,提出希望和要求。随着年龄的增长,应逐步实现以幼儿评价为主。结束环节,可以适当组织放松性、娱乐性强的内容,师幼双方共同体会谈话活动带来的快乐,形成更自由更融洽的班级氛围,为持续的谈话活动奠定基础。

小班谈话活动：我喜欢的玩具

【活动目标】

1. 能安静地倾听同伴谈话，有一定的倾听能力。
2. 能用简短的语句谈论自己所喜欢的玩具的名称和玩法。
3. 喜欢与同伴交谈，愿意在集体面前发表自己的意见。

【活动准备】

1. 物质准备：教师准备一个新颖的玩具。幼儿自带一个喜欢的玩具，活动前放在各自的椅子下面。
2. 经验准备：幼儿有玩玩具的经验。

【活动过程】

（一）创设谈话情境，引出话题

1. 教师出示玩具并介绍玩具的名称、特征。
2. 幼儿取出自带的玩具，自由玩耍。
3. 引导幼儿围绕玩具交谈，大胆说说自己的玩具。

教师提问：刚才玩的是什么玩具？怎么玩的？和谁一起玩的？

（二）鼓励幼儿与旁边的同伴自由交谈，说说自己的玩具的名称及玩法

教师观察、参与幼儿谈话，对幼儿谈话表示出极大的兴趣，并提醒个别幼儿安静地听别人讲话，不随便插嘴，等同伴说完后再说。如发现跑题现象，及时用语言引导，帮助幼儿将谈话集中到"玩具"上。教师要对积极参与活动的幼儿表示赞许和鼓励，并和个别不说话的幼儿进行交谈。

（三）拓展谈话范围

1. 请部分幼儿在集体面前展示自己的玩具并做介绍，教师引导幼儿仔细观察玩具的外形和玩法，如果介绍的幼儿没有谈到这些内容，可以请其他幼儿进行补充。
2. 通过提问拓展谈话范围，如：家里还有哪些玩具？为什么喜欢这个玩具？如果有好几个这样的玩具还可以怎样玩游戏？教师每提问一个问题，就可以请幼儿集中谈论，可以适当演示和示范，帮助幼儿充实谈话内容，引导幼儿说出更有意思的谈话内容。
3. 幼儿互相交换玩具玩，教师利用契机引导幼儿多说说自己玩具的优点，吸引同伴进行玩具交换。

（四）总结评价

教师总结幼儿在谈话中的表现，表扬幼儿能积极参与活动，能大方地在集体面前说话，和小伙伴进行游戏。同时，教育和引导幼儿爱惜自己和他人的玩具，玩完后将其放回原处。

分析：玩具是幼儿生活中必不可少的玩伴，"我喜欢的玩具"正是幼儿感兴趣的话

题。活动中，在了解幼儿已有谈话经验的基础上，教师通过提问，拓展谈话范围，并让幼儿通过演示和示范的方式增加谈话活动的趣味性，幼儿兴趣高涨，更好地激发了幼儿参与谈话活动的兴趣，锻炼了幼儿的语言，使幼儿掌握了谈话活动的基本规则，较好地达成活动目标。

（二）讲述活动的设计与组织

1. 观察讲述对象，多方面感知理解

感知讲述对象是进行讲述活动的前提和基础。教师要通过多种形式，加强幼儿对讲述对象的了解和理解。无论是图片、实物、人物、情境还是动画等，都要以观察和熟悉为先，充分调动幼儿的多种感官，丰富感性认识，积累讲述内容。

2. 运用已有经验讲述

在初步理解讲述对象后，教师要给幼儿运用已有经验进行表达的机会，给他们充分的时间、机会运用已有经验进行讲述，鼓励幼儿大胆地自由讲述。讲述形式可以多样，如独自讲述、小组讲述、集体讲述等，提高幼儿参与讲述的积极性。

在幼儿自由讲述前，教师需交代清楚讲述的要求，提醒幼儿围绕感知理解的对象进行讲述。在幼儿自由讲述的过程中，教师要注意倾听，发现其讲述的优点以及存在的问题，可以通过提问、讨论等形式进行适当引导。

3. 引进新的讲述经验

幼儿运用已有经验进行讲述后，教师可以了解到幼儿讲述的基本情况。教师要根据教育目标的需要，帮助幼儿学习和掌握新经验，除了词汇、句式的学习之外，还要理清讲述的思路、讲述的方式、讲述要素的全面性等，这通常成为讲述活动的重点。

教师可以对讲述思路进行示范，如针对幼儿的自由讲述，进一步明确基本要素，如时间、地点、任务、事件、结果等，使得讲述的内容更加清晰连贯，富有条理性和层次性。也可以针对幼儿的讲述情况，进行恰当的提示，使幼儿的讲述更加完整，或者和幼儿共同讨论讲述的新思路等。

4. 迁移新经验

经过前面几个环节的学习，幼儿基本掌握了讲述的内容和形式，教师要有意识地帮助幼儿迁移新的讲述经验，增加一些挑战和创意，满足幼儿的需要。还要多提供幼儿实际操作新经验的机会，以利于他们更好地巩固新经验。如在讲述活动中增加道具、动作、表演、合作等形式，不断提升讲述难度，让幼儿体验创作的乐趣，也为讲述活动提供持久的动力。

> **真题链接**
>
> 2021年下半年幼儿园教师资格证考试面试真题：
> 1. 题目：看图讲述。
> 2. 内容：
> （1）看图片模拟给幼儿讲故事。
> （2）模拟提问。

3. 要求：
(1) 看图讲故事。
① 故事符合图片，语言生动有趣。
② 给故事取名，名字有一定的概括性，符合图意。
③ 普通话标准，口齿清楚，语速适宜，有感染力。
(2) 模拟提问。
请模拟向大班幼儿提2个问题，以引导幼儿观察画面，发现故事发展的线索，大胆想象。

（三）听说游戏活动的设计与组织

听说游戏活动兼有语言学习和幼儿游戏的双重特性。它的设计与组织一般会按照一定的思路去进行，主要程序包含以下几个环节。

1. 设置游戏情境

教师可用物品、语言、动作等方式创设游戏情景，激发幼儿参与游戏的兴趣，在轻松愉悦的氛围中受到感染，使他们产生好奇心，自然地进入游戏。

2. 介绍游戏玩法和规则

进入游戏情境之后，教师要向幼儿介绍游戏的玩法和规则。教师要用简洁的语言进行讲解，辅助示范，说清楚游戏规则的要点和开展顺序，可针对规则进行提问，语速要慢，易于幼儿理解和接受。

3. 师幼一起游戏

在介绍游戏规则和玩法之后，教师可以引导幼儿开展游戏。教师在小班幼儿游戏中要充当重要的角色，把握游戏的进程。这一环节也可与说明玩法和规则合并进行。在中大班，教师讲清玩法和规则后，教师示范或师生共同示范，也可请能力强的幼儿试做游戏。既可起到示范作用，又可以检查幼儿是否明确游戏玩法和规则。如发现错误，及时纠正。然后逐步过渡到全体幼儿参与游戏，教师可观察幼儿游戏情况，也可以参与其中。通过教师的引导和指导，幼儿熟悉游戏规则，掌握游戏的玩法和步骤，为开展独立游戏做好充分准备。

4. 幼儿自主游戏

当幼儿熟悉和掌握游戏玩法和规则后,教师可以从游戏的领导者的身份退出,给幼儿自主开展游戏的空间。这时的教师就是游戏的观察者,可以进行间接指导,督促幼儿遵守游戏规则,也可就游戏中的问题或纠纷进行适当的帮助和教育。这个环节的时间一定要充足,让幼儿自由地、充分地游戏,教师间接指导的质量要有保证。

5. 进行游戏评议

游戏结束后,幼儿往往还沉浸在游戏的快乐中,此时教师组织幼儿评议和总结游戏,不仅能满足幼儿表达表现的愿望,还可以使游戏更好地发挥教育作用,提高幼儿的辨别能力,促使幼儿更加主动、积极地提升游戏水平并获得语言能力的发展。

大班听说游戏活动:警察与司机

【活动目标】

1. 能正确使用反义词,丰富反义词词汇。
2. 培养思维的敏捷性,知道要遵守规则玩游戏。

【活动准备】

红绿灯指示板,汽车方向盘若干个。

【活动过程】

(一)出示两本图书,初步认识"反义词"

师:谁来说说看这两本书有什么不同?

这两本书"大——小""厚——薄"都不同,这样意思相反的词叫作反义词。(出示实物,幼儿能直观地观察比较实物,从而自主讲述反义词,引出反义词的定义。)

(二)进一步理解运用反义词

1. 说说我知道的反义词。

师:小朋友们,你还知道哪些反义词吗?谁愿意来和小伙伴分享一下?

2. 游戏:说相反。

用"我说……"的形式来说出反义词。

(三)进行听说游戏"警察与司机"

1. 个别幼儿扮司机与教师示范玩"警察与司机"。

游戏规则:现在我们要来玩一个游戏,游戏的名字叫"警察与司机"。警察先念儿歌,说出一个词,司机必须说出反义词。如果司机回答正确,警察就亮出绿灯,汽车就可以通行,若司机回答不出或回答错误,警察就要亮出红灯,汽车就不能通过。

2. 全体幼儿扮司机与教师集体游戏。

通过示范游戏让幼儿对游戏有亲身感受和了解,提高对游戏活动的兴趣。

3. 幼儿自主游戏。

让幼儿轮流扮司机和警察,进行独立游戏活动。

【附儿歌】

警察与司机

我是交通警察,
站在红绿灯下,
司机开车通过,
先说一段反话。
(警察)我说＊＊,
(司机)我说＊＊。

分析: 首先出示实物,幼儿能直观地观察比较实物,从而自主讲述反义词,引出反义词的定义。通过游戏"说相反",让幼儿尝试正确使用反义词,丰富反义词词汇。在游戏中,通过个别幼儿参与游戏,激发幼儿对游戏活动的兴趣,让幼儿初步了解游戏的玩法及基本过程,进而开展全班游戏,到最后的幼儿自主游戏。整个活动环节层层递进,根据幼儿年龄特点,用幼儿感兴趣的方式,在游戏中达成活动目标。

(四) 文学作品活动的设计与组织

文学作品活动的设计与组织是由文学作品的特点和幼儿的特点所决定的。教师要熟悉作品,能对作品展开分析,确定重难点,一般包含四个层次。

1. 导入活动,激发幼儿的兴趣

导入环节的目的是创设情境,引起幼儿的兴趣。文学作品活动的导入方式可以有直观形象导入、谜语导入、提问导入、音乐导入等。导入方式虽有不同,其目的都是引发幼儿的兴趣,将幼儿引导到活动主题上来。

2. 讲述作品,幼儿倾听

教师讲述作品应有感染力,自然流畅,能通过语音语调的变化、生动形象的表情和动作来营造气氛,表现出作品的特点和感情。由于需要多次进行讲述,所以每次讲述的内容应保持一致,便于幼儿学习复述作品内容。教师在每次讲述时要有所变化,每次讲述都有其目的,应根据目的需要,采用不同的讲述方式。例如第一遍讲述不使用教具,方便幼儿专注于倾听;第二遍可以结合图片或教具,帮助幼儿加深对作品的印象。

幼儿倾听文学作品后,教师可以通过提问、图片、视频等多种方式帮助幼儿理解作品。这些提问应该都是精心设计的,具有一定层次,可以和讲述作品的次数相呼应。第一层提问指向对文学作品的大致了解,如作品中的人物的对话、情节的发展等。第二层提问指向文学作品的具体情节、人物行为及性格等,帮助幼儿多角度理解文学作品。第三层提问多是鼓励幼儿大胆想象,迁移经验,将文学作品与现实生活相结合。

3. 理解、体验作品

幼儿在学习和欣赏文学作品后,教师要设计相关的内容让幼儿进入作品情境中,体

验作品中人物的情感和心理状态,体验作品丰富有趣的表达方式和思想情感。要想对文学作品真正地理解,就要开展具有操作性或游戏性的活动,让幼儿在活动中将文学作品的内容纳入自己的经验范畴,也为进一步想象、创编作品打下基础。这一环节的内容和上一环节是融为一体、逐步加深的。此时需要有复述、表演、绘画、手工等活动,让幼儿亲自动手操作,参与其中,迁移相关经验。

4. 创造性地表达作品

通过前面两个层面的活动,幼儿积累了对文学作品的理解和体验,教师要进一步创造条件,启发幼儿开展对文学作品的仿编、续编、创编等活动。让幼儿发挥想象,尝试按照文学作品的样式建构语言,去欣赏、朗诵和复述自己的新作品。在这个层次中,幼儿通过自己的想象、同伴的讨论与交流,尝试文学语言的艺术表达,锻炼口语的表达能力和交际能力。

真题链接

一、2019年上半年幼儿园教师资格证考试面试真题:

1. 题目:故事《城市老鼠和乡村老鼠》
2. 内容:
(1) 模拟给幼儿讲故事。
(2) 模拟向幼儿提问。

城市老鼠和乡村老鼠

一天,乡村老鼠请城市老鼠来做客。

城市老鼠说:"你就住在这样的地方呀!没有高楼,没有大马路,没有很多很多的人。"乡村老鼠说:"我的家挺好呀,有树林,有田野,有很多很多的庄稼,还有小鸟在唱歌。"乡村老鼠拿出好东西请城市老鼠吃。有水灵灵的蔬菜、黄澄澄的玉米棒,还有白花花的米饭和馒头。城市老鼠说:"你就吃这些东西呀!我每天喝可乐、吃面包,还有泡泡糖和跳跳糖,还是我的家好。"还没天黑,城市老鼠就回家去了。

乡村老鼠想去城市里看看,第二天一早他就出发了。

刚一进城,乡村老鼠就看到高高的楼房、宽宽的马路。他刚要穿马路,汽车就开过来了,一辆接着一辆。这时候、大皮鞋、高跟鞋都往乡村老鼠身上踩过来,"哇……救命呀,救命呀!!"乡村老鼠吓得赶紧钻进下水道。黑咕隆咚的下水道,臭烘烘、脏兮兮,"哎呀……好臭,好臭!!"乡村老鼠好不容易来到城市老鼠住的高楼。刚一进门,凉凉的空调风就吹了过来,乡村老鼠"啊嚏!啊嚏!!"一个劲儿地打喷嚏。到了城市老鼠的家,城市老鼠拿出好东西请乡村老鼠吃,乡村老鼠吃一口面包,喝一口可乐。哎呀,可乐在乡村老鼠肚子里"咕噜咕噜"直冒泡泡。乡村老鼠吃泡泡糖和跳跳糖,泡泡糖粘住了他的牙,跳跳糖在他嘴里"噼啪噼啪"地跳、吓得乡村老鼠什么也不敢吃了。天还没黑,他就饿着肚子回家去了。

回到乡村,看见绿绿的树林,长着庄稼的田野,听着小鸟歌唱,乡村老鼠快乐地跳起来说:"还是自己家好呀!"

3. 基本要求:
(1) 模拟给幼儿讲故事。
① 有幼儿意识,表现出正在对幼儿讲故事。

② 普通话标准，口齿清楚，语速适宜，有感染力。
(2) 模拟向幼儿提问。
在讲故事过程中，模拟向大班幼儿提2个问题。提出的问题有助于幼儿理解故事或吸引幼儿注意力。
(3) 请在10分钟内完成上述任务。

二、2021年上半年幼儿园教师资格证考试面试真题：
1. 题目：儿歌配画《摇篮》
蓝天是摇篮，摇着星宝宝，白云轻轻飘，星宝宝睡着了。
大海是摇篮，摇着鱼宝宝，浪花轻轻翻，鱼宝宝睡着了。
2. 要求：
(1) 为儿歌配插图。
(2) 利用儿歌和你的作品，能带领中大班幼儿开展什么活动？请说出2种活动。

（五）早期阅读活动的设计与组织

早期阅读的材料容量较大，不是一次专门的阅读活动就能完成的。它的设计与组织相对于其他语言活动来说略有不同，在活动准备方面表现尤为突出。在开展阅读活动时，幼儿应该提前熟悉阅读材料，否则无法很好地回答问题，阅读活动的重点就会产生偏移，不能体现出阅读活动的真正意义。因此，教师需要在阅读活动开展前就引导幼儿先阅读材料，了解大致内容，根据自己的理解进行复述，提出自己的问题等，为正式开展阅读活动打下基础。

1. 活动导入，引起幼儿阅读的兴趣

导入活动是为了引发幼儿阅读的兴趣，它是正式的阅读活动的第一个环节。教师可以通过封面导入、实物导入、图片导入等方式来进行，尽量做到直观形象，快速吸引幼儿的注意，投入活动中。

2. 幼儿自主阅读

自主阅读需要人手一份阅读材料，让幼儿既可以阅读图书，还可以回忆活动前阅读过的内容。教师如果进行启发式的提问，让幼儿带着问题阅读，其效果会更好。幼儿可以独自阅读并讲述，教师要注意巡视指导，观察每位幼儿的阅读情况和问题，并给予一定的指导和帮助。

3. 师幼共同阅读

幼儿对图书的内容和情节已经较为熟悉，师幼共读是要帮助幼儿明确此次活动的内容。教师和幼儿一起阅读，阐释书面语言，并进行提问或讨论，引导幼儿理解和掌握信息。提问要有质量，多提开放性的问题，引导幼儿关注阅读材料的内容并注意到细节，体会作品中的情绪情感。

材料中的重难点仅仅靠教师讲解、提问和幼儿讨论是不够的，为了帮助幼儿深入地理解材料的内容，教师可以结合重难点进行有针对性的指导，可以通过操作道具、表演活动等重现难点内容，让幼儿进行实际的体验活动。

4. 幼儿讲述，归纳总结

阅读总是和讲述分不开的，在幼儿进行完整的阅读之后，教师要鼓励幼儿将自己理解的图书内容用口头语言表达出来，它是将图画符号转化为语言符号的重要阶段，也是

早期阅读活动的重要环节。教师还要引导幼儿总结和归纳图书内容,包括给图书命名,用自己的话说出图书和活动的主要内容,进一步体会图书中所表达的情节和人物心理,加深对图书的理解和把握。

案例呈现

大班早期阅读活动:母鸡萝丝去散步

【设计意图】

《母鸡萝丝去散步》是一本外国经典图画书,它的文字与画面形成一种非常滑稽的对比,文字讲述的是母鸡萝丝去散步的平淡无奇的故事,而图画则讲述了狐狸追逐猎物却屡屡受挫的故事。为引导幼儿在笑声中理解故事内容,重点讲述出隐藏在文字背后的故事。我决定分三个环节来引导幼儿理解故事、分析故事,并感受、体验故事所带来的乐趣:看图讲故事学动词——自主阅读,大胆讲述——作品欣赏与经验分享。

【活动目标】

1. 引导幼儿细致观察画面,激发幼儿的阅读兴趣。
2. 鼓励幼儿大胆表述自己对故事内容和情节发展的理解。

【活动准备】

图画书、农场地图图片、母鸡指偶。

【活动过程】

(一)出示"农场地图",激发幼儿的好奇心

师:今天老师带来一个非常有趣的故事——《母鸡萝丝去散步》,这是母鸡萝丝生活的农场,你看到了什么?

(二)讲述故事,引导幼儿注意动词

教师一边讲述故事,一边用母鸡指偶在地图上演示母鸡散步时经过的地方,并运用语气、体态和手势引导幼儿注意动词。

提问:母鸡萝丝都去过哪些地方?(院子、草堆、磨房、篱笆、蜜蜂房)

提问:它是怎么来到这些地方的?你看到了哪些动作?(走过、绕过、越过、穿过、钻过)今天母鸡萝丝又去散步了,会发生什么事呢?快去书里找找吧。

(三)引导幼儿自主阅读,发现图画中的乐趣

提问:你们看完书为什么都笑了呢?看到了什么?发生了什么事?你能讲讲自己感到最可笑的那页故事吗?

先请个别幼儿在集体面前讲讲自己最喜欢的一页故事,再让幼儿以小组形式互相讲述、交流。鼓励幼儿大胆讲述图书部分内容,教师根据幼儿的讲述引导幼儿仔细观察画面,帮助幼儿正确理解故事内容。

(四)师幼共同阅读,加深理解

师:老师来讲母鸡萝丝散步的故事,小朋友来讲狐狸发生的故事,好吗?

讲完后引导幼儿给这个故事起个新名字。

【活动延伸】

和幼儿讨论：你喜欢这个故事吗？这是一只什么样的母鸡？什么样的狐狸？让孩子体会并描述母鸡和狐狸的性格特点，还可以引导幼儿表演这个故事。

大班早期阅读活动：鼠弟弟的小背心

【活动目标】

1. 感知画面中人物的动作和表情，了解故事的内容以及重复的故事结构。
2. 能按照动物出场的顺序和大小，完整地阅读图画故事。
3. 能与同伴合作，表演故事的内容和情节。

【活动准备】

1. 图片及头饰：小老鼠、小猴子、小猪、小马、小河马、小象。
2. 红色毛线小背心1件。
3. 幼儿用书人手1册。

【活动重难点】

重点：感知画面人物的动作和表情，了解故事的内容以及重复的故事结构。

难点：自主阅读，理解故事。

【活动过程】

（一）出示图书，引导幼儿观察封面

提问：封面上有谁？老鼠妈妈给小老鼠编织了一件红色的小背心，好看吗？

小结：小老鼠穿上背心真漂亮！很多动物都喜欢它的小背心，它们都想穿！

（二）幼儿自主阅读故事，初步感知故事内容

1. 知道观察一页多幅图的方法：你们怎么知道先看哪幅图呢？

小结：按照每幅图下面的数字，按顺序看，看完一幅再看一幅，还要把前后画面连续起来才能看懂这个故事。

2. 幼儿自行阅读图书，边看边轻声讲述。

3. 阅读后交流：画面上还有谁？谁穿上了红背心？看上去好看吗？最后，小背心变成什么样子了？

4. 请个别幼儿在集体面前交流自己的阅读经验。

（三）师幼完整地欣赏、阅读故事

1. 引导幼儿仔细观察画面：谁来了？他说了什么？穿上小背心，他们的表情是怎样的？感觉怎样呢？

2. 教师边完整地讲述故事边引导幼儿翻阅画面，讲至相同的地方，等待幼儿跟着讲述。

3. 教师带领幼儿完整地看图讲述故事。

（四）引导幼儿观察比较动物的大小，感知动物出场的次序

1. 提问：谁第一个试穿鼠小弟的背心？谁第二个试穿小背心？第三个呢？……（教师根据幼儿的讲述，按照动物出场的先后次序出示相应的动物图片。）

这些动物有什么变化?(动物越来越大)

一共有几个动物来穿鼠小弟的红背心?

红背心经过这么多人试穿,最后变得怎样了?小老鼠的表情是怎样的?

小象和小老鼠一起玩什么游戏?它们开心吗?

2. 引导幼儿完整地看画面讲述故事。

3. 讨论交流:这么多动物都喜欢鼠小弟的小背心,你有什么好办法?你喜欢鼠弟弟吗?为什么?(鼠弟弟有好东西能与大家分享,小背心被穿坏了虽然有点伤心,但他很快就变得快乐起来了。)

(五)表演故事

1. 学习扮演小动物角色。

2. 幼儿自主结对,扮演角色,表演故事。

3. 戴上动物头饰,在集体面前表演故事《鼠小弟的小背心》。

【活动延伸】

1. 引导幼儿续编故事结尾,启发幼儿想一想:这么多动物都喜欢鼠小弟的小背心,你有什么好办法?引导幼儿根据《鼠小弟的小背心》故事内容,制作相应的道具,如动物的头饰,并进一步学习表演故事。

2. 在美术活动中,可引导幼儿装饰小背心,学习用废旧报纸等材料制作服装。

二、幼儿园语言教育活动的实施要点

《纲要》指出"发展幼儿语言的关键是创设一个能使他们想说、敢说、喜欢说、有机会说并能得到积极应答的环境","发展幼儿语言的重要途径是通过互相渗透的各领域的教育,在丰富多彩的活动中去扩展幼儿的经验,提供促进语言发展的条件",这些都说明幼儿园语言教育活动的实施过程是复杂多样的,教师要从多个方面加以学习和落实。

(一)创设丰富的、真实的语言环境,激发幼儿表达的兴趣

教师在开展活动前可以布置特殊的环境,提醒活动的主题,从而使幼儿更积极地参与其中,如关于植物的语言活动,可以将室内环境添上各种花草、与大自然相关的情景,引导幼儿将一些树叶写上名字贴在墙壁上,用小石头装饰成小路等,和小朋友谈谈各自的喜好。这样既能使幼儿语言能力得到提升,又能锻炼想象能力、操作能力等。教师要从真实的生活出发,引导幼儿关注生活,关注周围的人、事、环境等,激发幼儿表达的欲望。如早上是谁送你来幼儿园的,早餐吃了什么,来园的路上有哪些好玩的事情等,让幼儿将自己的想法讲述出来。换句话说,就是让幼儿有的说,知道要说什么。

教师要认真倾听幼儿,并给予适当的回应,既让幼儿感受到教师对自己的关爱,又能活跃语言活动的气氛,形成热烈交流的场面。教师还可以将幼儿的行为和活动内容表达出来,和幼儿产生切实的交流互动,鼓励幼儿多多参与各项活动,如果不懂就提出问题,发挥自己的想象力尝试着去表达想法。换句话说,就是让幼儿敢说、愿意说、喜欢说。

2. 创造多种形式,提升幼儿的语言技能

教师要有良好的语言设计能力,尤其是在集体教学活动中要深度把握一些提问技

巧。如设置开放性问题,问题本身要有层次性,给幼儿思考反应的时间,根据幼儿的回答进行恰当的反馈,等等。

教师自身要做到以身作则,如发音清晰、吐字清楚,讲话重点突出,谈吐风趣幽默,能给幼儿形成轻松温暖的感受,以榜样的力量来影响幼儿。教师要灵活地运用多种方法指导幼儿,如设置悬念法、讲评法、游戏法,有时还可以故意念错说错,让幼儿来发现和纠正等。要注重提升幼儿的语言能力尤其是口语表达能力,利用一切机会培养幼儿语言的自觉性、完整性,提高语言的分析能力和组织能力等。

3. 鼓励幼儿讲故事、看图书、讨论问题

教师要用幼儿喜闻乐见的文艺作品来丰富幼儿的语言,多多感受和体验成熟语言的特点和魅力。如一些艺术感强的儿歌、诗歌、故事等,为幼儿提供了丰富的语言材料,教师可将难发的音编成儿歌,鼓励幼儿进行表演,敢于表达自己的观点和认识,实现从模仿到实践甚至创造的过程。总之,应抓住和创造一切有利因素,因势利导,及时调整和改进,进一步促进幼儿语言能力的进步。

4. 在游戏和交往中发展语言能力

语言是交往的工具,能激发幼儿表达的需要,幼儿只有不断地去使用语言,才能提升表达能力。游戏是幼儿最喜欢的活动,可以让幼儿愿意进行大量的练习,实现真正意义的主动式学习。

幼儿期是发展语言能力的关键期,只有为幼儿提供良好的教育环境和条件,从各方面鼓励和激发幼儿语言学习,才能够真正地促进幼儿形成良好的语言习惯和能力。

三、幼儿园语言教育活动的评价

《纲要》指出:"教育评价是幼儿园教育工作的重要组成部分,是了解教育的适应性、有效性,调整和改进工作,促进每一个幼儿发展,提高教育质量的必要手段。"幼儿园语言教育活动评价是就是收集幼儿园语言教育活动系统各方面的信息,依据一定的客观标准,对幼儿语言发展状况及语言教育的过程、内容、方法、效果等方面做出客观衡量和科学判定的过程。它是语言教育实施过程中不可缺少的环节,可以建立起一种集反馈、诊断、调节和改善幼儿园语言教育的机制,使之朝着语言教育预期的目标迈进。

(一) 幼儿园语言教育活动评价的原则

1. 客观公正性原则

实施语言教育评价时必须采取客观公正、实事求是的态度,避免主观臆断或掺杂个人情感,更不能妄加评论和指责,这是幼儿园语言教育活动评价最基本的原则。在幼儿园工作实践中,只有秉持客观公正的评价准则,公平地对待每一个评价对象,采用公正的评价方法和手段以及由教育目标而确定的评价标准来进行评价,才能真正地促进语言教育活动的展开和改进,反之则会产生阻碍作用,无法发挥教育评价的真正作用。

2. 参照性原则

幼儿园语言教育评价要依据一定的标准来进行。首先要依据国家颁布的具有法律法规性质的文件,这是确定语言教育评价的根本。其次要遵循幼儿语言发展的规律和特点,这是判断其适宜性的依据,如每个年龄段幼儿应有的语言发展水平。还要依据语言教育活动的目标要求,这是进行评价的学科性参考。脱离目标的评价是没有价值的,也是缺乏科学性的典型表现。

3. 全面发展性原则

维果茨基的"最近发展区"理论为教育活动评价提供了依据和支撑。语言教育活动设计要基于幼儿的现有水平,提供有一定难度的内容,调动幼儿的积极性,发挥其潜能,超越其最近发展区,从而达到其可能达到的水平。因此,在进行教育评价时要充分考虑幼儿的可接受性,选择的内容是否适合,容量是否适中,是否由浅入深、循序渐进,是否综合运用各种方法,并能促进幼儿不断努力,从而获得更好的能力发展等。教育评价也必须连续不断地对语言教育活动的各个组成部分进行全面评价。幼儿园教育活动评价要完整地把握幼儿的语言发展状况、教师的教学、师幼互动、语言教育活动设计的各个要素、教学具的选择和利用等。

4. 实效性原则

实效性原则指评价教育活动方案的设计、实施操作的可行性及其教育目的所达到的程度或结果。这是幼儿园语言教育活动评价最大的特点。通过对语言教育活动的开展,可以重点评价幼儿在倾听、表达、阅读、交流中所表现出来的语音、语汇、语法、句子、讲述、理解、阅读等方面所表现出来的水平。还要评价幼儿在语言学习和语言交流时所表现出的态度和行为习惯方面的情况。

(二) 幼儿园语言教育活动评价的内容

幼儿园语言教育活动评价涉及的内容很多,可以总结为三大方面,包括评价幼儿语言发展状况、评价语言教育活动设计、评价教师的素质。

1. 评价幼儿语言发展状况

语言教育活动评价的着眼点应在于引起幼儿身上出现变化或幼儿在活动中的表现,一般采用等级量表。具体地讲,对幼儿的评价可分为两个方面:一方面是从幼儿学习效果的角度,对目标达成情况进行分析和评价。在对认知目标、能力目标和情感态度目标达成情况分析的同时,还应对达成程度做出判断,一般分为三个等级,即"完全达到""基本达到""尚未达到"。另一方面从幼儿在活动中的表现,对幼儿的参与程度进行分析和评价。可以通过对幼儿的观察,了解幼儿语言发展的状况,也侧面反映活动设计和组织的情况。幼儿参与活动的程度,可以分为三个等级,即"主动积极参与""一般参与""未参与"。

2. 评价语言教育活动设计

语言教育活动评价一般要对语言教育活动设计的各个方面展开分析和评判,如活动目标、活动内容、活动过程等。

评价活动目标要充分考量目标的一致性,是否与幼儿的语言发展水平相适应,处在幼儿的"最近发展区"内;是否涵盖了认知、能力、情感与态度等方面的要求;目标是否具体可操作性等。

评价活动内容主要考虑内容的选择是否能达到活动的目标,容量是否恰当,内容安排是否分清主次或突出重难点,衔接是否自然流畅,内容是否便于设计和再创造。如大班诗歌《摇篮》,既能培养幼儿学习诗歌的兴趣,使之感受诗歌优美的意境,提高幼儿对文学作品的审美能力和感受能力,又能发展幼儿的语言表达能力和创编能力。

评价活动过程要充分考虑设计者的教育理念、教学思路、教学方法、组织形式、结构安排、教玩具的使用情况、活动效果等。诸如教师是否注意面向全体并兼顾个别幼儿;教学思路是否清晰,每一个环节和步骤之间的逻辑性、层次性和递进性等;方法选择是否丰富而恰当,并考虑幼儿的年龄特点和接受水平;在组织形式上是否适合、多样,是否能体现因材施教,能注意到幼儿在活动中的情绪情感;教玩具是否有助于活动目标的实现,与活动内容是否适应,是否具有实用性和可操作性,数量是否充足而必要等;在教育效果上是否达成了预期的目标,达成程度如何等。

某幼儿园语言教育活动评价表

项目	评价内容	分值	得分
活动目标 (12分)	1. 以语言教育总目标为依据制定:能将语言教育总目标精确转化为具体教育活动目标	4分	
	2. 目标符合本班幼儿语言的水平和经验,层次清楚,重点突出	4分	
	3. 目标明确、具体、可查、可检	4分	
活动内容 (12分)	1. 内容与目标要求相一致,符合本班幼儿语言开展需要,稍高于现有水平	4分	
	2. 能在幼儿原有经验间建立联系	4分	
	3. 能考虑本班幼儿不同开展水平,难度适宜	4分	
活动准备 (6分)	1. 能援助幼儿做好相关的生活经验和必要的知识准备	3分	
	2. 能提供充分的材料,便于幼儿主动活动和相互交往	3分	
活动过程 (50分)	1. 能围绕目标组织活动,结构层次清楚,各环节安排合理,过渡自然	8分	
	2. 能根据内容和幼儿学习特点,灵敏运用集体、分组、个别等形式,让幼儿有自主练习的时间和机会	7分	
	3. 教学方法灵敏,能根据活动目标、活动内容及幼儿实际及时调整变化	7分	
	4. 教师能抓住重点、难点,精心设计提问,所提问题具有启发性,能激发幼儿的思维和表达	7分	

(续表)

项目	评价内容	分值	得分
	5.教师能充分发挥主导作用,面向全体,又能关注个别幼儿的语言学习,创造条件让幼儿成为活动的主体,鼓舞幼儿创造性地表达	7分	
	6.教师思路清楚,语言标准,表达精确简练,语言生动有感染力	7分	
	7.充分有效地使用材料,调动幼儿学习的积极性、主动性	7分	
活动效果 （20分）	1.幼儿情绪饱满,学习兴趣浓厚,始终保持注意状态	5分	
	2.幼儿能主动参与活动,活动中表现出积极性、主动性和一定的创造性	5分	
	3.多数幼儿完成学习任务,每个幼儿在自己原有基础上都有所收获	5分	
	4.幼儿思维活跃,想象丰富,喜欢用语言表达与交流	5分	

3.评价教师的素质

有效的评价可以促进教师自身素质和能力的发展。一方面可以对教师的教学能力展开评价,教师的语言是否清晰、准确、流畅;其教态、精神面貌是否能具有感染力,能调动幼儿的情绪和内在动力;是否具有活动组织能力;是否具有教学机智,能灵活处理突发事件等。另一方面要评价教师能否创设适宜的活动环境,激发幼儿主动学习的积极性;是否注重幼儿良好心理品质的形成、情感交流;是否善于给幼儿创设活动的机会和条件;是否能有效支撑幼儿的探究学习等。

以上内容可简单归纳如下表:

表4-1 幼儿语言教育活动评价重点

评价内容	评价项目	评价重点
评价幼儿语言发展状况	目标达成程度	是否建立在本班幼儿现状的基础上
	参与活动程度	是否有典型意义的幼儿行为
评价语言教育活动设计	活动目标	是否全面、适宜、可操作
	活动内容	能否兼顾群体需要和个体差异,使每位幼儿都能得到发展,有成功感
	活动的组织形式	是否丰富,搭配合理,吸引幼儿
	活动过程	是否能给幼儿提供有益的学习经验并符合其发展需要
	活动的环境	是否能调动幼儿学习的积极性
评价教师的素质	教学能力	语言是否符合教学要求,是否有感染力
	师幼互动	是否能激发幼儿的兴趣,是否注意与幼儿的情感交流,是否能提供支持和正确引导

(三) 幼儿园语言教育活动评价的方法

幼儿园语言教育活动的评价需要一定的方法,为了便于观察和对比,其评价指标和方法要简明清晰、表述准确、概念清楚,便于操作和运用。

1. 自由叙述评价法

这是将对教育活动的看法、意见、判断说出或写下来,通过文字描述对教育活动进行评价的方法。这种方法灵活多样,适用性强,不需要专门的策略工具和复杂的评价程序,可以自由评述。既可以对静态的因素加以评价,如目标、内容、方法、环境、材料等,也可以对动态的因素进行评价,如幼儿的表现、教师的行为等。

2. 观察评价法

通常用于观察和评价幼儿的发展水平,教师通过观察可以获得大量的评价信息,及时了解教育活动的运行情况,对整个教育活动的效果进行分析。这种方法要保证在自然的情况下进行,否则观察结果就不够真实和客观,价值不高。对日常生活中不容易观察到的情况,教师可以创设相应的条件,促使幼儿自然地表现其语言发展水平。

3. 综合等级评定法

这种评价方法可以获得对语言教育活动的整体印象。一般都是通过横向和纵向两个维度确定评价指标,对活动的影响因素和活动的状态进行分析和评价,从而得到综合的评价信息。

这些方法的运用可以收集多方面的信息,获取第一手的客观资料,为科学的教育评价提供基础和前提,见表4-2。

表4-2 中班幼儿语言发展综合等级评定量表

指标		观察项目	具体行为	勾选
倾听与表达	1. 能正确传达成人和同伴说话的意思	传话游戏	1. 能正确传达成人和同伴说话的意思	
			2. 能部分传达成人和同伴说话的意思	
			3. 不能正确传达	
	2. 学习扩句	指定的句子	1. 会用老师指定的句子进行扩句	
			2. 会用老师指定的部分句子进行扩句	
			3. 不会用老师指定的句子进行扩句	
	3. 在活动中会用简单的图形符号表达自己的想法	阅读《有趣的信》	1. 能正确运用符号表达自己的想法	
			2. 能表达自己的想法但符号不够准确	
			3. 不能用运用符号表达自己的想法	
欣赏文学作品	1. 能体会不同情感与不同语调的关系,学习用不同的角色对话	故事《小乌龟开店》	1. 能体会不同情感与不同语调的关系,会用不同的角色对话	
			2. 能体会不同情感与不同语调的关系,只会几种角色对话	
			3. 不能体会不同情感与不同语调的关系,不会角色对话	

(续表)

指标		观察项目	具体行为	勾选
	2. 学习判断句子的逻辑错误,从而掌握更多的词汇,并会运用,使自己的语言优美	指定句	1. 会判断句子的错误,会表述	
			2. 会判断句子的错误,但不会表述	
			3. 不会判断,也不会表述	
早期阅读	1. 学习整理图书的方法,爱护图书	活动中表现	1. 会正确整理图书的方法,爱护图书	
			2. 会正确整理图书的方法,有初浅的爱书意识	
			3. 整理图书时方法不对,没有爱书意识	
	2. 会根据画面用书面语言讲述自己熟悉的故事的主要内容	讲述画面内容	1. 能用书面语言将书中主要内容讲出	
			2. 能用书面语言将书中大部分内容讲出	
			3. 能用书面语言将书中极少部分内容讲出	
	3. 能有意识地观察和记忆生活中常见的汉字	阅读《逛动物园》	1. 阅读后能认识常用汉字 17 个	
			2. 阅读后能认识常用汉字 9—10 个	
			3. 阅读后能认识常用汉字 5 个以下	

在幼儿语言教育活动中,幼儿、同伴、家长、教师、管理人员都可以参与评价。不同的评价主体可以针对幼儿在不同场合的表现给予相应的评价,以保证评价的全面和客观。要在日常生活和教育教学中采用自然的方法进行评价,要观察具有典型意义的幼儿语言表现等。在评价方式上,尤其是教师,在评价幼儿语言发展的情况时,应该以形成性评价为主,适当辅以诊断性评价和总结性评价,以便组织适合幼儿需要的语言教育活动,及时调整和改进教育措施,为幼儿提供更加适宜的活动和指导。幼儿语言发展的规律是基本一致的,但是对于不同的幼儿来说,其学习语言的速度、效果和语言运用等方面会表现出不同的特点,所以我们要研究幼儿语言发展的年龄特点,还要兼顾个别幼儿的独特语言发展特征,关注幼儿语言发展方面的个体差异。要淡化幼儿之间的横向评价,重视个体自身的纵向评价,以发展的眼光看待幼儿,既要了解他们现有的水平,又要关注其发展的速度、特点和倾向等,更要肯定每一位幼儿的努力和点滴进步,如学习兴趣、学习动机和学习效果等,帮助幼儿获得学习语言的持续动力。

技能训练

针对不同年龄班写出各种不同形式的语言活动方案,任选一个即可。如小班故事活动"小猫钓鱼"、中班故事活动"小熊请客"、大班故事活动"城市老鼠和乡村老鼠",小班儿歌活动"小蚂蚁"、中班儿歌活动"哈哈镜"、大班诗歌活动"毕业诗"等。

真题链接

1. 教育过程中,教师评价幼儿适宜的做法是(　　)。(2018下半年《保教知识与能力》)
   A. 用统一的标准评价幼儿
   B. 根据一次测评结果评价幼儿
   C. 用标准化工具测评评价幼儿
   D. 根据日常观察所获信息评价幼儿

2. 活动设计题(2022上半年《保教知识与能力》):
   大班的江老师出差两天,回来以后,孩子们都过来告亮亮的状,说亮亮总是搞破坏。亮亮说我不是在搞破坏,我是孙悟空,我在打妖怪。晶晶说,我不是妖怪,我是唐僧。其他孩子也说我不是妖怪,我是玉皇大帝。还有的说我也是孙悟空,我要扮演孙悟空。孩子七嘴八舌,早就忘记了告状这件事。都在讨论自己要扮演什么。
   问题:请设计谈话活动,从孙悟空的行为目的和意义出发,将幼儿的破坏性扮演行为引导成为表演性游戏行为。要求写出活动名字、目的和活动过程。

第五章 幼儿园科学教育活动设计与指导

幼儿学习科学开始于对周围世界和自身的好奇心,并由此产生对周围事物的探索。幼儿园科学教育对其终身科学态度和素养的培养尤为重要。本章通过阐述幼儿园科学教育的基本理论,帮助学习者掌握幼儿园科学教育活动的目标、内容、方法、设计思路,为在实践中开展科学教育活动、提高科学教育活动的质量提供坚实的理论支撑。

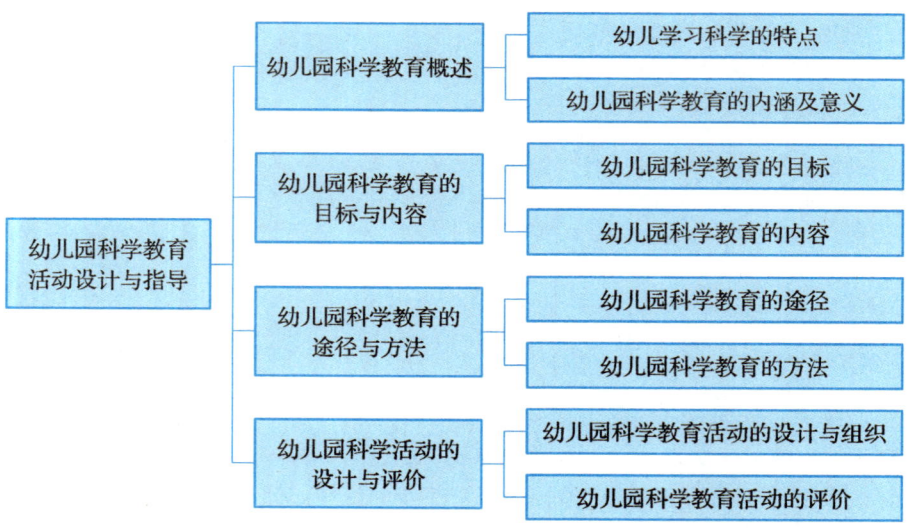

知识目标:1. 熟悉幼儿学习科学的心理特点。
    2. 理解幼儿园科学教育的重要价值。

能力目标: 1. 掌握幼儿园科学教育的目标、内容与方法。
2. 能够设计与实施不同类型的幼儿园科学教育活动。
情感目标: 1. 树立科学的幼儿园科学教育活动理念,对幼儿园科学教育活动的产生兴趣。
2. 从科学的本源出发,追求"求真"的科学探索精神,增强创新意识。

第一节 幼儿园科学教育概述

4岁的萌萌与爸爸在广场上散步的时候,看到了旗杆上的国旗迎风飘扬,国旗被风吹得呼呼作响。这时萌萌大声地说:"爸爸,爸爸,你看有风。"爸爸见萌萌已经注意到了这一自然现象,就顺势问道:"这么大的风,是从哪里来的呢?"萌萌答到:"爸爸你怎么问这么简单的问题,这明明是国旗扇出来的呀。"爸爸又问:"国旗怎么会扇出这么大的风呢?"萌萌强调道:"就是这样扇的呀!"边说还边用手模仿国旗扇动的样子。

思考: 你认为儿童有科学吗?儿童的科学是怎样的呢?科学教育对于幼儿有什么帮助呢?通过本节的学习,可以帮助我们找到答案。

一、幼儿学习科学的特点

(一)幼儿有着强烈的好奇心和探究欲望

幼儿有着与生俱来的强烈的好奇心和探究欲望,因此每个幼儿都有着一双敏锐的眼睛。没有什么东西能逃脱幼儿的注意力之外,尤其是越不知道或越被禁止触摸的东西,幼儿就越想一探究竟或试试自己的想法。这样的好奇心和探究热情绝不亚于科学家。

(二)幼儿最初关心的问题都和自然环境有关,是基本的科学问题

好奇好问是幼儿的特点,尤其从3岁左右开始,幼儿会抓住家长、老师或其他熟悉的成人问个没完。其中,幼儿最初关心的问题都和自然环境有关,想要知道很多事情是怎么回事,以及世界为什么会是现在这个样子。幼儿所关心的这些现象,恰恰是最基本的科学问题。

(三)幼儿通过直接经验来认识事物

幼儿的年龄特点决定了他们对物质世界的认识是感性的、具体形象的,思维还常常需要动作的帮助。他们对物质世界的认识还必须以具体的事物和材料为中介和桥梁,

在很大程度上借助于对物体的直接操作。幼儿在操作事物的过程中产生了物理知识和逻辑数学知识。

案例呈现

一名幼儿在游戏时把橡皮泥揉成球放进水里,球沉下去了;他把橡皮泥压成薄薄的饼状放进水里,又沉下去了;他把橡皮泥搓成细长条放进水里,还是沉下去了;他停下来,开始思考……这次他把橡皮泥扯成一粒一粒的放进水里,结果还是沉下去了。他茫然环顾四周。教师注意到了这一切,以同伴的身份与他一起尝试。教师用的不是橡皮泥,而是用一张纸折成小船放在水里,小船浮在水面上。他摆弄了一会儿水里的纸船,突然说:"我有办法了。"他把橡皮泥做成碗状,结果橡皮泥浮起来了,他高兴地跳了起来。从中他悟出了"中间空"能浮起来的道理。

分析:该幼儿在多次操作没有成功之后,教师并没有直接给予答案或帮助,而是提供了"纸船"这一直观的观察对象,幼儿通过对纸船的观察和模拟制作"橡皮泥船",最终成功地让橡皮泥浮在了水面上。这一经验是通过直觉操作和直接观察而获得的,是通过其他语言或文字等间接经验所不能得到的。

(四) 幼儿的探究方法具有试误性

由于经验水平和思维特点所限,幼儿探究解决问题的过程和方法具有很大的试误性。他们对事物特点的认识和对事物间关系的发现需要多次尝试,不断排除无关因素;需要很多次、很长时间的探索,才能接近答案。

(五) 幼儿所获得的知识经验具有"非科学性"

幼儿对周围事物的认识和解释以及所获得的知识经验受其原有经验和思维水平的直接影响,从而形成幼儿期所特有的"天真幼稚的理论"和"非科学性"的知识经验。突出表现在:

(1) 幼儿的前因果观念。前因果观念是指幼儿在对事物的认识尚未产生理智的解释之前对事物因果关系的认识。这种认识往往带有表面性和片面性。

(2) 幼儿的泛灵观念。泛灵观念使幼儿把任何事物都看作和人一样有生命、有情感、有意识。他们把大千世界的物品都赋予人的特性,都与"我"一样是万物的灵长。泛灵观念造成了认识的主观性。

(3) 幼儿的人造观念。人造观念是指幼儿把大自然看作是人类创造的产物,经常会把现实生活"神话"化。

二、幼儿园科学教育的内涵及意义

(一) 幼儿园科学教育的内涵

幼儿园的科学教育就是指教师引发、支持和引导幼儿对周围物质世界进行主动探究,以帮助他们形成科学的态度和情感,使幼儿掌握科学方法,获得有关周围物质世界及其关系的科学经验的活动。其内涵应包含以下几个方面：

1. 幼儿园科学教育是在教师的支持和引导下，幼儿运用各种感官，对周围的事物和现象进行感知、观察、操作、探索，发现问题并寻找答案的探究过程。

2. 幼儿园科学教育是教师充分利用周围环境，为幼儿创设条件，选择适合幼儿学习的内容，提供充分的物质材料，通过运用不同的方式设计与组织幼儿参与的各种科学探索活动。

3. 幼儿园科学教育是帮助幼儿主动获取科学经验、建构概念、发展智能、养成科学态度的过程。

儿童的科学开始于好奇心和求知欲。《指南》中指出幼儿科学学习的核心是激发探究兴趣，体验探究过程，发展初步的探究能力。幼儿的思维特点是以具体形象思维为主，应注重引导幼儿通过直接感知、亲身体验和实际操作进行科学学习，不应为追求知识和技能的掌握，对幼儿进行灌输和强化训练。

> **真题链接**
>
> 从生活中选择幼儿感兴趣的事物和问题作为教学内容的主要原因为（　　）。（2021下半年《保教知识与能力》）
> A. 教师容易制作教具
> B. 便于教师教学
> C. 符合家长的希望
> D. 符合幼儿的学习特点

（二）幼儿园科学教育的意义

1. 幼儿园科学教育有助于满足幼儿天生的好奇心

科学教育活动作为一种有组织、有目的的活动，能够在一定程度上满足、发展幼儿天生的好奇心。首先，通过科学教育活动，幼儿对周围事物和现象的好奇与不解可以得到一定的解释和满足。其次，幼儿园中丰富的环境和教师的鼓励与支持能够激发和保护幼儿的好奇心。此外，教师还能够根据幼儿的表现，对幼儿感到好奇的事物和现象加以关注和引导，开展相应的科学教育活动。对于幼儿提出的有价值的、可以探索的问题，教师还会组织幼儿一起来探究。

2. 幼儿园科学教育有助于幼儿建构科学概念

科学教育能够在科学概念和幼儿的已有经验之间建立起桥梁，能够为幼儿提供与同伴分享个人经验和想法的机会。这种分享是多方面的，既包括语言上的交流和分享，也包括共同活动中的经验的分享。对于每一个幼儿来说，新的经验能够拓宽他的思路，重新审视自己的想法，对事物形成新的理解。此外，幼儿对概念的学习是有阶段的，各个年龄阶段是不同的。教师针对不同年龄阶段幼儿的发展水平，设计不同的科学教育活动，可为幼儿建构自己的科学概念提供有力的帮助。

3. 幼儿园科学教育有助于幼儿学习科学探究的技能

科学的核心在于探究，因而科学教育活动对于幼儿探究技能的培养十分注重。探究技能包括提出疑问、观察、描述、收集证据和得出结论等。科学探究技能不仅是幼儿学习科学的必备技能，也是幼儿探求其他知识、理解周围世界所必需的。它的意义也不仅仅在于幼儿阶段，而是会影响到幼儿的终身学习。幼儿园中的科学教育活动是一种引导幼儿亲历科学探究的过程，建构自己的科学知识的活动。

4. 幼儿园科学教育有助于幼儿全面和谐发展

幼儿园科学教育是幼儿全面发展教育的组成部分，是通过"科学"这一内容对幼儿进行全面发展教育的活动。

首先，科学教育能够促进幼儿个性的全面和谐发展，形成良好的个性品质。科学教育活动给幼儿以直接接触和探究客观世界的机会，不仅满足了他们的好奇心和动手操作的欲望，让幼儿有机会通过亲身经历的探究活动自己获取知识，还使幼儿在与物质材料和环境的互动中，在与教师和同伴的交流中，在操作和探究中获得发展个性品质的机会，从而使他们的主动性、积极性、独立性、创造性、自信心等良好个性品质得以发展。良好的个性品质对幼儿的发展具有重要的意义。

其次，科学教育能够为幼儿后续的科学学习和其他学科的学习提供基础。幼儿在科学教育活动中获得的知识、探究能力和科学态度是幼儿受益一生的宝贵财富。一方面，早期的科学经验为其将来理解抽象的科学知识提供了具体的表象支持，从而成为引导幼儿通向科学世界的桥梁。另一方面，幼儿科学教育能够促进其他学科的学习。例如，幼儿在科学活动中学习了探究的技能，在与同伴的互动交流时，能够在各个观点、证据之间建立有逻辑的联系，进行推论等。随着幼儿年龄的增长和学习的深入，这些技能在其他学科的学习中也变得越来越重要。

拓展阅读

STEM教育在幼儿园科学活动中的融合

随着素质教育理念不断深入，STEM教育在幼儿园科学教育中的重要性也越来越突出。STEM教育旨在发展幼儿的核心素养，培养幼儿的综合素质，对学科融合能力培养、知识的提升都有较大作用。对此，教师需要在幼儿园科学教育过程当中融入STEM教育，跟上时代的潮流和步伐，及时转变教学理念，从幼儿的实际能力和综合发展的角度作为考量，为幼儿今后的科学学习及其他学科的学习打下良好的基础，并让幼儿在科学教育活动实践中培养良好的个人品质和动手能力，使其综合素质得到提升和锻炼。对此，教师需要在幼儿园科学教育的过程中设置较多的实践活动，让幼儿通过动手实践和小组合作方式解决问题，并且逐渐培养对这个世界的好奇心和探究欲望。最终幼儿能够形成对这世界较科学的认知，能够在科学教育的过程中掌握正确、合理、科学的实践方法和手段。

第二节　幼儿园科学教育的目标与内容

　　幼儿园开展了"有趣的鸡蛋"系列活动。在小班，教师为幼儿准备了许多碎海绵、沙子、瓶子等，让儿童通过操作进行探索：怎样使鸡蛋站起来？儿童把鸡蛋立在沙子里、彩泥里、瓶口上……成功后，孩子们都情不自禁地拍手大笑。到了中班，教师则安排了"分辨生熟鸡蛋"的活动。儿童通过旋转鸡蛋，发现生熟鸡蛋的转速是不一样的，转得快的是熟蛋；用力摇晃鸡蛋后，放在耳边听会发现，生蛋有声响，熟蛋没有声响。

　　思考：在幼儿园科学教育活动中如何体现不同年龄段的活动特点？如何设置活动目标和选择活动内容？

一、幼儿园科学教育的目标

　　幼儿园科学教育目标可以分为三个层次，即科学教育的总目标（或称领域目标）、科学教育的阶段目标（或称各年龄目标）和科学教育的具体活动目标。从理论上看，这三个层次的目标应该形成一种态势，即若干个科学教育活动目标的积累，便构成了阶段目标，若干个阶段目标便构成了总目标。每一项活动目标的实现，都是向阶段目标、总目标迈进一步。

（一）幼儿科学教育的总目标

　　幼儿园科学教育总目标是幼儿园科学教育目标体系中概括层次最高的目标。《纲要》中对幼儿园科学领域的总目标表述如下：

　　1. 对周围的事物、现象感兴趣，有好奇心和求知欲；
　　2. 能运用各种感官，动手动脑，探究问题；
　　3. 能用适当的方式表达、交流探索的过程和结果；
　　4. 能从生活和游戏中感受事物的数量关系并体验到数学的重要和有趣；
　　5. 爱护动植物，关心周围环境，亲近大自然，珍惜自然资源，有初步的环保意识。

（二）幼儿科学教育的年龄阶段目标

　　《指南》中将科学领域的内容分为科学探究和数学认知两个方面，其中关于科学探究的目标如下：

目标1　亲近自然，喜欢探究

3—4岁	4—5岁	5—6岁
1. 喜欢接触大自然，对周围的很多事物和现象感兴趣。 2. 经常问各种问题，或好奇地摆弄物品。	1. 喜欢接触新事物，经常问一些与新事物有关的问题。 2. 常常动手动脑探索物体和材料，并乐在其中。	1. 对自己感兴趣的问题总是刨根问底。 2. 能经常动手动脑寻找问题的答案。 3. 探索中有所发现时感到兴奋和满足。

目标2　具有初步的探究能力

3—4岁	4—5岁	5—6岁
1. 对感兴趣的事物能仔细观察，发现其明显特征。 2. 能用多种感官或动作去探索物体，关注动作所产生的结果。	1. 能对事物或现象进行观察比较，发现其相同与不同。 2. 能根据观察结果提出问题，并大胆猜测答案。 3. 能通过简单的调查收集信息。 4. 能用图画或其他符号进行记录。	1. 能通过观察、比较与分析，发现并描述不同种类物体的特征或某个事物前后的变化。 2. 能用一定的方法验证自己的猜测。 3. 在成人的帮助下能制定简单的调查计划并执行。 4. 能用数字、图画、图表或其他符号记录。 5. 探究中能与他人合作与交流。

目标3　在探究中认识周围事物和现象

3—4岁	4—5岁	5—6岁
1. 认识常见的动植物，能注意并发现周围的动植物是多种多样的。 2. 能感知和发现物体和材料的软硬、光滑和粗糙等特性。 3. 能感知和体验天气对自己生活和活动的影响。 4. 初步了解和体会动植物和人们生活的关系。	1. 能感知和发现动植物的生长变化及其基本条件。 2. 能感知和发现常见材料的溶解、传热等性质或用途。 3. 能感知和发现简单物理现象，如物体形态或位置变化等。 4. 能感知和发现不同季节的特点，体验季节对动植物和人的影响。 5. 初步感知常用科技产品与自己生活的关系，知道科技产品有利也有弊。	1. 能察觉到动植物的外形特征、习性与生存环境的适应关系。 2. 能发现常见物体的结构与功能之间的关系。 3. 能探索并发现常见的物理现象产生的条件或影响因素，如影子、沉浮等。 4. 感知并了解季节变化的周期性，知道变化的顺序。 5. 初步了解人们的生活与自然环境的密切关系，知道尊重和珍惜生命，保护环境。

（三）幼儿科学教育的具体活动目标

幼儿园科学教育的具体活动目标制定要遵循一般具体活动目标的表述要求。在设计活动目标前，首先应分析本班幼儿的特点，然后再将科学教育活动学期或月计划中的目标具体化，以此作为确定目标的主要根据之一。活动目标的内容应包括科学知识经验、科学方法、科学态度三个方面。科学知识是指科学经验的获得、初级科学概念的学习，包括通过活动，使幼儿获得哪些经验，形成哪些初级科学概念。例如，通过活动，了解动物的种类、外形特征和生活习性及其与人类的关系等。科学方法是指在科学探索活动中,使幼儿哪些能力得到发展,形成哪些技能,学习哪些方法。例如细致观察的习惯及能力用语言表达自己的观察结果等。又如学习运用典型特征观察法,对某种动物进行较细致持久的观察等。科学情感态度包括幼儿情感态度及个性品质的培养。例如关爱小动物的情感、对科学小实验的兴趣等。

中班科学教育活动"认识沙石"

【活动目标】
1. 引导幼儿发现沙、石的用途以及它们和人们生活的关系。
2. 学习用沙、石表现各种造型,培养创造力。
3. 初步认识沙石的特征,知道沙子和石头是多样的。

分析:该活动制定的目标存在较多问题。首先,目标表述主语不统一,没有体现以幼儿为中心的教育理念;其次,第一条目标与第三条目标都是关于科学知识经验,缺乏科学情感维度;最后,第二条技能目标没有明显体现科学领域特点。

二、幼儿园科学教育的内容

(一)了解自然环境及其与人们生活的关系

1. 自然界中常见的动植物及其与环境的关系

能说出常见动植物的名称;探究和认识动植物的多样性;观察和初步发现动植物的生长变化规律;探索和初步发现动植物与人、自然环境的关系。如让幼儿知道在日常生活中是怎样利用动物和植物的,又是怎样保护动物和植物的,知道动物、植物的生存与生长离不开空气、阳光、水、土壤等。

2. 自然界中的非生物及其与人及动植物的关系

探索、感受水是无色、透明的;探索一些和水有关的物理现象,如水有浮力,水能溶解一些物质等;通过实验懂得水有液态、固态、气态三态变化;知道水对生命的重要性;结合日常生活,让幼儿懂得要节约用水,保护水资源。

了解沙、石、土的简单关系,知道沙、土是由岩石变化而来;让幼儿了解沙、石、土的特性,知道其各自的主要用途;知道地球上覆盖着大量的沙、石、土;知道要珍惜土地,合理利用、保护自然资源。

知道空气是看不见、摸不到的,周围到处都是空气;探索、发现空气的流动;知道生物的生存和生长离不开空气;知道有关空气的其他现象。

3. 人与自然环境的关系

观察人的主要感觉器官,能探索、感受其各自的功能;初步了解人的差异性及其种类,如性别、种族等;认识人基本的外部结构(如眼、耳、口、鼻、手脚等),发现并感受其各自的功能;初步感受和体验人的内部生理(呼吸、消化、血液循环等)和心理活动(情绪、记忆、想象);初步了解人体的生长、发育到衰老是一个自然的生命发展过程;从小珍爱生命、锻炼身体、预防疾病,养成良好的生活、卫生习惯等;了解人与自然环境的关系。

(二) 关注、感受、探究身边的自然科学现象

1. 多种多样的光

探索、发现光源,知道光在人类各种活动中是非常重要的;探索、发现光和影子的关系;探索、发现光的反射及折射的现象。

2. 探索声音

能够辨别噪声与乐音、发出音响的物体及所代表的意义;能探索出让不同物体发出声音的方法;探索声音的传播。

3. 感受物体的冷热现象

学习用自己的感觉器官来判断物体的冷热;探索物体由热变冷的方法;知道天气有冷有热。

4. 探究、体验力

通过实验操作感受力的大小;探索、发现力与运动的关系及不同大小、方向的力和运动的关系;探索感受各种力的现象;感受平衡力。

5. 有趣的磁

能够区别不同大小、不同形状的磁铁,知道磁铁能吸住铁;探索发现磁铁与磁铁之间的吸引与排斥现象;探索发现日常生活中磁铁的应用。

6. 初步了解电的来源

初步了解电在日常生活中的重要作用;初步了解安全用电的常识,避免事故的发生。

7. 奇妙的化学现象

日常生活中简单安全有趣的化学现象有很多,可以让幼儿去探索发现,如让幼儿观察削皮后的苹果过一段时间后会有什么样的变化,或者把糖放在水里搅拌一下,会出现什么样的现象呢。

8. 天气与季节变化

体验和认识常见的天气特点及其对人们生活、动植物生长变化带来的影响;观察、感受、体验发现天气变化的状况,能用自己喜欢的方式进行记录、报告或预测;知道一年有四个季节,每个季节的名称、顺序及其典型的特征。

(三) 感受科学技术及其对生活的影响

认识日常生活中的科技用品;了解家用电器、现代通信工具、现代交通工具和现代农业工具的主要用途,感受这些科技用品对我们生活的重要性;了解、熟悉著名的科学家,感受、体验科学家的探索、发明、创造的过程。

拓展阅读

幼儿科学关键经验

		3—4 岁	4—5 岁	5—6 岁
科学探究精神		1. 有好奇心,能在老师的带领下积极参与探究活动,敢于动手操作。 2. 能在老师的鼓励支持下与同伴分享与交流自己的发现。关爱身边的动植物。	1. 有好奇心和探究的积极性。 2. 能主动发起一些探究活动,重视自己收集到的事实和证据。 3. 乐于倾听和分享他人的观点。 4. 能进行一些简单的合作探究活动。 5. 关爱身边的动植物,做自己力所能及的环保活动。	1. 有好奇心,乐于参与并能主动发起探究活动,能进行合作探究,乐于分享和交流自己的探究和发现。 2. 积极进行力所能及的关爱自然和生命、保护资源和环境的活动。
科学探究方法		1. 乐于并敢于提出问题。 2. 能在老师的引导下进行大胆的猜想和细致的观察,能用简单形象的方式记录自己的发现,敢于用简单的语言表达自己的疑问和发现。	1. 初步意识到通过探究能找到问题的答案或解决问题。 2. 乐于并敢于提出问题,能围绕着简单的问题和探究的任务运用自己的已有经验进行猜想和假设。 3. 尝试运用观察和简单的实验方法解决问题,并用不同的简单易懂的方式进行记录。 4. 能初步得出自己的结论,敢于与同伴交流和分享。	1. 知道通过探究能找到问题的答案或解决问题,懂得事实证据的重要。 2. 能提出有探究意义的问题,充分调动自己的已有经验进行猜想和假设,尝试着制定简单的观察和实验方案,有搜集和用适宜的方式记录数据和事实,并在此基础上得出自己或小组的解释和结论,乐于与同伴分享交流探究的过程和结果,敢于对同伴或教师提出质疑。
生物	动物	喜欢观察并爱护动植物,愿意饲养小动物,关注动植物的生长变化。	饲养小动物,探究其外形特征、结构、功能及食性、繁殖、居住的环境,感知动物的生长变化过程,对小动物有亲近感。	1. 主动饲养小动物、爱护动物,珍惜生命。 2. 感知动物的多样性,体会动物与人之间的依存关系,探究动物生存、生长及繁殖、繁衍方式。
生物	植物	1. 对植物的突出变化感兴趣,感知植物季节变化的典型特征。 2. 爱护植物,在种植中感受植物的生长。	喜欢观察植物和种植活动,感知其生长中的渐变过程,比较认识植物的多样性。	在对比观察和实验种植中,探究植物的生长条件,初步了解植物与人类的依存关系。

续表

	3—4 岁	4—5 岁	5—6 岁
材料及其性质	喜欢摆弄玩具材料,感知常见材料(沙、水、泥等)的突出特性。	1. 运用多种感官探究材料的特性,比较几种常见材料的异同并进行分类。 2. 观察了解材料在特定情况下发生的变化,通过简单实验等方法发现材料之间简单、直观的相互关系。	探究材料相互作用时的基本特点,以及改变外界条件(如加热、冷冻等)情况下材料发生的变化。初步了解材料与人类生活的作用。
天气及预报	喜欢观察天气,能感知天气的明显变化及其与自身的关系。	感知四季的明显特征,发现与之相关的天气现象(晴、阴、雨、雪等)。	感知四季对动植物生长变化及人们生活的影响,观察、发现它们与四季的关系,主动适应天气变化。
工具及设计技术	—	初步学习运用废旧物品,设计、制作简单玩具。	运用常见工具设计、制作玩具,体验成功。

真题链接

活动设计题(2016 年下半年《保教知识与能力》):

请根据请根据下列素材,设计大班主题活动方案,要求写出主题活动的名称、主题活动的总目标、2 个子活动。每个子活动包括:活动名称、活动目标、活动准备和活动的主要环节。

周一早晨户外活动,幼儿被园子里五颜六色的花吸引了,有的在指认花的颜色,红的、黄的、白的、紫的;有的在数花瓣,三瓣的、五瓣的、六瓣的;有的在争论花的名称。他们发现有的花朵长得一样,但是颜色不一样,有的花朵有香味,有的花朵没有香味……户外活动的时间结束了,幼儿还一直很兴奋地谈论着……

 技能训练

请以"好玩的风"为主题,为大班科学教育活动撰写活动目标。

第三节 幼儿园科学教育的途径与方法

在户外活动的时候,有几个小朋友聚在楼梯口,蹲在那里比比画画说个不停,教师不假思索地大声命令:"那里有什么好看的,赶快离开!"幼儿纷纷无可奈何地暂时离开。其实幼儿是在看蚂蚁搬运食物。

思考: 你赞同教师的做法吗?日常生活是否是幼儿科学教育的有效途径?幼儿园的科学教育还可以通过哪些途径和方法实施呢?

一、幼儿园科学教育的途径

幼儿园科学教育是指教师利用周围环境,为幼儿提供材料或幼儿通过自身感官去探索周围世界、获取信息、发现问题、寻找答案的过程,幼儿园科学教育可以通过多种途径,包括集体教育活动、区角活动、日常生活中的科学教育、游戏活动中的科学教育等。

(一)集体教育活动

科学集体教育活动是指由教师根据幼儿园科学教育的目标和任务,有计划、有目的地选择课题,决定学习的内容,并在既定的时间内,为全体幼儿提供相应的材料,在教师指导下开展,以达到教育目标的形式。例如,认识"电"的活动,教师预先选择课题,设计活动方案,准备相应材料:家用小电器、小电珠、电线、电池等,在一定时间,组织全班幼儿开展活动。

采用全班集体活动的形式,应考虑活动场地条件,是否能让每个幼儿都有活动的空间及充足的材料,同时还要考虑在活动中对不同能力水平的幼儿应有不同的要求,也要保证每个幼儿都能参与集体活动。

(二)区角活动

科学区角活动包括幼儿在科学活动桌、自然角或活动室的区角等设施内进行的科学教育活动。科学区角活动需要教师为幼儿创设一个宽松和谐的环境,提供丰富的材料和设备,供幼儿按自己的意愿和兴趣,从自己的发展水平出发选择活动内容,决定学习的方法。例如,在一个科学活动室内,有的幼儿选择了放大镜和各种种子,他们运用放大镜比较各种种子的不同;有的幼儿选择了电珠、电池和电线,他们在做会发光的小电珠的实验……在这样的活动中,幼儿的探索活动比较自由,教师除了为幼儿创设条件、准备设备外,也可适当指导,特别是当幼儿在探索过程中发现了问题、遇到了困难时，教师可启发帮助，提出些思考性的问题，鼓励幼儿继续探索。

科学区角活动是根据幼儿自己的意愿和兴趣来选择并进行操作的，所以更能激发幼儿学科学的积极性与主动性，当幼儿发现了自己从未注意到的科学现象，或是问题得到圆满解决时，能让幼儿充分感受到自己的能力或成功的喜悦，引起再探索的愿望，并能因此增强幼儿的自信心，发展幼儿良好的个性品质。

小班科学区域活动：切水果

【活动材料】
完整的水果（橙子、香蕉、火龙果）、砧板、塑料刀。
【玩法】
幼儿用塑料刀切水果，观察其内部特征。

中班科学区域活动：光和影子

【活动材料】
手电筒、玩具娃娃等。
【玩法】
幼儿用手电筒和玩具，照出不同大小、远近的影子。

大班科学区域活动:菊花转转转

【活动材料】

垫板、抹布、水、乒乓球做成的小花。

【玩法】

幼儿先用抹布沾湿垫板,然后将小花放在上面,用嘴吹,并不断变换垫板的方向,让小花很快地转动起来。

分析:区域活动中,教师不仅要提供材料,还要观察幼儿的表现,如上述区域活动中,关注幼儿对完整和被切开水果的认知,能否意识到光和影子的关系,能否控制条件使得菊花转动起来等。

> **拓展阅读**
>
> ### 幼儿园科学区域的管理
>
> **1. 科学区应该是开放的**
>
> 班级科学区是为学前儿童创设的自主进行科学探究的环境。所以,科学区应该是开放的,允许儿童在区域活动时间、自由活动时间进区活动的,允许儿童自由选取材料开展活动的,允许儿童以自己的方式进行探索的。
>
> **2. 科学区的材料应该不断得到补充和更新**
>
> 为保障儿童对科学区的持续兴趣,科学区的材料应该随主题活动的开展、儿童知识经验的丰富、兴趣的转移,不断地得到补充和更新。
>
> **3. 让儿童参与科学区的材料搜集、环境布置**
>
> 以往很多幼儿园的区域环境都是教师说了算,教师设计和布置环境、搜集材料,加班加点地忙乎,却忘记了这个环境的"主人"——儿童,儿童作为区域活动主导者的地位被完全忽视了。其实,儿童参与环境布置与材料搜集的过程本身就是学习和成长。

4. 教师和儿童共同参与科学区规则的制定，共同维护科学区环境

区域规则不应该是教师对儿童的要求，应该是共同的探究活动本身对儿童的要求。所以，教师应该通过对儿童活动的观察，引领儿童自主讨论区域活动规则，并使其成为大家共同遵守的规则。

真题链接

简答题：简述种植活动对幼儿发展的价值。（2021下半年《保教知识与能力》）

（三）日常生活中的科学教育

在幼儿一日生活中，时时处处会遇到许多有关科学的问题。例如，初冬的早晨，突然起了大雾，幼儿对此产生浓厚的兴趣。教师立即组织幼儿对这种不常见的天气现象进行观察交流，让幼儿积极表达对此自然现象的思考和理解。这种科学活动可以在不同的时间、地点发生，延续时间的长短由幼儿的探索兴趣和教师引导深度决定。在一日生活中的任何环节，教师都可以结合幼儿兴趣和年龄发展水平进行科学教育。例如，进餐时介绍今天所吃蔬菜的名称、主要特征，了解其味道及营养价值；散步时引导幼儿观察开放的花朵；午睡时引导幼儿不蒙头睡觉等。

日常生活中的科学教育，使幼儿在生活的同时获得了大量的科学经验，也培养了爱提问爱探究的科学态度，同时也丰富了幼儿的生活，促进幼儿的身心发展。

在户外活动时，有好几个小朋友趴在地上看东西，教师走近一看，原来是一群蚂蚁在拖动一块面包。小朋友很不解地问："老师，蚂蚁这么小，怎么能拖得动这么大的面包""小蚂蚁的家在哪里呀"等，小朋友提出了很多的问题。教师针对小朋友的问题，给予了及时的指导："小朋友仔细观察，看看它们要把面包拖到哪里去？它们想做什么？"有的幼儿说："它们要把面包运回家，一会儿我们就知道它们的家在哪里了。"有的幼儿说："它把粮食运回家给小蚂蚁吃。"教师抓住时机，介绍有关蚂蚁的生活习性等，使幼儿对蚂蚁有了新的认识。

分析：《纲要》指出，要善于发现幼儿感兴趣的事物、游戏和偶发事件中所隐含的教育价值，把握时机，积极引导。在这次教学活动中，教师以积极的态度对待幼儿在日常生活中的科学发现，对于幼儿提出的问题，积极鼓励他们继续探索，寻求答案；教师适时地提供帮助并进行引导，激励幼儿不断探索与思考。同时，活动内容是幼儿所感兴趣的，所以在活动中，他们始终保持着饱满的热情。

（四）游戏活动中的科学教育

游戏是幼儿的主导活动，是幼儿通过模仿和想象对现实生活创造性的反映。为使游戏顺利进行,幼儿要对周围世界进行仔细观察和了解,否则游戏内容就要枯竭。例如,在进行建筑游戏活动"美丽的外滩"时,幼儿在进行拼搭前,一定会对外滩的建筑绿化等有比较细致的了解,然后才能动手拼搭。而且在游戏过程中,幼儿在对某一部分的拼搭有困难时,他会再次去观察、思考,这样就扩大了幼儿的眼界,丰富了他们对周围环境的认识。

> **真题链接**
>
> 材料分析题(2021年上半年《保教知识与能力》):
> 教师为幼儿制作了一个玩具灶,投放了羽毛、棉花、小木棒、乒乓球等不同材质的物品和扇子,让幼儿猜测哪些物品能被风吹起来并进行验证。小牛猜想羽毛和棉花能飞起来,就开始扇风。结果发现他们确实能飞起来,他使的劲大了,发现乒乓球也飞起来了。一直旁观的小雷惊讶地说:"原来用劲儿扇乒乓球也能飞起来啊!"
> 问题:游戏中小牛、小雷都在学习吗?请分别说明理由。

二、幼儿园科学教育的方法

(一)观察法

观察法是指幼儿通过看、听、闻、触、尝或这些方法的综合进行科学学习的方法。通过观察,幼儿才可能发现可供调查的问题和现象,才可能在调查过程中提出研究的程序,才可能根据调查结果做出推断并得出结论。因此,观察法是幼儿学习科学的基本方法。

(二)实验法

实验法是指幼儿通过动手操作改变变量,以发现客观事物的变化及其因果联系的方法。幼儿通过实验法可以获得很多的经验。教师应当引导其注意提出假设、进行实验,及分析实验结果。

(三)制作法

制作法是指幼儿通过学习使用某些简单工具和科技产品的方法进行科学小制作,从而了解技术,体验技术,思考、探索其中蕴含的科学原理的方法。制作法是幼儿很喜欢的一种方法,整个过程都是以幼儿动手动脑为主,充分体现了幼儿在活动中的主体性。

(四)展示法

展示法是指幼儿以记录或实物展示自己的想法或作品的方法,通过展示,幼儿可以对集体想法或作品进行归类,发现他人的想法或作品与自己的异同,从而获得启发和认同。教师可以根据不同活动和幼儿的年龄特点,选择适合的记录单。可以是单一的记录形式,也可以是几种形式的综合使用,当然也可以由幼儿自主选择和运用自己喜欢的记录方式。

(五)讨论法

讨论法是指幼儿在收集、整理资料的基础上,通过与教师、同伴的平等交流,陈述自己的发现、观点与困惑,质疑他人的发现与观点,并在思想的交流碰撞中理解他人想法的合理之处,以及自己想法的不足,从而在协商中求同存异,达成共识,并引发进一步的讨论和交流的方法。讨论法的运用注重的应该是过程,而非结果。

(六)游戏法

游戏法是指幼儿在无压力、放松的状态下进行了幼儿乐于接受,且渗透了科学教育要求,符合幼儿科学学习的心理,并能满足幼儿好奇、好动、好探索天性的科学活动的方法。

真题链接

在科学活动"奇妙的气味"中,教师准备了分别装有水、食醋、酱油等液体的瓶子,请幼儿看一看,闻一闻。幼儿在活动中使用了什么方法(   )。(2021年上半年《保教知识与能力》)
A. 实验法   B. 参观法
C. 观察法   D. 讲述法

小班科学活动"饼干乐园"设计片段

一、请幼儿回忆吃饼干的经验

师:小朋友,大家都喜欢吃饼干吧。那么,你们都吃过哪些饼干?

小结:大家都喜欢吃饼干,我们吃过许多不同的饼干。

二、选选、说说最喜欢的饼干

1. 请幼儿选选自己最喜欢的饼干。

请幼儿从4种不一样的饼干中看一看、选一选,找到自己最喜欢的一种饼干,拿一块放在盒子里。

2. 请幼儿说说自己最喜欢的饼干:你的饼干是什么样子的?

3. 让幼儿寻找有相同特点的饼干,玩玩"饼干找朋友"的游戏。

小结:形状一样的饼干是好朋友,大小一样的饼干是好朋友,颜色一样的饼干是好朋友……饼干都有好朋友。

分析:上述活动案例中,设计者灵活运用了各种活动方法。例如讨论法,引导幼儿说一说自己喜欢吃的饼干;观察法,引导幼儿找一找自己喜欢的饼干;操作法,请幼儿选喜欢吃的饼干;提问法,引导幼儿观察饼干的形状;游戏法、操作法,引导幼儿进行饼干的分类。教师设计了丰富多样、趣味生动的方法,充分发挥幼儿的主动性,激发了幼儿参与活动的兴趣。

1. 搜集2—3篇优秀的幼儿园科学教育活动设计方案,利用"幼儿园科学教育方法"的相关知识对这些教案做一个简评。

2. 午饭散步时,小朋友们发现了一只刚出生的受伤的小麻雀,小朋友们很不解地问教师:"老师,这只鸟叫什么名字?""老师,它的家在哪里?""它为什么受伤了?""它受伤了,他的爸爸妈妈为什么不来找它?""我们给它找点吃的吧,它一定饿了。""但是我们不知道它喜欢吃什么啊?""它那么小是不是只能喝奶?"

请结合这个情境,谈一谈教师在面对日常生活中的科学教育契机时应该如何引导。

第四节　幼儿园科学教育活动的设计与评价

中一班的小朋友这个月开展了以下集体科学教育活动:
1. 区别韭菜和麦苗;
2. 蚂蚁喜欢的味道;
3. 物体的沉与浮;
4. 制作"旋转娃娃"。

思考:以上活动都属于哪种类型?怎样设计和组织不同类型的科学教育活动?

一、幼儿园科学教育活动的设计与组织

（一）观察认识型活动的设计与组织

观察是一种有目的的知觉活动,它是从一定的任务出发,有计划、比较持久地运用多种感官感知某种对象的过程。观察也是科学教育中幼儿认识世界的基本方法,特别是在认识事物的外部特征及其变化时,观察是一种不可替代的方法。

1. 观察认识型活动的设计思路

观察对象的特点不同,观察认识型活动的组织也随之不同。这里提供三种设计思路,分别为个别物体观察活动、个别现象观察活动、比较观察活动,见表5-1。

表 5－1　观察认识型活动的设计要点及思路

	设计要点	设计思路	活动举例
个别物体观察活动	个别物体观察活动,重点引导幼儿观察个别物体的特征,在观察的基础上进行表达交流	出示观察对象——幼儿自由观察——表达交流——教师引导观察——表达交流——总结评价	小班科学教育活动"泥鳅"
个别现象观察活动	个别现象观察活动重点在于观察变化的发生,教师可将观察指导和交流相结合,根据实际情况,可在观察之后引导幼儿对观察到的现象加以讨论	引出观察对象——观察现象——观察中的交流和个别指导——教师组织讨论和交流	小班科学教育活动"好玩的冰"
比较观察活动	比较观察活动重点在于比较和交流两种或两种以上物体或现象间的相同点或不同点,并可以在此基础上进行分类,教师可将观察、比较、讨论三者相结合	1. 自由观察比较——表达交流——教师引导观察——表达交流 2. 先观察一种物体或现象——自主观察比较另外物体或现象的相同点或不同点	大班科学教育活动"大蒜、葱和韭菜"

2. 观察认识型活动的组织要点

(1) 做好观察前的准备工作

教师要事先确定好观察地点,如根据观察内容特点和资源条件来确定是在室内还是室外观察。选择并熟悉观察对象,注意认识对象特征的丰富性,如认识橘子,教师选择的橘子应该有黄色也有绿色,有大的也有小的。教师还要掌握相关的知识与技能,如认识照相机,教师要事先熟悉照相机的结构与功能。

(2) 激发幼儿的观察兴趣,对幼儿在观察中的发现表示赞赏

兴趣是幼儿观察事物的原动力、内驱力,它能引领幼儿积极主动地去观察,发挥幼儿在观察中的主体地位。在日常生活中教师要敏锐地捕捉幼儿感兴趣的内容,生成观察活动。如一个夏天的雨后,一只蜗牛爬到了教室的墙上,引起了全班幼儿的关注,老师就利用这个契机生成了"观察蜗牛"的集体活动。对于教师预设的活动,可以用观察对象的显著特征、新奇性以及观察过程中的亲力亲为等来调动幼儿的观察兴趣。

(3) 以问题形式引导幼儿观察的方向

观察的方法很多,如顺序观察法、特征观察法、比较观察法、分解观察法、追踪观察法等。观察中要针对不同的观察活动和对象,灵活选择不同的观察方法。如观察兔子外形时,应选择特征观察法,引导幼儿观察兔子的长耳朵、红眼睛、短尾巴,了解兔子的主要特征。而观察兔子生活习性时,又需要运用顺序观察法。观察方法是幼儿在观察过程中潜移默化习得的,脱离具体观察物教幼儿观察方法,犹如纸上谈兵。在观察活动中,教师应通过提问,以问题形式引导幼儿全面、系统、有序地观察,既观察事物的整体,又观察细节部分,处理好整体观察和局部观察的关系。

(4) 调动幼儿的多种感官参与观察

观察是各种感官的协调活动,不仅是用眼睛看,也要充分发挥其他感官的作用,让幼儿在看看、听听、闻闻、尝尝、摸摸的过程中,全面地获取观察信息。如小班科学活动

"好吃的橘子"中,教师让幼儿看一看橘子的颜色、形状,摸一摸橘子的皮,闻一闻橘子的气味,尝一尝橘子的味道来认识橘子。科学活动"下雨了"则是通过看一看和听一听来提升幼儿对雨的感受。

(5) 鼓励幼儿用自己喜欢的方式表达观察结果

表达观察结果的方式有很多,如语言、绘画、文字、动作等。语言是幼儿表达观察结果的最主要形式,幼儿可以通过语言梳理自己的观察结果,并使之系统化。图画、图符、数字等记录符号也是幼儿表达观察结果的重要方式,幼儿运用自己观察结果的记录,在与同伴或老师的描述和交流中,反省和评价自己得到的信息。幼儿的观察记录能反映出他们的观察水平及对观察对象认识的正确与错误,因此也是重要的评价资料。此外,在幼儿期对观察结果的表达常常受语言能力的局限,而动作的发展先于语言,幼儿乐意通过动作化的方式来表现对观察到的事物的理解。如科学活动"绿绿的柳树"中,幼儿用摆摆手、扭扭身、弯弯腰来表达观察到的柳树在风中的样子。

3. 观察认识型活动的常用方法——观察记录

观察记录是幼儿利用图画、图表、数字或其他符号表达所观察到的物体或现象的一种方式。通过观察记录,让幼儿对观察所获得的印象进行回忆、梳理,帮助幼儿丰富观察经验,建立事物之间的联系,并在同伴间分享发现。

观察记录可以以图画形式呈现,这是一种幼儿喜欢的、在幼儿园中应用较为广泛的记录方式,见图5-1。

当幼儿记录的能力有所提高后,应引导幼儿从图画的记录逐步向图符、符号记录发展,如大班幼儿观察茶叶在开水中的变化,当出现茶叶在开水中很快由水面沉到水底这一现象后,有的幼儿用"↓"表示,有的幼儿用打"√"表示,也有的幼儿用"△"表示,虽然幼儿使用的符号不同,但都能表示茶叶在开水中的下沉现象。教师要支持幼儿的多种表征方式,鼓励他们用自己喜欢的符号表示观察的结果。

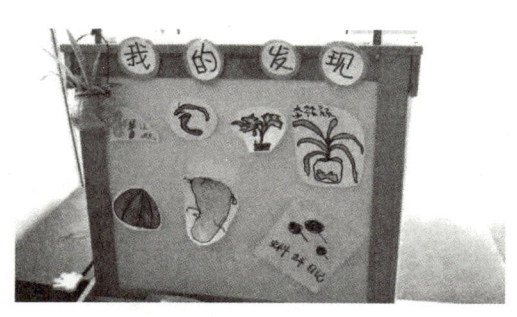

图5-1 图画记录法

图5-2 表格记录法

观察记录也可以用表格形式呈现。表格式的观察记录,使观察结果一目了然,便于幼儿比较,见图5-2。观察记录还可以用简单的文字表述,这类记录需要教师与幼儿的协同合作,由幼儿复述观察内容,再由教师用简单的文字记录。

到了大班,可以更多用记录本作观察记录,见图5-3。记录时方式灵活多样,可以使用各种不同的符号、不同的表达方式,给予幼儿更大的思维空间。

 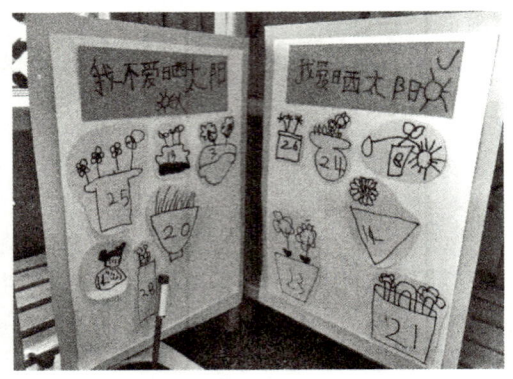

图 5-3　观察记录本　　　　　　　图 5-4　幼儿多元化的表征方式

有研究表明,幼儿使用自己喜欢和熟悉的方式记录,可以提高他对于观察记录的理解和应用的能力,所以在观察记录的过程中,教师应该尊重幼儿的想法,支持幼儿的多元表征方式,见图 5-4。只要能表达观察的结果,幼儿不论用图画、图表、数字或其他哪种方式都是可以的。切忌以成人的思维方式作为标准,用标准化的要求去评价幼儿,那样不仅会挫伤他们对观察记录的兴趣,而且也阻碍了幼儿多元表征能力的发展。

小班个别物体观察活动:泥鳅

【活动目标】
1. 感知泥鳅尖尖的头、长长的身体、像小扇子一样的尾巴等外形特征。
2. 尝试捉泥鳅,能说出捉泥鳅时候的触觉感受。
3. 敢于捉泥鳅,体验捉泥鳅的快乐。

【活动准备】
1. 经验准备:幼儿有观察动物的经验。
2. 物质准备:每组一个小鱼缸,内装一条泥鳅。

【活动过程】

(一)初次观察

师:玻璃缸中有什么?你们认识它们吗?

请幼儿观察或根据已有经验,说说泥鳅长什么样。

(二)再次观察

1. 每组一条泥鳅,请幼儿仔细观察泥鳅,看看它长得跟刚才小朋友说的一样吗,还有没有新的发现。

2. 集体讨论泥鳅的外形特征。

请幼儿说说新的发现(泥鳅有尖尖的头、长长的身体、像小扇子一样的尾巴以及眼睛、嘴巴等的特征)。

（三）学捉泥鳅

让幼儿把袖子卷起来，一起捉泥鳅。

师：你捉到泥鳅了吗？你是怎么捉的？捉的时候是什么感觉？

【活动延伸】

将泥鳅投放在区域中，在饲养泥鳅的过程中了解泥鳅的生活习性。

小班现象观察活动：好玩的冰

【活动目标】

1. 认识冰，感知冰有冷、硬、滑的特点。
2. 根据冰融化的现象猜测其原因，思考让冰融化的方法。
3. 对融化现象感到好奇，并大胆用语言讲述自己的发现。

【活动准备】

1. 经验准备：幼儿见过冰。
2. 物质准备：提前冷冻好的冰块若干、果汁冰块若干、杯子、干毛巾等。

【活动过程】

（一）认识冰，激发幼儿的兴趣

师：（出示冰块）这是什么？（让幼儿看一看、摸一摸，说说自己的感觉）

（二）人手一块冰，引导幼儿运用多种感官感知冰的特点

幼儿玩冰，看看、摸摸、玩玩，说一说感受。

提问：用手摸摸冰，感觉怎样？（滑滑的，很冷，很硬）

用鼻子闻一闻，有什么气味？

小结：冰的特点是光滑的、透明的、又冷又硬。

（三）观察冰的融化

1. 请幼儿运冰块，每人拿一块冰放在阳光下的空地上。

师：手上的水是哪里来的？

请幼儿将冰块使劲握住，观察有什么变化。

2. 幼儿观察阳光下的冰，师：冰怎么会越来越小？它到哪里去了？它现在变成什么样子了？

3. 品尝果汁冰块，进一步了解冰块冷冷的、遇热会融化的特点。

小结：冰遇热会融化。

（四）经验迁移

师：你还知道用什么办法也可以将冰融化？（用吹风机吹，用热水浇等）

大班比较观察活动：葱、大蒜、韭菜

【活动目标】

1. 认识大蒜、葱和韭菜，了解其用处。
2. 发现大蒜、葱和韭菜三者之间的不同和相同，发展比较观察的能力。
3. 喜欢吃蔬菜，愿意接受有一定刺激味道的蔬菜。

【活动准备】
1. 经验准备：幼儿在家吃过大蒜、葱和韭菜等蔬菜。
2. 物质准备：大蒜、葱、韭菜若干。

【活动过程】
（一）让幼儿把混在一起的葱、蒜和韭菜分开放在各自的筐里
1. 讨论：你是怎么把葱、蒜、韭菜分开的？
2. 比较葱、蒜、韭菜的叶子、茎的形状和颜色，说出它们的异同点。

小结：大蒜的叶子上面小下面大，又宽又扁；韭菜的叶子从上到下都是一样的，叶子是扁的、窄的；葱的叶子是圆圆的，像管子。葱、蒜、韭菜的叶子都是绿色的，叶子的顶端都有尖，它们都有白白的茎。

（二）观察连根的葱、蒜、韭菜
让幼儿在比较中发现它们都有白色的须根，猜测交流根的用处。

（三）幼儿结合生活经验讲讲葱、蒜、韭菜的用途
小结：蒜、葱主要做调味品；韭菜可以炒着吃，也可以做饺子馅等。

（四）种植大蒜、葱、韭菜
取部分韭菜、大蒜、葱，切其下半段。开展园地种植活动，鼓励幼儿学会照顾，并观察其生长。

（二）实验探究活动的设计与组织

实验探究是人们认识事物的常用方法。《纲要》中强调，"要尽量创造条件让幼儿实际参加探究活动，使他们感受科学探究的过程和方法"幼儿的实验探究，是指幼儿通过动手操作改变变量，亲历科学探究的过程，发现事物的变化及其相互联系。幼儿的实验探究不同于成人的科学实验，往往实验过程比较简单，能直观地看到实验的变化和结果，所揭示的是事物之间明显的、可见的、表面的相互关系。

1. 实验探究活动的设计思路
（1）提出问题

幼儿的实验探究活动通常是幼儿从意识到有问题开始的。可以来源于教师的预设，教师通过创设既有教育价值又能引起幼儿兴趣的情境，将幼儿引入情境，让他们观察和获得有关信息，把教师预设的问题转化为孩子的问题。教师要鼓励幼儿提出问题，对于幼儿兴趣点、关注点进行教育价值判断，精心选择幼儿最感兴趣、符合他们年龄的问题展开探究。

（2）猜想和假设

猜想和假设是让幼儿利用已有的经验对问题提出自己的想法和做法，并根据需要记录下来，引导幼儿在动手之前先动脑，增强其行动的计划性，丰富和调整原有的认知。如果猜想的内容是幼儿生活经验中所不熟悉的，那么猜想和假设环节就失去意义，可以直接进行下一个环节。

（3）实验验证

这是实验探究活动的主要环节。根据活动内容，幼儿按照自己的想法选取材料动

手操作并不断进行调整,最终完成实验。

（4）记录与描述

在实验探究中,幼儿要详细地将实验过程与结果记录在记录单上,以便在谈论环节帮助幼儿再现客观事实,提供表达和交流的材料。记录的方式可以是数字表格,也可以画成图或用文字表述。

（5）结果与讨论

经过实验记录之后,要进行小组或全班集体讨论,在教师的引导下,幼儿做出判断,得出自己的结论。同时,幼儿还要用准确的、恰当的语言进行表述,与同伴交流获得的经验,知识是在幼儿实验后的讨论中形成的。

2. 实验探究活动的组织要点

（1）为幼儿营造安全的实验探究氛围

教师应成为幼儿实验探究的支持者、合作者,实验中要给予幼儿出错的权利。教师要寻求幼儿行为的真实意图和认识水平,不要急于批评或制止幼儿,要真诚地询问,耐心地倾听和观察。有时还需要教师以幼儿的方式操作物体,这样才能真正地了解到幼儿的真实意图。教师要尊重和接纳每一个幼儿的观点、兴趣、探索、发现和解释,让每一个幼儿在每一次探究活动中都有所发现,都有成功的体验。

（2）为幼儿提供充足、多样的实验材料

教师应保证幼儿能反复操作,与客体相互作用,在实验过程中去探索、发现、判断,自己找出问题的答案。幼儿的发现来自他们自己的动手操作,因此实验材料的提供非常重要,只有多样化的材料才能使幼儿获得丰富的科学经验。

中班实验活动"奇妙小纸片跳舞"（摩擦起电）中,幼儿在尝试用尺子摩擦产生静电吸引小纸片后,教师又为幼儿提供了筷子、梳子、蜡烛、铅笔、铁盒、木块、泡沫笔等多种材料,见图5-5,让幼儿再去试试哪些东西还能让小纸片跳舞,幼儿从多种材料中积累更多的摩擦起电的经验。

图5-5 中班实验活动"奇妙小纸片跳舞"

（3）给予幼儿充足的操作时间

教师引导幼儿在实验中仔细观察,注意实验材料在操作过程中的变化,同时也要引导幼儿学习记录实验中的发现。必要时,对幼儿的实验操作方法给予适当指导。在"给瓶宝宝喂食"的活动中,一位幼儿试图寻找能够快速把黄豆装进瓶子的方法。他尝试了瓶盖、吸管、调羹等辅助工具,又拿起纸翻来覆去又折又卷,结果都失败了。正想放弃时,教师来到幼儿身边,按照幼儿的意愿协助他用纸卷成漏斗插在瓶子里,这位幼儿兴致勃勃地抓了一把黄豆放了下去……正是教师给予了幼儿充足的探索时间,在幼儿想放弃实验时给予了及时的指导,使这名幼儿在探索中体验到了成功的快乐。

(4) 组织幼儿就实验的现象和结果开展讨论、交流

引导幼儿分析实验中观察到的现象,鼓励幼儿向同伴和老师提出质疑,以实验的事实为依据展开讨论,从而解释实验的结果。

(5) 鼓励幼儿提出问题

和幼儿展开平等的讨论,共同探究问题。教师不要急于把问题的答案教给幼儿,避免超越幼儿理解能力的灌输或变相灌输,也不可用一种居高临下的态度来教幼儿"科学知识",而要从幼儿的立场来思考问题,体会幼儿的疑惑。如果教师自己也不知道为什么,完全可以放下"面子",老老实实地把自己的困惑告诉幼儿,这也正说明教师是和幼儿"共同学习"的伙伴。

"转动的陀螺"的活动中,幼儿也许会问:"为什么不同形状的陀螺转起来都是圆圆的呢?"如果教师觉得很难给孩子解释这其中的科学原理(其实中班的幼儿是无法理解的),不妨对幼儿说:"我本来也以为会转出各种形状的样子,没有想到却是这样的结果。我也觉得奇怪呢!"幼儿的问题虽然没有得到解决,但他们的问题意识至少可以得到保护。

3. 实验探究活动的常用方法——实验记录

实验记录是幼儿实验探究活动的过程和结果的书面呈现。如做沉浮实验时,可以用记录表记录哪些东西放在水中会沉下去,哪些东西会浮起来。实验记录在帮助幼儿获得科学信息、建构科学观念等方面有着不可替代的作用,是实验探究活动的一个重要环节,显示着幼儿亲历科学探究过程的印迹。

那么教师应该如何指导幼儿做实验记录呢?

(1) 记录前,让幼儿理解记录的具体要求,理解记录什么以及怎样记录

在中班"沉与浮"的实验中,教师要向幼儿说明:先在记录单的第一列画好实物,然后猜一猜物体放入水中后会沉下去还是浮起来,记在第二列,再把实验的结果记在第三列,可以用↑表示浮起来,用↓表示沉下去。

(2) 根据幼儿的年龄特点采用灵活多样的记录方式

小班幼儿应以集体记录为主,教师用简单的图画、图表记录大家交流的内容或实验操作的结果。如果由幼儿记录,方式应该生动、形象、具体,可采用添加简单符号,如"×""√",或者直接用实物材料作为记录方式。

中大班幼儿一般可以尝试自己做记录。刚开始学习记录的时候,可以采用开放性的表格。记录还需要根据实验的类型在不同的环节呈现:可以是开始时的猜测记录,也可以是实验探究中的过程记录,还可以是结束时的结果记录,见表5-2。

表 5-2　中班科学教育活动"给水搬家"记录表

实验材料	篮子	筛子	杯子	毛巾	可乐瓶
猜想结果					
实验结果					

（3）利用记录得出合理的结论

记录的过程是幼儿把动作及其结果转化为图像和数据的过程。实验探索活动后，幼儿要将记录的信息和数据进行整理，用适当简明的形式把数据信息转化为证据。幼儿记录之后应有交流的过程，通过语言的交流把记录中获取的信息加以处理，把证据的探索成果转化为结论。

小班实验探究活动：有趣的泡泡

【活动目标】

1. 知道无论三角形、正方形还是五角星形的铁丝框，都会吹出圆形的泡泡。
2. 尝试用各种形状吹泡器吹泡泡。
3. 通过玩泡泡的游戏，体验泡泡带来的快乐。

【活动准备】

1. 经验准备：幼儿玩过吹泡泡的游戏。
2. 物质准备：用铁丝做成的三角形、正方形、五角星形的吹泡器，泡泡水、装泡泡水的容器，记录表、形状标记。

【活动过程】

（一）导入活动，唤醒幼儿感性经验

师：小朋友，你们见过泡泡吗？什么时候见过泡泡？泡泡是什么样的呢？

教师小结：小朋友在洗衣服、洗碗、洗澡的时候都会出现泡泡，也玩过吹泡泡游戏。

（二）用不同形状的吹泡器吹泡泡

1. 用圆形吹泡器吹泡泡。

师：孩子们看，它是什么形状的？（圆形的）现在，我们一起试试用圆形的铁丝框来吹泡泡吧!(提醒幼儿不要对着小朋友吹)猜猜看,吹出的泡泡会是什么形状的呢?

2. 幼儿猜测,教师记录。

3. 验证结果。

4. 尝试用不同形状的工具吹泡泡。

师:这里有许多吹泡器,你看看它们都是什么形状的?(三角形、正方形、五角星)再猜猜看,这些不同形状的铁丝框吹出的泡泡会是什么样的?

5. 根据幼儿的猜测在记录单上贴相应的图形。

6. 幼儿吹泡泡,验证结果。

教师小结:原来用不同形状的吹泡器吹出来的泡泡都是一样的,都是圆形的。

(三)玩泡泡游戏

1. 抓泡泡。

2. 顶泡泡。

3. 拍泡泡。

4. 放松活动。

【活动延伸】

幼儿在家长的配合下制作各种形状的铁丝网,尝试吹泡泡。

中班实验探究活动:会变的颜色

【活动目标】

1. 认识红、黄、蓝三原色,知道红、黄、蓝两两混合分别变成桔色、紫色和绿色。

2. 探索并尝试记录红、黄、蓝三种颜色两两混合的变化,并能运用配出的颜色进行涂色。

3. 喜欢探究颜色的变化,感受探索颜色奥秘的乐趣。

【活动准备】

1. 经验准备:在日常生活中,幼儿了解常见颜色的名称,知道颜色是多种多样的。

2. 物质准备:瓶子、瓶盖若干,红、黄、蓝颜料若干,磁铁板一块;教师使用的PPT、实验记录表;幼儿使用的棉棒、滴管、调色盘、颜色标签、抹布、垃圾盒、磁铁以及实验记录单和涂色表。

【活动过程】

(一)魔术导入,激发兴趣

教师进行魔术表演"会变色的水",引发幼儿探究的兴趣。

(二)认识三原色,交流生活中的三原色,感受生活中的色

1. 认识红、黄、蓝三原色,并交流生活中的三原色。

幼儿进行魔术实验,说出水变成了什么颜色,并交流生活中哪些物品是红色的、蓝色的、黄色的。

2. 欣赏图片,感受色彩的多样和美丽。

教师出示PPT图片(橙色、绿色、紫色)请幼儿欣赏,提问:你刚才看到了什么?是什么颜色的?引导幼儿体验生活中色彩的多样及美丽。

(三)动手实验,并给蔬果涂色

1. 激发实验的欲望,了解实验材料。

(1)引导幼儿观察果蔬轮廓图,引发幼儿配色、涂色的欲望。教师出示果蔬轮廓图,引导幼儿分析各种水果、蔬菜所需的颜色。进一步引导幼儿发现没有现成的颜色,启发、鼓励幼儿动手实验,尝试运用三原色调配出所需的颜色。

(2)介绍实验材料。引导幼儿观察实验材料:红、黄、蓝颜料,滴管,调色盘,棉棒,颜色标签,实验记录单和涂色表等。

2. 提出实验要求。

(1)自由选择两种颜色进行配色。

(2)记录实验过程及发现,并将自己的发现与同伴交流。教师介绍记录单,要求幼儿将自己的实验发现记录在表格中,并与同伴交流自己的发现。

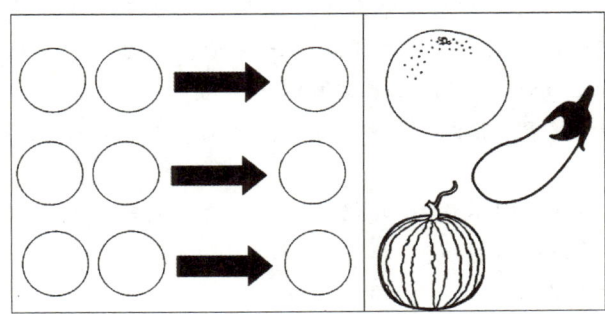

(3)给蔬果涂色。运用配出的颜色给蔬果涂上合适的颜色。

(4)垃圾放入垃圾盒。

3. 幼儿动手实验,教师巡回指导。

教师观察幼儿的实验,发现幼儿的困难和存在的问题,及时引导启发幼儿大胆实验,尝试记录。

4. 展示与交流。

(1)幼儿将记录单和涂色表展示在磁铁版上。

(2)请幼儿根据实验记录,交流自己的发现。

(3)教师根据幼儿的发现及交流进行动画表征,并对实验进行小结提升。(用PPT动画展示)

【活动延伸】

鼓励幼儿到区角利用三种颜色进行变色,进一步探究颜色的变化,发现更多颜色的奥秘。

大班实验探究活动:报纸不湿的秘密

【活动目标】
1. 初步感知水和空气之间的关系。
2. 遵守实验规则,在自主实验中发现让报纸不湿的方法。
3. 不怕失败,体验成功的快乐。

【活动准备】
1. 经验准备:知道报纸遇水会湿。
2. 物质准备:课件、水杯、储水箱、报纸、小毛巾、记录笔和纸等。

【活动过程】
(一)导入猜测,激发幼儿进行实验的兴趣
1. 教师出示报纸,提问:看看我带来了什么?如果把报纸放入水中会怎样?
2. 教师出示杯子,提问:那如果把报纸塞进杯子再放进水中,报纸还会湿吗?有一种方法能让报纸不湿,今天我们就要来做做这个实验。

(二)操作实验,探索让报纸不湿的方法,初步感知水和空气之间的关系
1. 了解实验规则。
(1)师:(出示实验规则示意图)我们一起来看看今天实验的规则是什么。
(2)幼儿阅读并介绍实验规则。
2. 幼儿第一次实验。
(1)幼儿实验并记录操作结果。
(2)交流讨论,教师现场记录幼儿的探索方法。
小结:原来把杯子笔直放入水中,再笔直拿出来的方法能够让报纸不湿哦,这真是个好办法!请你们用这个办法再去试试吧!
3. 幼儿第二次实验。
(1)幼儿操作,教师观察指导。
(2)师:你们成功了吗?说说你们成功的秘密是什么。
(3)师:这个实验就是水和空气的秘密,让我们来看一看"报纸不湿的秘密"到底是什么。(幼儿观看PPT)
小结:原来把杯子笔直放入水中的时候,水把杯子口堵住了,杯子里的空气出不来,水就进不去,所以报纸也不会湿。

【活动延伸】
师:(出示一个有洞的杯子)你们觉得这个瓶子里的报纸用刚才的方法还能保持不湿吗?请你们到科学区或者回家后再试一试哦!(进一步引发幼儿对水的秘密的探索兴趣)

(三)交流讨论型活动的设计与组织
交流讨论型活动一般是由教师组织进行的(也可以是幼儿自己组织的),可以在一起互相探讨交流各方不同意见的,目的是增强幼儿的信心和科学意识,提高幼儿的

科学兴趣和价值观念的一种科学教育活动。一般来说,交流讨论型活动要求在活动前收集资料,这对于培养幼儿的信息意识和收集信息的能力有着重要的作用。因此,交流讨论型活动主要适用于那些不易通过直接的探究进行学习,但又很重要并且幼儿很喜欢的科学内容,如大家一起交流讨论动物怎样过冬、动物怎样保护自己等。交流讨论型活动一般采用集体讨论的形式进行,要求幼儿在活动中能表达自己的观点,理解他人的观点,具备一定的表达与交流能力,因此,交流讨论型活动一般在中、大班进行。

1. 交流讨论型活动的设计思路

通常我们可以把交流讨论型活动的内容设计成系列活动的形式,也可以在一次活动中包含两个不同的环节。设计思路大致分为以下三种。

(1) 参观调查—汇报交流式

这类活动通常是在参观、调查的基础上获取直接经验,再进行汇报交流,分享经验。如大班科学教育活动"我们需要干净的河水",可以采用这样的方式。首先带领幼儿通过外出参观考察,获得直接经验。为了便于幼儿的交流,可以采用绘画、拍照、摄像和采集河水标本的方式,留取参观调查时的第一手资料,接下来组织幼儿进行汇报讨论,经验交流,最后教师和幼儿进行归纳总结。

(2) 收集资料—共同分享式

有些活动需要幼儿通过收集资料的方式积累知识经验。如大班科学教育活动"动物是怎样保护自己的",活动前给幼儿布置任务,请他们回去和家长一起收集图书、图片资料或多媒体资料,同时教师也收集大量的资料。然后组织幼儿在集体活动中和大家分享,在此过程中,可通过个别展示、集体讨论来表达幼儿的认知,发展其语言表达能力。最后,教师和幼儿共同进行归纳和小结,同时为以后的多方面活动延伸进行铺垫。

(3) 个别探究—集中研讨式

对于幼儿共同感兴趣但认识可能出现不一致的问题,可以先让幼儿进行个别的探究。在个别探究的基础上,再进行集中的讨论。如"蚯蚓有没有眼睛"这个问题是幼儿自己提出来的,幼儿都感兴趣,但是出现认识不一致的问题。教师可以鼓励幼儿进行探究,提出自己的看法和理由,然后通过集中的研讨使不同的观点进行"碰撞",让幼儿在经历不同观点相互交流的过程中,获取知识经验。

2. 交流讨论型活动的组织要点

(1) 创设宽松、民主的讨论氛围

交流讨论型活动既有教师与幼儿之间的对话,又有幼儿与幼儿之间的相互交流,当幼儿有不一样的观点时,教师应该注意倾听,不要预设结论,应把充足的时间留给幼儿,鼓励幼儿大胆讲述自己的经验,尝试接纳他人的观点,使科学讨论成为真正的"社会建构"学习。

(2) 帮助幼儿学习交流讨论的技能

交流讨论是在群体中进行的,有的人在说,有的人在听,因此,教师要帮助幼儿学习交流讨论的技能,使幼儿建立良好的交谈秩序;鼓励幼儿大胆发言,尊重他人,当同伴发言时要认真倾听。

（3）丰富幼儿的交流方式和表达手段

除了用语言表述以外，教师还可以引导幼儿用图片、录像、表格等方式进行交流讨论；还可以帮助幼儿利用多种手段，特别是艺术的手段表达他们的科学认识，使讨论的形式丰富多彩，如游戏、绘画、艺术表演、图画展览等。

（4）利用视听媒体丰富幼儿的知识经验，拓展幼儿的眼界

在幼儿充分交流、表达的基础上，也可以由教师通过视听媒体帮助幼儿拓展认知，丰富讨论内容，拓展幼儿眼界。

中班讨论交流活动：能活动的物体都有生命吗？

【活动目标】

1. 结合已有经验，增进对有生命物体、无生命物体的认识。
2. 根据所获得的信息做出物体是否有生命的判断，主动探索生命现象。
3. 养成倾听和交流的习惯。

【活动准备】

1. 幼儿收集的动植物、生活用品、交通工具等卡片。
2. 幼儿带来的小鱼、小兔子、玩具等。
3. 动植物生长视频资料。

【活动过程】

（一）引入讨论话题

师：前几天小朋友提出了一个问题："能活动的东西是不是都有生命？"今天我们收集了很多图片，也带来了小鱼、小兔子、玩具等，我们来做个研究，看看能活动的物体是不是都有生命。

（二）幼儿观察

引导幼儿观察鱼、小兔子和玩具，了解无生命物体、有生命物体的特点。

（三）幼儿讨论交流

在观察的基础上，引导幼儿交流、讨论：是不是能活动的都是有生命的，并提出自己的理由。

如：小鱼、小兔子等各种动物都会自己活动，它们是有生命的；汽车、小船、飞机自己不能活动，它们不能生长，是无生命的。

（四）经验扩展

观看动植物生长视频资料，了解动植物生长的过程。

【活动延伸】

1. 在生活中寻找哪些是有生命的，哪些是无生命的。
2. 珍爱、保护生命。

大班交流讨论活动：蝙蝠是鸟类吗？

【活动目标】

1. 了解蝙蝠的基本特征，知道蝙蝠是兽类动物。
2. 通过讨论交流的方式，发现鸟类与兽类的基本区别。
3. 大胆讲述自己关于鸟类的经验，同时愿意从别人的讲述中获取经验。

【活动准备】

1. 课件：蝙蝠图片、兽类和鸟类的嘴巴对比图片、鸟类和兽类的特征对比图片、蝙蝠皮膜的图片、蝙蝠牙齿的图片、小蝙蝠吃奶的图片。
2. 鸟类与兽类特征的分类卡4张，大象、斑马、狗、兔子、鸽子、鸵鸟、鸡、鸭8种小动物的图片各4份。

【活动过程】

(一) 故事讲述，激发幼儿探讨的兴趣

1. 讲述《蝙蝠的故事》，出示PPT1中蝙蝠的图片。

提问：你们觉得蝙蝠到底是鸟类还是兽类？为什么？

2. 教师倾听幼儿的表述和争论，先不给予答案。

(二) 分一分，经验展示

1. 教师介绍操作材料和操作方法。

把幼儿分成4组，每组的小篮子里面都有8种动物的图片和一张分类卡，请幼儿把鸟类的动物图片粘贴在"红色"图标下面，把是兽类的动物图片粘贴在"绿色"的图标下面，并说出自己的理由。

2. 幼儿小组操作，教师巡回指导。

3. 幼儿完成后，请小组代表上来讲述哪些动物是鸟类，哪些动物是兽类，并说出自己的理由。

(三) 交流讨论，了解鸟类和兽类的特征

1. 请幼儿观察并讨论鸟类和兽类不一样的地方。比如，鸟类身上有什么？兽类身上有什么？

小结：鸟类都有翅膀，大部分的鸟都会飞，而兽类大部分都没有翅膀，不会飞；鸟类身上都有羽毛，而兽类身上有皮毛。

2. 出示PPT2，引导幼儿观察它们的嘴巴，比较其异同。

小结：鸟类没有牙齿，兽类有牙齿，这是它们的第三个不同。

3. 请幼儿关注它们不同的生育方式。

小结：鸟类的小宝宝是从蛋里孵出来的，是卵生；兽类的小宝宝是从妈妈肚子里生出来的，是胎生，兽类的小宝宝还要吃妈妈的奶，这是它们的第四个不同。

4. 出示PPT3，总结鸟类和兽类的不同之处。

小结：鸟类与兽类有4个不同，表现为：鸟类有翅膀，兽类没有翅膀；鸟类有羽毛，兽类有皮毛；兽类有牙齿，鸟类没有牙齿；鸟类是卵生，兽类是胎生，兽类的小宝宝是吃奶长大的。

（四）出示蝙蝠图片，引导幼儿为蝙蝠正确归类

1. 在了解了鸟类和兽类的不同之后，再看看蝙蝠到底是鸟类还是兽类。

2. 观察PPT4，了解蝙蝠"翅膀"的真相。

小结：蝙蝠没有翅膀，我们认为的"翅膀"是蝙蝠四肢之间的皮膜，蝙蝠身体上长的是皮毛，不是羽毛。

3. 观察PPT5，了解蝙蝠长有牙齿。

4. 观察PPT6，了解小蝙蝠是吃妈妈的奶长大的，是胎生的。

总结：因为蝙蝠没有翅膀，长有皮毛，有牙齿，胎生，所以蝙蝠是兽类动物。

【活动延伸】

在阅读区投放图书《米歇尔与小莱尼》（关于蝙蝠的知识类图画书），引导幼儿进一步了解蝙蝠的相关知识。

（四）技术操作型活动的设计与组织

技术操作型活动是指学习制作简单的技术产品，使用科技产品或掌握某些工具的操作方法、技能的科学活动。它是幼儿了解技术、体验技术的重要手段，可以让幼儿体验到创造的乐趣，培养幼儿的综合应用能力。近年来，随着技术教育的发展，许多操作简易的小型技术产品呈现出普及化和大众化的趋势，幼儿接触技术产品的频率也明显上升。在幼儿园，技术教育愈来愈受到重视，技术操作活动的开展也越来越频繁和普遍。

1. 技术操作型活动的设计思路

技术操作型活动主要可以分为两种不同的类型：科技产品的使用与操作和科技小制作。大致设计思路如下：

（1）学习使用科技产品或工具的活动

主要目的是引导幼儿学习现代科技产品的操作方法或日常生活用品常见工具的使用方法，如"让电筒亮起来"的活动。

这类活动的设计通常可采用"观察——尝试操作——交流讨论——正确操作"的模式。

（2）科技小制作活动

主要目的是通过幼儿的制作活动，进一步发现科学现象，体验其中蕴含的原理，同时掌握制作的技巧。

这类活动的设计通常可采用"演示——操作——交流讨论——展示分享"的模式。

2. 技术操作型活动的组织要点

（1）提供适当的制作材料

这里的材料既指制作的原材料，也指制作中必需的或可能需要的工具。提供材料时应考虑以下几点：

第一，提供的材料必须安全、卫生。

由于制作活动相对比较复杂，需要的材料较多，有时还需要进行一些剪切类操作，这时，教师必须考虑到所提供材料的安全性，尽量避免提供尖锐、锋利的材料。而对一些工具的使用，也应该注意讲解正确的使用方法，以免因使用不当而造成对幼儿的伤

害。同时，幼儿的技术制作活动往往贴近生活，从生活中取材，常常会利用一些废旧物品进行制作活动，这时，教师就应该注意将这些废旧物品事先进行清洗和消毒，以免因材料的污染而对幼儿造成不必要的危害。

第二，提供的材料应尽量是半成品。

由于幼儿的动手能力相对较弱，一般来说，他们还不具备独立完成一个制作任务的能力，需要教师通过材料来提供支架，给予支持。为幼儿提供半成品的操作材料，一方面便于幼儿操作，将一些超越幼儿能力范围的制作环节巧妙地规避，帮助幼儿完成制作，体验成功的快乐。如万花筒的制作中，三棱镜的组合对幼儿来说是个操作难点，而且比较危险，那么教师可以提供一个已黏合的三棱镜让幼儿操作。

第三，提供的材料应丰富，有选择的空间。

科技制作活动虽然不同于实验探究活动，但科学活动中探究的本质是不会改变的。教师鼓励幼儿在探究中学习，因此，教师要为幼儿提供探究的空间和机会。在技术制作活动中，应为幼儿提供丰富的相关材料，让幼儿有选择的空间和余地，有尝试和试误的机会，有些材料看似没用，但它往往能启发幼儿的创造性运用，因此，也要适当提供。

（2）让幼儿有目的地制作，并学会评价

科技制作活动的结果往往会有一个具体的产品或者结果呈现，因此，教师应让幼儿有目的地探究、制作，也就是说，幼儿在制作前应该明确地知道自己要做什么，应该怎么做。教师可以为幼儿的制作提供示范、指导和帮助，但制作必须由幼儿亲自操作完成，而不能替代。幼儿还要运用标准来评价自己的作品或操作过程，并尽可能地使自己的制作接近于标准或者超越标准。

（3）鼓励幼儿探索自己的制作方法和技巧

科技制作活动因涉及一些技能性或者是程序性的内容，所以，教师可以通过示范讲解来帮助幼儿理解，但不能将这种技能技巧的学习以灌输的方式强加给幼儿，要让幼儿在自身的实践中去理解、接受和领悟，在反复的操作或试误中总结经验，自主探索，从而获得提升。

> **拓展阅读**
>
> ## 科技制作流程图
>
> 科技制作流程图的设计主要是以图式化的形式呈现制作的过程与方法，幼儿通过阅读图片看懂制作的步骤，并学习根据流程图的提示，尝试制作科技小制作。流程图的设计替代了教师的讲解，让幼儿在阅读和理解的过程中，探索制作的流程，并通过与图片的比对进行调整，最终完成制作，充分体现了幼儿自主探究、自主学习的理念。
>
>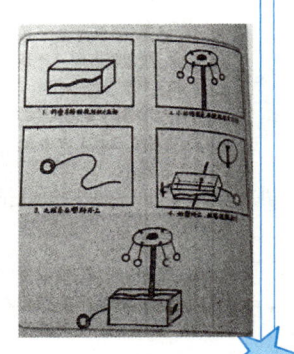

小班科技制作活动：捕泡器

【活动目标】

1. 通过制作捕泡器，发现并初步感知毛线类的物品可以接住泡泡。
2. 能通过缠绕、卡槽的方法制作捕泡器，锻炼手眼协调能力。

【活动准备】

1. 经验准备：玩过吹泡泡和捉泡泡的游戏。
2. 物质准备：镂空纸板（周围有卡槽）、实心纸板、泡泡水及吹泡泡的工具、毛线若干、毛线手套。

【活动过程】

（一）魔术导入，引出主题

1. 吹泡泡，让幼儿用手接，感受泡泡一碰就破的现象。

师：泡泡真漂亮，你能用手捉到它吗？

2. 表演魔术：捉泡泡。

（1）师：（戴上毛线手套）老师的手有魔法，可以捉到泡泡，你们相信吗？

（2）教师表演捉泡泡。

（二）制作"捕泡器"

1. 教师分别出示镂空并缠绕毛线网格的纸板和实心纸板。

（1）师：看看，这两块板有什么不一样？

（2）师：猜猜，哪块板能捉到泡泡？

2. 制作毛线板。

（1）教师示范讲解：用给小动物绕毛线的方法，把毛线分列卡进两边的卡槽里，先上下绕，然后旋转板再次上下绕，绕成网状。

（2）幼儿尝试绕毛线，教师重点指导将毛线卡进卡槽里。

（三）实验验证：哪块板能接到泡泡？

1. 制作好的幼儿，带上两块板，由教师吹泡泡，幼儿分别用两块板来接，看看哪块板能接到泡泡。

2. 寻找毛线手套和捕泡器的共同点。

3. 教师总结：它们都是用毛线做的，毛线毛茸茸的、软软的，泡泡掉在上面不会被戳破，所以就能接住泡泡。

中班科技产品操作活动：有用的微波炉

【活动目标】

1. 初步了解微波炉的基本结构，通过图示了解控制板上各部分的名称、作用。

2. 能利用微波炉的功能制作爆米花，学会微波炉的安全操作方法。

3. 感受科学技术在生活中的应用以及给我们生活带来的便利。

【活动准备】

1. 经验准备：在家里经常看到成人使用微波炉。

2. 物质准备：微波炉每组一个，爆米花每组一袋，微波炉结构示意图，各类形象记录图卡。

【活动过程】

（一）实物导入，明确主题

1. 师：（出示微波炉）这是什么？

2. 师：你家有微波炉吗？微波炉有什么用？

（二）自主探索、了解结构

1. 师：微波炉身上藏着许多秘密，请你们看一看、试一试，你发现了什么秘密？

2. 幼儿以小组为单位进行观察操作，教师鼓励幼儿细致观察微波炉的外部特征和内部结构，重点指导幼儿观察微波炉的控制版面、玻璃转盘和通风口。

3. 交流分享。

（1）关于微波炉你发现了什么？（出示微波炉结构示意图，根据幼儿的回答画圈标记）

（2）关于微波炉你有什么问题想问？（预设问题：微波炉是什么形状的？微波炉的控制面板上有什么？定时器上有什么？这些数字有什么用？它们表示什么？温度控制器上有什么？它们表示什么？微波炉里面有什么？内壁是什么颜色的？玻璃转盘是什么形状的？是用什么材料做的？通风口有什么用？）

根据幼儿的提问，鼓励知道的幼儿运用已有经验解答同伴的问题。

（3）重点讨论：控制面板上的图式表示什么？

教师出示各种图式卡，引导幼儿从画面内容来理解每个图式的意思，加深对微波炉功能和使用方法的了解。

4. 教师小结。

（三）尝试制作，实践体验

1. 出示爆米花，交代制作任务。

师：今天，我们要用微波炉来制作爆米花。你知道应该怎么做吗？

2. 根据幼儿回答，出示操作流程图。

3. 幼儿分组尝试制作：放入爆米花，设定加热方式，加热。

4. 分享微波炉制做的爆米花，比较前后的不同，感受微波炉里微波的作用。

（四）经验拓展，安全使用

1. 师：使用微波炉时应该注意什么？（鼓励幼儿根据经验自由回答）

2. 观看录像，了解安全使用微波炉的知识。

大班科技制作活动：图画动起来

【活动目标】

1. 知道两张图片快速转换，会产生动画的效果。

2. 动手自制玩具,探索玩具的制作方法。

3. 体会自制玩具的快乐,感受探索的乐趣。

【活动准备】

幼儿操作用的卡片、各种有动作分解效果的图片若干、绘画用水笔(人手一支)、桌子四张、黑板两块、椅子(幼儿人数的两倍)。

【活动过程】

(一)展示玩具"动起来"(引起幼儿兴趣)

重点提问:你发现了什么?图画怎么会动起来的?

小结:有两幅图,一哭一笑,纸张需要卷一卷,就能让图画动起来。这就是我们今天要自己来制作的小玩具"动起来"。(预设细节:变化操作的速度)

(二)自制玩具"动起来"(发现玩具制作与操作的细节)

1. 第一次操作。

操作提示:现在我们要自己来试一试,先画一个哭脸、一个笑脸,还要把纸卷一卷,最后用笔来回晃动,看看你的图画动起来了吗?

分享与交流:

(1)师:东西画哪里?

纸片分两层,要把大小不同的两样东西分别画在两层纸的同一位置。

(2)师:图画怎样动起来?

用笔身卷起第一层的纸,而后用笔不断快速晃动纸片,使图画动起来,产生动画效果。

(预设细节:一会儿哭,一会儿笑,两只眼睛开大炮)

2. 第二次操作。

小结:原来两张内容有联系的图画,画在两张纸的同一个位置,快速变化时,就能产生动画效果。

3. 第三次操作。

提问:什么叫图画内容有联系呢?

操作提示:请找出两张有联系的图画贴在两张纸的同一个位置。

小结:原来图画上有细微的变化,当图片快速出现时会产生动画的效果。我们平时看到的动画片就是用许许多多这样有联系的图片组合而成的。(预设细节:图片间的不同搭配)

(三)图画连成"动起来"(幼儿经验的拓展)

师:猜猜图画中小姐姐在干吗?如果这几张图联起来会怎么样呢?

【活动延伸】

科学区放置拨浪鼓等材料,引导幼儿用拨浪鼓再次制作。

真题链接

1. 活动设计题（2016年上半年《保教知识与能力》）：

请根据下列素材设计一个大班科学活动，要求写出活动名称、活动目标、活动准备、活动过程。

大班的胡老师为幼儿提供了各种吹泡泡的工具，有吸管、铁丝绕成的圈、塑料吹泡泡棒等（如图），让幼儿在户外活动时自己吹泡泡玩。幼儿在吹泡泡的时候，有的能吹出很大的泡泡，有的只能吹出小泡泡；有的能一次吹出好多个泡泡，有的一次只能吹出一个泡泡……结果有的幼儿得意，有的幼儿沮丧。

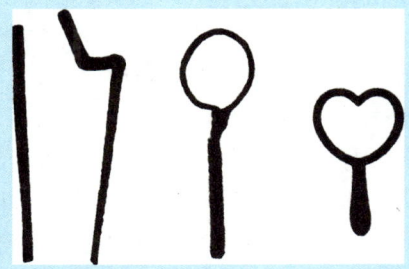

针对上述现象，胡老师打算组织一个科学教育活动，以引起幼儿深入探究的兴趣，并使幼儿了解不同吹泡泡工具与吹出的泡泡之间的关系。

2. 活动设计题（2017年下半年《保教知识与能力》）：

请围绕"有用的工具"为大班幼儿设计主题活动，包含三个子活动。要求：

(1) 写出主题活动的总目标；

(2) 写出一个子活动的具体活动方案，包含活动的名称、目标、准备和主要环节；

(3) 写出另外两个子活动的名称、目标。

二、幼儿园科学教育活动的评价

(一) 幼儿园科学教育活动评价的原则

1. 以促进幼儿的发展为目的

幼儿的发展是一个不断进步的过程，它不会停止，也没有终结，因此要用发展的眼光看待幼儿。幼儿科学教育活动评价是了解、判断幼儿的发展，并为进一步引导和促进幼儿的发展提供依据，而不是要判断幼儿"智商"的高低，更不能给其贴上"上、中、下"或"好、中、差"的标签。

2. 以幼儿乐学、会学和会用为价值导向

幼儿发展评价应以注重幼儿的学习态度和能力为基本价值取向。如果以幼儿智商的高低和智力测验的方式进行衡量，将无法真实反映幼儿乐学的态度和探究问题、解决问题的实际能力。因此，确立幼儿发展评价的内容和评价指标时应以幼儿的科学精神、科学品质及科学探究能力为核心。

3. 接纳和尊重差异

每一个幼儿都有自己的特点，幼儿之间又有很大的个体差异。他们发展的优势领域、发展的起点、发展的速度和最终达到的水平都有很大的差异。他们的思维特点、学

习方式也各不相同。因此,在评价过程中,要接纳和尊重幼儿的这些差异,尽可能地少做横向比较,多看到他们在原有水平上的发展和进步。

4. 结合幼儿的探究活动评价其发展

《纲要》指出:"幼儿的行为表现和发展变化具有重要的评价意义,教师应视之为重要的评价信息和改进工作的依据。"所以,教师要学会关注并评价幼儿在每次科学探究活动中获得了什么发展和如何获得发展的,关注和评价幼儿在自发的个别和小组活动中科学探究能力和科学精神的表现和形成。

(二) 幼儿园科学教育活动评价的内容

科学教育活动的评价包括对活动目标、活动内容、活动方法、活动的组织形式、活动中选用的教育资源、活动中师幼互动关系等方面的评价。

1. 科学教育活动目标的评价

活动目标是指教师期望活动所达成的教育结果。评价活动目标应从以下几个方面来进行:评价活动目标与学期目标、年龄目标以及总目标之间的联系是否一致;评价活动目标与本班幼儿的实际是否相适应;在活动目标中是否包含了科学态度、科学经验和概念、科学方法三个方面的内容;整个活动的设计与实施是否围绕着活动目标而进行。

2. 科学教育活动内容的评价

评价活动内容应从以下几个方面进行:活动内容的选择是否与活动目标相一致;活动内容的选择是否符合幼儿的兴趣需要;活动内容是否符合科学性;活动内容的选择是否符合时代性;活动内容的分量是否适当;内容的处理是否突出重点、详略得当、难易适宜。科学教育活动的一大特点就是反映科技发展成果,时代性极强。如同样是认识鸡、鸭,如果和养鸡场、科学饲养、人工孵小鸡等内容结合起来,就比单纯地介绍鸡、鸭要符合时代性。每一个科学教育活动有一个大概时间限制,评价内容时还要看该内容的分量是否适当,有无过多或过少的现象。

3. 科学教育活动方法的评价

评价活动方法应从以下几个方面进行:是否根据活动目标、内容及幼儿实际,选择与运用生动、直观、形象的活动方法;是否根据当地和本幼儿园的环境资源和设备条件选择合适的方法;活动方法是否能保证幼儿积极参与活动,使他们得到发展。

4. 科学教育活动过程的评价

评价活动过程应从以下几个方面进行:是否采用了多种科学教育活动的组织形式。专门的科学教育活动的组织形式,从教师指导的不同程度来分析,有教学活动、区角活动;从幼儿参与活动的规模来分析,可分为集体活动和个别活动等。要评价在活动中是否根据实际情况,考虑了教学活动、区角活动,全班、小组、个人活动的结合。在活动过程中,是否考虑了因人施教的问题。每个班中总有处于两个极端的幼儿,在集体、小组、个别活动过程中,是否有为这些孩子的专门设计。在分组时,是否考虑了人际关系以及幼儿情感因素。换言之,小组活动或个别活动时,是硬性规定幼儿的分组,还是根据幼儿的意愿来分组。

5. 科学教育活动结构的评价

评价活动结构应从以下几个方面进行:活动结构是否严密,即活动的组织是否程序严密、环节交替自然有序,是否能有效利用时间;活动的结构是否合理,即是否根据幼儿活动和学习的规律,注意动静交替等;活动中的每一步骤是否有效,即在科学教育活动过程中,每一步骤都应和达成目标有关,尽量减少和目标无关的环节。

6. 教育资源选择与运用的评价

教育资源选择与运用的评价应从以下几个方面进行:是否选择了能达成科学教育活动目标、适合活动内容与幼儿实际的教育资源。如教育资源是否紧扣目标、是否有趣。选用的教具是否适合于科学教育活动的展开,如提供的教具是否具有典型性,在数量上能否保证活动的进行。选用的学具是否适合于幼儿操作,如学具的安全性、易理解性,是否适合幼儿的体力与能力等。活动过程中是否最大限度地利用了教具、学具所具有的功能。

7. 教师与幼儿互动关系的评价

教师与幼儿互动的评价应从以下几个方面进行:是否正确发挥了教师的主导作用,如教师的提问是否得当、新奇、有启发,是否富有指导意义。是否创造条件使幼儿成为活动的主体,如创造宽松的心理环境,鼓励每个幼儿积极探索,让每个幼儿都有机会参与尝试,支持、鼓励他们大胆提出问题,发表不同意见,学会尊重别人的观点和经验。教师与幼儿在活动过程中的交往是否和谐融洽,是否积极主动地相互交往,如当个别孩子未能完成活动任务时,教师是采用鼓励的语言与手段,还是采用讥讽的语言。

技能训练

从"雨的秘密""动物俱乐部"和"垃圾分类"这三个主题中选择一个,并设计一个集体科学教育活动,年龄班自拟,活动名称自拟。

第六章 幼儿园数学教育活动设计与指导

本章概要

幼儿园数学教育是幼儿全面发展教育的一个重要组成部分,它是将幼儿探索周围世界的数量关系、空间形式等需求纳入有目标、有计划的教育程序。基于幼儿思维发展的特点,幼儿学习数学有着自身独特的规律性。幼儿能够获得的数学知识大都是经验性的、具体的、初级的知识,建构的是幼儿从自身的实际经验中归纳出来的,是建立在表象水平上的初级的数学概念。本章通过阐述幼儿园数学教育的基本理论,使学生掌握幼儿园数学教育活动的目标、内容、途径、方法、设计思路,为学生打下牢固的理论基础。

知识框架

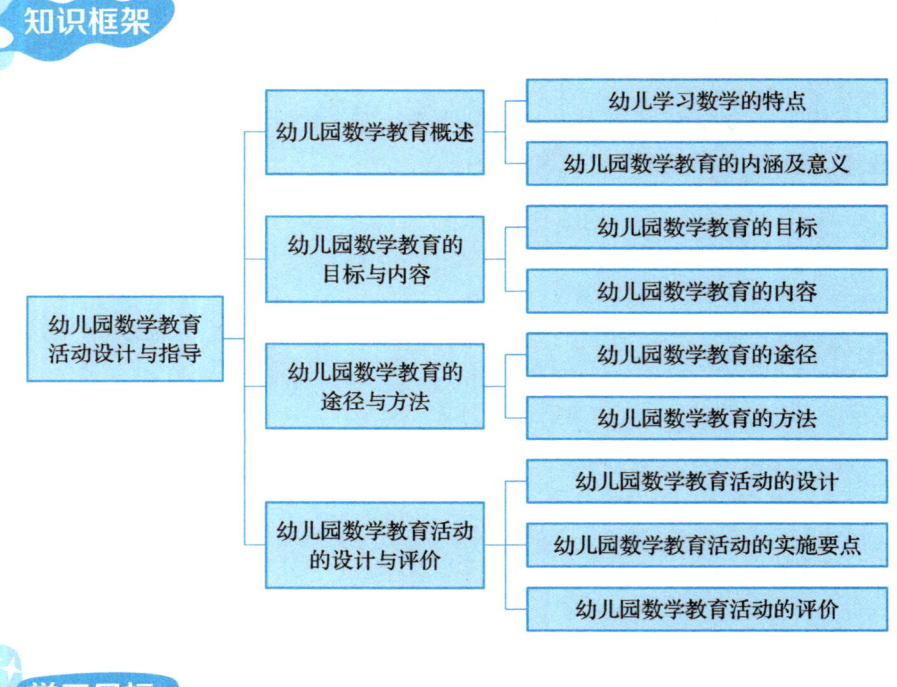

学习目标

知识目标: 1. 熟悉幼儿学习数学的心理特点。

2. 了解幼儿园数学教育的内涵与意义。
3. 掌握幼儿园数学教育目标的结构和幼儿园数学教育的内容。

能力目标： 1. 掌握并灵活运用幼儿园数学教育的方法和途径。
2. 能够设计并组织幼儿园数学教育活动。

情感目标： 1. 树立科学的幼儿园数学教育教学理念。
2. 能够理论联系实际，多角度考虑问题，具有一定的逻辑思辨能力。
3. 敢于质疑，精益求精，开拓创新，树立严谨求实、刻苦认真的学习信念。

第一节 幼儿园数学教育概述

豆豆在上幼儿园小班前就已经会数 10 以内的数了，经常特别自豪地数数给其他人听，但当老师直接问他数字 5 前面的数字是几的时候他却说不出来。

思考： 豆豆为什么回答不出来，会数数是否就代表他掌握了数字呢？那么，幼儿真正掌握数字的表现应该是什么呢？通过本节内容的学习，我们可以更好地理解幼儿学习数学的本质。

二、幼儿学习数学的特点

（一）幼儿学习数学从动作开始

根据皮亚杰的观点，幼儿最初的思维特点是直觉行动思维，后来以具体形象思维为主，抽象逻辑思维逐渐萌芽。经观察研究发现，幼儿学习数学时，最初也是通过动作进行的。例如，幼儿在刚开始学习数数时往往要借助手的动作进行点数，随着幼儿的不断学习和发展，这些动作逐渐内化于头脑中，计数能力也得到提高，可以直接在心里进行默数。幼儿在数学学习中表现出的外部动作，有助于帮助幼儿理解数学中的抽象逻辑关系。特别是在幼儿数学学习的初期阶段，更加需要动作水平上的操作。例如，学习"5 的组成"，可以让幼儿实际操作 5 个具体事物，通过分成两个部分来理解抽象的数量关系。随着数学经验的大量增长，幼儿的数学学习逐渐从外部动作过渡到内部动作，能够依靠视觉表象在头脑中进行思考，这也反映了抽象逻辑思维能力的发展。

（二）幼儿学习数学依赖于具体事物

由于幼儿以具体形象思维为主的特点，幼儿数学学习需要依赖于具体事物，数学知识的获得需要幼儿能够摆脱具体事物的其他无关特征。例如幼儿掌握数字3的概念，就必须引导幼儿学习从"3个苹果""3根香蕉""3颗草莓"等具体事物中抽象概括出这些事物的共同数量特征，从而理解数字3的实际意义。但如果举例都是水果，幼儿获得的数学经验就较为单一。当呈现"3只小狗"的图片问幼儿可以用数字几表示时，由于幼儿思维的固执性的特点，可能导致幼儿不理解。所以，呈现较多的不同的具体事物举例说明，引导幼儿归纳总结，幼儿对数的实际意义的掌握效果会更好。由此可见，幼儿数学概念的形成，是逐渐摆脱个别事物的具体形象达到一般抽象水平的过程。

（三）幼儿学习数学离不开生活经验

数学是为日常生活服务的，理解数学概念必须联系幼儿的实际生活，调动幼儿的生活经验，使抽象的数学知识转化为生活中具体的事物或有实际意义的事情。幼儿的生活经验越丰富，幼儿对数学概念的理解就越深刻。例如，幼儿学习圆形时，让幼儿说一说生活中的圆形物品，巩固幼儿对圆形的认识。

（四）幼儿学习数学需要借助符号和语言

幼儿数学学习离不开成人的教育，在这个过程中需要借助符号和语言。符号系统是人类的发明，理解符号系统可以让幼儿更有效地运用逻辑思维。例如，幼儿学习加减运算时，虽然通过口述应用题可以初步理解，但要形成加减的概念，就需要教会幼儿用抽象的符号来表示具体的事情。符号的运用，可以培养幼儿形成一种抽象化的思维方式。

同时，语言是思维的工具。幼儿在数学学习过程中，用概括性的语言表达其数学操作经验，能够对幼儿的动作实行有效的监控，有助于动作内化的过程。例如，理解"2＋3＝5"时，幼儿最初需要通过操作材料感知，熟练后就可以摆脱动作和具体事物，通过语言描述（即应用题）理解加减运算。同时，教师教学时运用简洁明了的语言，则能帮助幼儿排除具体事物其他无关特征的干扰，从本质上把握事物之间的数量关系。

（五）幼儿学习数学需要练习和应用

幼儿数学学习是一个漫长的过程，幼儿数学概念的形成是在不断的练习和应用中逐渐建构起来的。例如，比较多少时用一一对应或点数的认知策略会更好，但部分幼儿会习惯用直觉策略，只有这一策略行不通时才会寻求其他策略。在这一过程中，幼儿不断尝试新的认知策略，练习和检验新获得的策略，以及在应用中巩固新策略。这时候的学习是通过幼儿的自我调节作用而发生的，而不是教的结果。所以，我们应为幼儿提供大量的机会练习和应用，使幼儿不断建构自身的数学认知策略。

中班的红红知道把2个苹果和3个苹果加起来一共有5个苹果，也可以说出5个苹果吃掉2个还剩3个。但如果直接问她2加3等于几或者5减2等于几的时候，她又不知道了。

分析： 由上述案例可以看出，中班幼儿较少依靠行动来思维，但是思维过程还必须依靠实物的形象作支柱。所以中班幼儿的数学学习思维以具体形象思维为主，幼儿知道具体事物的加减运算，但目前还不能理解抽象的加减运算。教师应根据幼儿数学学习的思维特点，从中班数学活动目标出发，采用幼儿喜欢的游戏形式，提供多种数学材料，使幼儿在直接操作中感知数学；教师要注意为幼儿创设与数学游戏活动相适应的数学环境，激发幼儿参与活动的主动性；丰富幼儿的生活经验，使抽象的数学知识转化为生活中具体的事物或有实际意义的事情，帮助幼儿深刻理解抽象的数学概念。

二、幼儿园数学教育的内涵及意义

（一）幼儿园数学教育的内涵

数学起源于人类生活实际的需要，是用抽象的、符号化的方式表达具体的事物，比如用数字5来表示有5个苹果，但数字5这一数量属性与苹果本身的大小、颜色等特征无关。因此，数学知识首先具有抽象性的特点，从具体事物中抽象而来，摆脱了具体事物的无关特征，研究事物与事物之间的抽象关系。其次，数学知识具有很强的应用性的特点，用一种量化的方法或思维模式，帮助我们从另一个角度认识与了解世界，解决日常生活中的实际问题。数学学科本身的特点决定了数学教育具有独特的规律性。

幼儿园数学教育是根据幼儿的身心发展特点，在教师的指导下，通过幼儿自身的活动，对客观世界中的数量关系及空间形式进行感知、观察、操作、体验并主动探究的过程。在幼儿园实际的数学教育中，更多关注通过多种多样的活动形式使幼儿获得大量的数学方面的感性经验，使幼儿主动建构表象水平上的初级的数学概念，掌握简单的数学方法和技能，发展初步的逻辑思维能力，获得亲近数学的愉快体验，对数学感兴趣，培养良好的学习习惯。

（二）幼儿园数学教育的意义

1. 幼儿园数学教育有助于培养幼儿的好奇心、求知欲及对数学的兴趣

幼儿天生好奇、好问、活泼好动，具有探索世界、认识世界的内在需要。好奇心、求知欲是幼儿学习的动力和兴趣源泉，是幼儿获得数学知识经验的重要途径。幼儿园数学教育是幼儿数学启蒙教育，选择恰当的教育内容，提供具体、形象、丰富的物质材料，采用多种多样的组织形式，引导幼儿通过观察、比较、操作、实验等亲身探究的方法获得的数学知识，是幼儿真正理解与相信、属于幼儿自己的，幼儿从中可以获得巨大的成就感、兴奋感和自信心，进一步激发幼儿探究认知数学的兴趣，逐步养成幼儿积极主动、认真专注、敢于探索和尝试等良好学习习惯和品质。

2. 幼儿园数学教育有助于促进幼儿思维能力的发展

数学本身是逻辑性、结构性很强的知识体系，有着自身独特的符号体系和数学语言。幼儿期的思维特点以具体形象思维为主，抽象逻辑思维萌芽，需要借助具体的形象来理解数学概念和逻辑关系。而幼儿进行数学学习时，对感知到的物质材料进行分类、比较、匹配、对应、排序、概括和简单推理的过程，也是促进幼儿抽象逻辑思维发展的过程。幼儿在数学活动中愿意主动思考问题、解决问题，反映了思维的积极性和主动性；在一定的问题情境中进行不同的比较分析，反映了思维的敏捷性、灵活性和独创性，而

这些都形成了幼儿良好的思维品质。

3. 幼儿园数学教育有助于帮助幼儿获得数学方面的感性经验，为入小学做准备

数学起源于人类现实生产生活的实践需要，生活中的任何事物都具有数、量、形的特征，都可以用数学的工具来描述它们的特征及其相互关系。我们的生活中充满了数学，日常应用离不开数学。幼儿在尝试探索世界、认识世界时，必然要与数学相遇，必然要学会用数学的方式客观准确地认识多种多样的事物。因而，幼儿园数学教育活动，在教师有目的、有计划的引导下，有助于帮助幼儿获得数学方面的感性经验，帮助幼儿理解数学和日常生活之间的联系，从而更好地认识客观世界。同时，掌握一些基本的数学知识和技能，也为今后的小学学习做准备。

拓展阅读

当下幼儿园数学教育的现状

目前，幼儿园基本都重视数学教育活动的开展，能够通过多种途径采用多种方法促进幼儿的数学学习，但在具体实施过程中，仍然存在一些明显的问题：

首先，教师缺少正确的数学教学理念，不能准确把握幼儿数学学习的特点，有时候容易错误认为幼儿可以通过语言上的模仿和记忆来理解数或数量关系。例如，教师在教学中要求幼儿多次跟着说"5可以分成几和几、几和几合起来是5"，单纯以为幼儿只要记住了就是真正理解了。语言模仿虽然可以帮助幼儿积累数学知识，但事实上语言模仿很容易，并不能真正说明幼儿理解了数量之间的关系，必须让幼儿在操作中切实感知并练习巩固。如果只是单一地让幼儿进行语言模仿，那无异于鹦鹉学舌，意义不大。

其次，幼儿园数学教育活动目标不全面，偏重于数学认知目标，即强调幼儿掌握了多少数学知识，而忽略了情感态度目标和动作技能目标；幼儿园数学教育活动内容选择较为狭隘，认为幼儿数学学习就是学习数和加减运算，而忽略了形状、空间、时间、分类、排序等数学内容；教学材料单调，缺少趣味性，教师倾向于使用成品教具，自制教具缺少吸引力，难以调动幼儿操作的积极性，数学区角利用率不高；集体教学活动难以照顾到全体幼儿，教师容易讲授为主；教育评价单一，更容易追求学习结果的准确性，而忽略了过程评价和情感态度评价。

应该看到，幼儿园数学教育活动实施中存在一些问题，并不断学习、反思与调整而避免这些问题。因此，建议从以下方面入手：一是通过多种途径培训学习，提高师资水平，培养教师树立正确的数学教学理念，掌握一定的数学教学技能；二是设立幼儿园数学教育活动教研小组，从目标、内容、材料、途径、方法、评价等进行系统化的研讨，纠正实施中存在的问题，设计科学合理的幼儿园数学教育活动方案；三是准确把握前沿的幼儿园数学教育理念，突出幼儿园数学教育活动的生活化、游戏化特点，恰当利用现代化多媒体信息技术，坚持与时俱进。

第二节　幼儿园数学教育的目标与内容

情境导入

新入职的刘老师组织小班幼儿进行"猫多还是鱼多"的数学活动时,希望幼儿可以通过数数的方式来比较多少,但发现大部分小朋友都做不到,这是怎么回事呢?刘老师非常困惑,小班幼儿不是已经会数数了吗,为什么不能直接通过数数的方式来比较多少呢?

思考: 我们该如何解决刘老师的困惑呢?通过本节内容的学习,了解不同年龄阶段幼儿园数学教育活动的目标与内容,可以帮助我们解决刘老师的困惑。

一、幼儿园数学教育的目标

目标是对结果的预期,是活动实施的重要依据和准则。幼儿园数学教育的目标,规定了对幼儿进行数学教育的方向和要求,指导着教育活动的内容、方法和组织形式的选择与实施,影响和规范着教师的教育观念和行为,是评价教育活动成果的标准。幼儿园数学教育的目标是具有层次结构的目标体系,从高到低,主要分为幼儿园数学教育总目标、年龄阶段目标和具体活动目标,总目标需要具体活动目标的实现才能落实,而具体活动目标的制定需要依据总目标和年龄阶段目标。

(一)《纲要》中科学领域(包含数学)的总目标

《纲要》明确规定了科学领域(包含数学)的总目标,如下:
1. 对周围的事物、现象感兴趣,有好奇心和求知欲;
2. 能运用各种感官,动手动脑,探究问题;
3. 能用适当的方式表达、交流探索的过程和结果;
4. 能从生活和游戏中感受事物的数量关系并体验到数学的重要和有趣;
5. 爱护动植物,关心周围环境,亲近大自然,珍惜自然资源,有初步的环保意识。

(二)《指南》中数学教育的年龄阶段目标

幼儿园数学教育的总目标是幼儿在幼儿园三年学习中最终要达到的总目标,具有高度的抽象性和概括性,但可操作性低。幼儿由于年纪较小,身心差异较大,不同的年龄具有各自的年龄阶段特征,因而制定数学教育的年龄阶段目标有其必要性和重要性,对幼儿教师组织的具体教育活动有着不可或缺的指导作用。《指南》中目标部分分别对3—4岁、4—5岁、5—6岁三个年龄段末期幼儿应该知道什么、能做什么、大致可以达到什么发展水平提出了合理期望,指明了幼儿学习与发展的具体方向。

目标1　初步感知生活中数学的有用和有趣

3—4岁	4—5岁	5—6岁
1. 感知和发现周围物体的形状是多种多样的,对不同的形状感兴趣。 2. 体验和发现生活中很多地方都用到数。	1. 在指导下,感知和体会有些事物可以用形状来描述。 2. 在指导下,感知和体会有些事物可以用数来描述,对环境中各种数字的含义有进一步探究的兴趣。	1. 能发现事物简单的排列规律,并尝试创造新的排列规律。 2. 能发现生活中许多问题都可以用数学的方法来解决,体验解决问题的乐趣。

目标2　感知和理解数、量及数量关系

3—4岁	4—5岁	5—6岁
1. 能感知和区分物体的大小、多少、高矮、长短等量方面的特点,并能用相应的词表示。 2. 能通过一一对应的方法比较两组物体的多少。 3. 能手口一致地点数5个以内的物体,并能说出总数。能按数取物。 4. 能用数词描述事物或动作。如我有4本图书。	1. 能感知和区分物体的粗细、厚薄、轻重等量方面的特点,并能用相应的词语描述。 2. 能通过数数比较两组物体的多少。 3. 能通过实际操作理解数与数之间的关系,如5比4多1;2和3合在一起是5。 4. 会用数词描述事物的排列顺序和位置。	1. 初步理解量的相对性。 2. 借助实际情境和操作(如合并或拿取)理解"加"和"减"的实际意义。 3. 能通过实物操作或其他方法进行10以内的加减运算。 4. 能用简单的记录表、统计图等表示简单的数量关系。

目标3　感知形状与空间关系

3—4岁	4—5岁	5—6岁
1. 能注意物体较明显的形状特征,并能用自己的语言描述。 2. 能感知物体基本的空间位置与方位,理解上下、前后、里外等方位词。	1. 能感知物体的形体结构特征,画出或拼搭出该物体的造型。 2. 能感知和发现常见几何图形的基本特征,并能进行分类。 3. 能使用上下、前后、里外、中间、旁边等方位词描述物体的位置和运动方向。	1. 能用常见的几何形体有创意地拼搭和画出物体的造型。 2. 能按语言指示或根据简单示意图正确取放物品。 3. 能辨别自己的左右。

拓展阅读

幼儿园数学教育活动的年龄阶段核心经验

内容		小班	中班	大班
数的意义	集合的分类与对应	1. 在动作的基础上,理解"1"和"许多"之间的关系,即1个、1个××合起来是"许多","许多"可以分成1个、1个×× 2. 根据标记将相同的物体集中在一起,进行简单的归类	1. 按物体的内部特征(性质、功能用途等)进行分类 2. 按物体间的数量关系进行分类 3. 初步学习对物体进行多重角度分类	学习对物体进行多重角度分类、层级分类以及同时按物体的两种以上特征进行分类

续表

内容		小班	中班	大班
		3. 按物体的一种外部特征（颜色、形状、大小、高矮、长短等）进行简单的分类 4. 根据物体的特点、关系寻找相关物体，将相关的物体相匹配 5. 用一一对应的方法做等量集合		
	感数和计数	1. 进行20以内的唱数 2. 学习手口一致点数5以内的物体，并说出总数 3. 通过直接感知说出3以内物体的数量	1. 进行50以内的唱数 2. 用点数的方法对10以内数量的物体进行准确计数	1. 进行100以内的唱数 2. 学习运用接数、按群计数、目测数群等多种方法计数
	基数意义（理解数的抽象意义）	1. 感知5以内数量，学习给5以内的点子卡片匹配等量的实物 2. 按实物范例的数目或指定数目取出相应5以内数量的物体 3. 根据数量属性将数量为5以内的集合分类	1. 感知10以内数量，发现物体的数量不会因其排列方式的改变而变化 2. 根据数量属性将数量为10以内的集合分类	—
	序数意义	—	学习10以内的序数，能从不同的方向正确指出某一物体在序列中的位置	区分基数和序数
	数的表征系统	用点子等非正式方法表示5以内的数量	1. 将数字与相应数量的集合匹配 2. 认识10以内的数字，并理解数字的抽象意义	借助百数表初步感知100以内数的系统，初步理解数系统的排列规律
数量关系	数量的"大小"与"多少"比较	用一一对应的方法比较5以内数量的多少	用计数的方法比较10以内数量的多少	比较不相邻的2个数或3个数的大小关系
	数序	在感知的基础上将数量为5以内的集合按多少排序	1. 在数量比较的基础上将数量为7以内的集合按多少排序 2. 认识10以内数字，感知10以内相邻数的等差关系	理解10以内数与数之间的数差关系的可逆性、传递性

续表

内容		小班	中班	大班
数的运算	连续量的比较与排序	按大小、长短等差异对5个以内物体进行排序	按大小、长短、高矮、粗细差异对7个以内物体进行排序	按大小、长短、高矮、粗细、厚薄、宽窄差异对10个以内物体进行"正向排序"和"逆向排序"
	估数	—	—	1. 理解估数的意义，对物体数量有初步的数感 2. 根据已知线索，推断未知物群的数量
	数量的分合	—	进行5以内数量的分解与组合，体验一个量可以分成两个部分量、两个部分量合起来就是原来的总量	1. 进行10以内数的分解与组合，理解分合中的互换、互补关系 2. 体验数量的多种分合方法 3. 能对一定数量的物体进行等分，如二等分和四等分
	数的运算	—	借助实物或情境理解10以内集合的数量变化	1. 借助动作、表象进行10以内的加减运算，理解加减的实际意义 2. 认识＋、—、＝和加减算式，初步理解算式表示的意义
几何图形	几何图形的特征	探索物体较明显的形状特征，并用自己的语言描述	1. 感知和发现常见几何图形的基本特征，并进行分类 2. 认识并命名立体图形上的平面图形，如三角形、长方形、正方形、梯形、圆形、椭圆形等 3. 认识平面图形（如三角形）的各种变式	1. 认识并命名球体、长方体、正方体、圆柱体，认识长方体、正方体的面 2. 理解图形的对称性并学习等分图形
	几何图形的分解与组合	借助分割线的提示进行简单的图形组合	不用借助分割线的提示，进行简单的几何图形组合与分解	用图形及图形组合进行较为复杂的组合与分解，理解其中的组合替代关系

续表

内容		小班	中班	大班
空间关系	空间方位	用上下、前后、里外等方位词描述物体的位置	用上下、前后、里外、中间、旁边等方位词描述物体的位置和运动方向	1. 学习辨别自己和他人的左右 2. 学习用符号表示物体在二维空间中的位置和运动方向
	空间视觉化	尝试运用平移、旋转进行图形拼搭	1. 有意识地运用平移、旋转和翻转进行图形拼搭 2. 探索图形、常见物品中简单的镜像对称关系	1. 进行图形拼搭时，有意识地预期旋转和翻转的结果 2. 理解简单示意图中的空间关系 3. 理解并重现观察三维物体的不同视角
空间测量	长度测量	—	用首尾相接摆放单位量的方式，进行长度的自然测量	1. 重复使用一个单位量进行长度的自然测量 2. 理解测量同一长度时，单位长度的长短和所需单位数量之间的相反关系
	面积和体积测量	—	通过用单位面积（方块）覆盖的方式，体验面积和面积测量的意义	通过用单位的体积（立方块）填充的方式，体验体积和体积测量的意义

（三）幼儿数学教育的具体活动目标

美国课程专家布鲁姆在其教育目标分类学中，从个体心理活动的不同领域出发，将教育活动的整体目标分为认知领域、情感领域和动作技能领域。因此，幼儿园数学教育的具体活动的目标可以分为认知目标、情感态度目标和动作技能目标。

1. 认知目标

幼儿园数学教育活动的认知目标主要包括引导幼儿学习掌握一些启蒙性的、粗浅的、基础的数学知识，帮助幼儿获得关于周围事物的数、量、数量关系、形状与空间关系等的感性经验，并逐步形成一些初级的数学概念，在此基础上促进幼儿认知能力与问题解决能力的发展。幼儿在进行数学活动时，获得相应的数学知识是必然的结果，也是幼儿需要的。例如，"感知'1'和'许多'并理解'1'和'许多'的分合关系"，"知道7添上1是8，理解8的实际意义，知道数量是8的事物能用数字8来表示"等。

2. 情感态度目标

幼儿园数学教育活动的情感态度目标主要包括激发幼儿学习数学的兴趣、好奇心和求知欲，使幼儿愿意积极主动地参与数学教育活动，体验到用数学解决问题的乐趣和成就感，养成良好的数学学习习惯，为今后的学习奠定良好的素质基础。例如，"对数字感兴趣，喜欢参加数学活动"，"愿意将自己排列的模式用语言与同伴交流，体验与同伴游戏和合作的快乐"等。

3. 动作技能目标

幼儿园数学教育活动的动作技能目标主要包括培养幼儿正确操作和使用数学材料的技能及习惯，掌握数学探究的方法，使幼儿在操作探究中获得相应数学概念的感性经验。例如，"能辨别、区分三角形、圆形、正方形，能将同样的图形放在一起"，"能熟练地手口一致点数 3 以内的物体，会用数字表示物体的数量"等。

二、幼儿园数学教育的内容

教育内容是实现教育目标的载体。为了实现幼儿园数学教育的目标，必须选择适宜的幼儿园数学教育内容，从而切实促进幼儿数学的发展。本质上，幼儿园数学教育活动目标本身已经包含了内容，并指明了内容的重点。因此，选择适宜的幼儿园数学教育活动内容，首先，必须依据幼儿园数学教育活动的目标，使内容与目标保持一致。其次，《纲要》中指出教育活动内容的选择应该"既适合幼儿的现有水平，又有一定的挑战性"，"既符合幼儿的现实需要，又有利于其长远发展"，"既贴近幼儿的生活来选择幼儿感兴趣的事物和问题，又有助于拓展幼儿的经验和视野"。所以，幼儿园数学教育活动内容的选择要考虑幼儿数学学习的年龄特点和认知发展规律及幼儿已有的生活经验。最后，数学是一门系统性、逻辑性很强的基础学科，幼儿园数学教育活动内容的选择必须兼顾数学学科的特点，体现出系统性的数学内容。

幼儿园数学教育的内容主要有：

(一) 集合概念

1. 感知集合及其元素，进行物体的分类。
2. 认识"1"和"许多"及其关系。
3. 运用一一对应的方法比较两组物体数量的相等和不等。
4. 初步感知集合间的交集、差集关系和包含关系。

集合是指一组具有某种共同属性的对象所组成的整体，整体中的每个对象叫作集合的元素。例如，白菜、萝卜、黄瓜等归纳为蔬菜的集合，白菜、萝卜、黄瓜就是集合中的元素；幼儿园的小二班组成一个集合，小二班的每个小朋友就是集合中的元素。幼儿感知集合的教育是在省略集合术语的情况下，引导幼儿感知集合及元素，根据事物的共同特征进行分类，学会用一一对应的方法比较集合中物体的数量，初步感知集合间的关系。幼儿集合概念的发展可以分为四个阶段：一是泛化笼统的感知阶段（2—3 岁），二是感知集合界限的阶段（3—4 岁），三是感知集合元素的阶段（4—5 岁），四是感知集合包含关系的阶段（5—6 岁）。

(二) 10 以内的数概念

1. 10 以内的基数（包括数的实际意义、认数、数的守恒、相邻数和 10 以内自然数列的等差关系等)。

2. 10 以内的序数。

3. 10 以内数的组成。

4. 认读和书写 10 以内的阿拉伯数字。

需要强调的是,幼儿形成数概念的标志包括:理解数的实际意义,掌握数的顺序,理解数的组成。幼儿计数能力的发展顺序是口头数数,按物计数,说出总数,按数取物(按群计数)。数的守恒是指幼儿对数的认识能不受物体的大小、形状、排列形式的影响,正确认识 10 以内的数,标志着幼儿数概念的发展水平。数的组成包括数的组合与分解,组合指除 1 以外任何一个自然数都是由两个或两个以上的部分数组成,分解指除 1 以外的任何一个自然数都可以分成两个或两个以上的部分数。例如,2 和 3 组合是 5,5 可以分解成 2 和 3。

(三) 10 以内的加减运算

1. 加减法的含义。

2. 认识加号、减号、等号和加减算式,理解算式表示的意义。

3. 加减法应用题。

幼儿加减运算能力的发展遵循了人类思维从具体到抽象的过程,具体可分为:从动作水平的加减到表象水平的加减再到概念水平的加减,从逐一加减到按群加减。10 以内加减运算的学习一般安排在数的组成之后,往往是大班幼儿的学习内容,学习时主要借助于生活中的实际情景和材料的操作等,促进幼儿的理解与运用。

(四) 认识几何形体

1. 平面图形——圆形、正方形、三角形、长方形、半圆形、椭圆形、梯形、菱形。

2. 立体图形——球体、圆柱体、正方体、长方体。

3. 图形之间的简单关系(组合、分解)。

几何形体是对客观物体形状的抽象和概括。对于幼儿来说,最容易辨别的图形是圆形,幼儿叫出图形名称比辨认图形要晚。幼儿认识几何图形由易到难的顺序是:圆形→正方形→半圆形→长方形→三角形→八边形→五边形→梯形→菱形。5 岁幼儿能正确辨别各种基本的几何图形。

(五) 量的认识及自然测量

1. 比较大小、长短、粗细、高矮、厚薄、宽窄、轻重、容积等量的特征。

2. 量的正逆排序。

3. 量的守恒。

4. 量的相对性和传递性。

5. 自然测量。

量是表示事物所具有的能区别程度异同的性质,事物的多少、大小、长短、高低、轻重、快慢等的客观对象都叫作量。幼儿在比较量的差异时,可以感知到量的相对性,并建立序的概念。例如,西瓜比苹果大,苹果比草莓大,所以西瓜也比草莓大。自然测量是指幼儿在没有掌握测量单位之前,引导幼儿利用身边的各种自然物,如蜡笔、瓶子、书本、手臂等作为测量单位来测量物体的长短、高低等。

（六）空间与时间概念

1. 初步认识空间方位——上、下、前、后、左、右、外、内、远、近等。
2. 空间运动方向——向上、向下、向前、向后、向左、向右、向外、向内等。
3. 认识时间——早晨、晚上、白天、黑夜、昨天、今天、明天、年、月、四季、星期、日历。
4. 认识时钟——长针、短针及其功用，认识整点和半点。

幼儿空间方位概念的学习主要包括感知、判断方位，运用方位词描述位置和方向、表征方位等。幼儿空间方位概念的发展顺序一般是先上下，再前后，最后左右。幼儿对空间方位的认识体现出由近及远逐步扩展的趋势，逐渐从以自身为中心发展到以客体为中心，从绝对化发展到相对化。

幼儿对时间的认识是在感性经验的基础上形成的，一般容易受到生活实践的影响，与幼儿的具体生活事件相联系。例如，上午就是上幼儿园的时候，晚上就是幼儿园放学的时候。对于时间顺序和周期，幼儿最先较容易理解的是短的周期，例如一天；逐步发展到理解时间更长的周期，例如星期、月。幼儿在使用时间单位表达交流时，往往存在模糊不准确的情况，即未必真正理解时间单位的含义，当谈到"昨天"的时候有可能指的是过去。

技能训练

请分析中班数学教育活动"我长大了"的目标存在的问题并进行修改。

活动目标：
1. 让幼儿知道 6 分成两份有几种不同的分法。
2. 幼儿乐于探索，培养幼儿数学探究的精神。
3. 通过操作数学教具，发展幼儿的动手操作能力。

真题链接

1. 桌面上一边摆了 3 块积木，另一边摆了 4 块积木。教师问："一共有几块积木？"从幼儿的下列表现来看，数学能力发展水平最高的是（   ）。（2017 年上半年《保教知识与能力》）

   A. 把 3 块积木和 4 块积木放在一起，然后一个一个点数
   B. 看了一眼 3 块积木，说出"3"，暂停一下，接着数"4、5、6、7"
   C. 左手伸出 3 根手指，右手伸出 4 根手指，然后掰手指数出总数
   D. 幼儿先看 3 块积木，后看了 4 块积木，暂停一下，说 7 块

2. 在引导幼儿感知和理解事物"量"的特征时，恰当的做法是（   ）。（2018 年上半年《保教知识与能力》）

   A. 引导幼儿感知常见的大小、高矮、粗细等
   B. 引导幼儿识别常见食物的形状
   C. 和幼儿一起手口一致点数物体，说出总数
   D. 为幼儿提供按数取物的机会

3. 芳芳在数积木,花花问她有几块三角形的积木,芳芳点数:"1、2、3、4、5、6,6 个三角形。"花花又给了她 4 块,问她现在有多少块三角形积木。芳芳边点数边说:"1、2、3、4、5、6、7、8、9、10,我有 10 块啦!"就数学领域而言,下列哪一条最贴近芳芳的最近发展区?(　　)(2019 年上半年《保教知识与能力》)

　　A. 认识和命名更多的几何图形
　　B. 默数、接着数等计数能力
　　C. 以一一对应的方式数 10 个以内的物体,并说出总数
　　D. 通过实物操作进行 10 以内加减法的运算能力

4. 下列幼儿行为表现中数概念发展最低的是(　　)。(2019 年下半年《保教知识与能力》)
　　A. 按数取物　　　B. 按物说数　　　C. 唱数　　　D. 默数

5. 材料分析题(2020 年下半年《保教知识与能力》):
　　教师为幼儿制作了一列"小火车",在每节车厢上分别贴了不同品种与数量的"水果"标签,要求幼儿能按标签投放"水果"。雪儿看看标签,然后往不同的车厢装进与标签品种一样的"水果",每节车厢都装满了"水果"。莉莉看着标签,并用手点数标签上的"水果",嘴里还念着数字,然后拿出相应品种和数量的"水果"放进车厢。民民看看标签,就取出相应品种和数量的"水果"放进车厢,然后看着车厢里的"水果",自言自语道:"嗯,都放对了。"

　　问题:
　　(1) 根据上述三位幼儿各自的表现,分析其数学能力发展的水平。
　　(2) 该材料对教育的启示是什么?

第三节　幼儿园数学教育的途径与方法

情境导入

　　中班幼儿玩桌面游戏时,赵老师问伟伟他面前正在玩的积塑有几个,伟伟用手指头点着数了数:"1、2、3、4、5。"然后又想了一会才说:"一共有 5 个。"而对面的浩浩在伟伟想的时候就迫不及待地说有 5 个,赵老师又去问浩浩:"你怎么知道有 5 个呢?你都没有数。"浩浩骄傲地说:"我不用手数,我在大脑里数过了的,有 5 个。"

　　思考:你觉得伟伟和浩浩的数学发展水平怎么样?赵老师应该如何进一步促进他们的数学发展呢?

一、幼儿园数学教育的途径

　　《纲要》指出,"教育活动的组织应充分考虑幼儿的学习方式和特点,注重整体性、

综合性、自然性、趣味性,寓教育于生活、游戏中""教育活动的组织形式应根据需要合理安排,以便为幼儿提供多样化的学习机会和条件,提高教育效益"。幼儿园数学教育是教师创造性地对幼儿进行数学启蒙教育的过程,考虑到幼儿身心发展水平和认知规律及数学学科本身抽象性的特点等,在实施过程中,必须采取多种多样的活动组织形式,真正落实数学教育的内容,实现数学教育的目标。幼儿园数学教育的途径主要有:

(一)集体教学活动

幼儿园数学集体教学活动是专门的数学教育活动,是教师有目的、有计划、系统地组织全体幼儿学习数学知识和技能,促进幼儿思维能力发展的教育活动。其特点主要表现为:一是组织的计划性。区别于其他活动的偶发性和随机性,幼儿园数学集体教学活动是事先经过缜密的计划,包括制定教学活动的具体目标,选择适宜的教学内容、方法和组织形式,设计层层递进的教学过程,然后根据这一计划实施的活动。二是内容的单一性和系统性。幼儿园数学集体教学活动的内容是专门指向数学的,不涉及其他领域,并且由于数学知识本身系统性较强的特点,数学内容的选择与编排应根据幼儿的学习特点和数学学科特点循序渐进、紧密连接。三是形式的整体性。幼儿园数学集体教学活动是在同一时间面向全体幼儿的,主要采用集体的活动方式,同时也结合小组活动、个别指导的方式。

幼儿园数学集体教学活动可以使全体幼儿接受一定质量的数学教育,保障了幼儿数学教育的顺序性、系统性,活动容量比较大,活动效果也较为显著。因此,该活动是幼儿园数学教育的首要活动形式。在活动中,教师是活动的直接指导者,但要注意合理发挥教师的主导作用,时刻保证幼儿的主体地位,引导幼儿积极主动地操作探索、表达交流,逐渐建构起自身的数学知识经验。

小班数学教育活动:认识三角形

【活动目标】

1. 知道三角形的基本特征。
2. 能不受其他图形干扰找出三角形。
3. 乐于参加数学游戏活动,愿意表达自己的发现。

【活动准备】

图形卡片若干,教学课件。

【活动过程】

1. 以课件中图形宝宝的口吻引出三角形。
2. 创设"图形宝宝聚会"的游戏情景,引导幼儿在众图形中寻找三角形。
3. 引导幼儿观察三种三角形的共同特征,发现三角形有三条边、三个角。

4. 引导幼儿从图形筐中找出三角形,并分别数出边、角的数量,和同伴互相说说三角形像什么。

5. 通过游戏"猜猜我是谁",引导幼儿根据图形的一部分猜测三角形。

【活动延伸】

请幼儿在日常生活中寻找像三角形的物品。

分析: 认识三角形活动,运用直观的课件、图片,通过多种游戏形式,引导幼儿在观察对比、动手操作中掌握并概括三角形的基本特征,激发幼儿数学学习的兴趣。

(二)区角活动

数学区角活动是教师在活动室内的某一区域为幼儿创设的相对开放的数学活动空间,通过投放适宜幼儿发展的数学操作材料,使幼儿自由选择和使用,从而获取数学知识经验的一种教育活动。例如,设计"送小动物回家"的数学材料,需要幼儿根据小动物和房子的颜色、形状、数字等不同难度层次的对应来将小动物准确送回家,从而使幼儿获得关于分类、对应、匹配、数、量等相关的数学概念。

在数学区角活动中,幼儿可以根据自己的兴趣、需要自主选择活动的内容、时间、玩法、同伴等,在摆弄、操作材料的过程中,探索发现数学相关的知识经验,并与同伴交流分享。由于幼儿的个体差异性,数学区角活动可以满足不同幼儿学习发展的需要,即允许幼儿按照自己的学习速度操作材料,充分体现了以幼儿为中心的教育理念,教师对幼儿的指导也通常是个别化的、间接的指导,能够最大程度地促进幼儿建构自身的数学知识经验。并且,可以与数学集体教学活动相互呼应。例如,提前在数学区角中投放相应的材料,帮助幼儿做好经验准备;或者将集体教学活动的核心内容延伸到区角中,使幼儿在区角中继续操作探索材料,进一步迁移、巩固已获得的数学知识经验。特别是一些需要幼儿通过大量时间操作掌握的内容,数学区角活动极大地起到了补偿作用。另外,区角活动也为教师的自主评价、反思提供了一个合适的场所。教师在活动中可以充分地观察了解幼儿的兴趣需要、发展水平和材料投放的适宜程度等,从而积极反思自身的教育能力,改进自身的教育行为,及时地调整数学教育活动。

(三)游戏活动

游戏是幼儿最喜欢的活动,也是实施幼儿园数学教育的有效途径之一。由于数学知识的抽象性和逻辑性的特点,如果教育方法不当,容易造成幼儿学习困难,使幼儿感觉疲惫、枯燥、乏味,对数学有畏难情绪。而游戏适合幼儿的身心发展特点,在游戏中进行数学教育,可以使数学知识具体形象、生动有趣,极大地提高幼儿学习的积极性,使幼儿可以轻松、愉快、自然地学习,"在玩中学,在学中玩",同时获得相应的数学知识经验,教育效果最佳。

在游戏中进行数学教育,首先是专门设计的操作各种材料和玩具的数学游戏活动。例如,数学棋类、拼图、点卡、数字卡、小棒、套玩具(套塔、套瓶、套碗等)、纸牌以及可供分类或配对的各种材料,如瓶子和瓶盖、动物妈妈和动物宝宝的图片、不同颜色的珠子等,都是进行数学游戏的良好材料。而像套玩具可以使幼儿辨别大小、分类和排序,点卡和数字卡可以帮助幼儿认数、学习数的组成和加减运算等。在自由游戏时间,幼儿可以操作这些材料或玩具进行数学游戏,并从中获得一定的数学知识经验。其次,其他类型的游戏也都从不同方面涉及了大量的数学知识。例如,在建构游戏中,运用积木搭建各种建筑物和物体的过程中,可以使幼儿直观地感知数、量、空间、几何形体、测量、分类、排序等数学知识;在角色游戏中,幼儿扮演的角色都在一定的生活情境中,而生活中离不开数学知识和技能的运用,如"水果店"的游戏需要分门别类整理水果并制定价格标签,扮演工作人员的幼儿就需要运用分类、数概念等知识;在体育游戏中,如幼儿跳绳需要计数、跑得近、跑得远、跳得高、跳得低、向左走两步、向右走三步等都涉及了数学教育;在音乐游戏"抢椅子"中,幼儿可以知道小朋友的数量比椅子多一个,等等。总之,通过游戏活动进行数学教育,幼儿不仅感受到游戏带来的快乐,还获得了相应的数学知识。

大班数学游戏:小动物找朋友

玩法:准备两组不同的小动物卡片,一组小动物卡片背后是"1—6"的数字,一组小动物卡片背后是7以内的加减运算的算式,请幼儿帮小动物们找到自己的好朋友。

分析:"小动物找朋友"的游戏活动,能够激发幼儿积极参与数学游戏的兴趣,帮助幼儿练习巩固7以内的组成。

(四)一日生活

幼儿的生活中充满了数、量、形、空间、时间等有关的数学内容,幼儿最基础的数学概念的来源就是幼儿的生活。因此,利用幼儿的一日生活进行数学教育,可以让幼儿自然、轻松、不自觉地获得数学知识,并引起对数学的兴趣。幼儿一日生活中出现的一些数学现象和问题,基本都是在自然情境中发生的,并且会经常出现,使幼儿不自觉地、反复地感知学习,同时能按照他们自身的兴趣需要,感知、发现、解决这些数学现象和问题,充分发挥幼儿的自主性和创造性,切实使幼儿感知到"生活中数学的有用和有趣"。

李老师特别注重在日常生活中渗透数学教育。早上幼儿入园时,她引导幼儿看钟表打卡签到,说说今天星期几、自己几点来到了幼儿园;早餐时,她让幼儿一人拿一个包子,吃完了可以再拿,吃完后让幼儿说说自己吃了几个包子;午睡前后穿脱衣服时,她引导幼儿认识自己衣服的种类;散步时,她带领幼儿数数幼儿园有几棵树;我国举办冬奥会期间,她引导幼儿了解体育活动的种类和国家获得奖牌的数量,同时激发幼儿感受作

为中国人的喜悦和自豪……

分析：李老师的做法非常值得学习。幼儿的生活中处处都是数学，在生活中引导幼儿关注数学并学习数学，使抽象的数学概念具体化，再加上长期复习应用，更好地帮助幼儿理解数学、运用数学，养成良好的数学学习习惯。

（五）家园合作

众所周知，家庭教育对幼儿有着潜移默化、日积月累的作用和影响，幼儿园与家庭应该紧密联系与合作，教师可为家长提供适当的亲子数学教育策略及内容，鼓励和支持家长进行生活中的数学教育，发挥家庭教育的重要作用。同时，家庭应该和幼儿园合作，与幼儿园保持一致的数学教育目标，在家庭生活中对幼儿进行数学教育，共同促进幼儿的数学发展。家长在家庭的日常生活中，要有意识、有目的地对幼儿进行数学教育，引导幼儿发现生活中有用和有趣的数学现象和问题。例如，家长在接送幼儿坐电梯时，可以让幼儿按电梯，知道自己家住在第几层；玩完游戏后，让幼儿学习分类整理自己的玩具；带幼儿去动物园，让幼儿关注动物的种类、数量、空间位置等；带孩子和其他孩子一起玩时，可以让幼儿之间互相比比高矮、比比岁数大小等。

上述几种幼儿园数学教育活动组织形式之间的关系是既相互区别又密切联系，各自具有独特的教育作用又在目标与内容上相互渗透。因此，在实际的幼儿园数学教育中，应注意灵活运用不同的数学教育活动途径，使其相互结合、相互补充，成为有机的一体，从而使幼儿获得全面而深刻的发展。

中班数学教育活动：4 的组成

教师先通过集体教学的形式，创设"小熊分饼干"的游戏情景，引导幼儿通过动手操作，发现并记录"4 可以分成几和几"，然后通过幼儿展示交流操作结果，帮助幼儿总结"4 的组成"结果和互换互补规律。最后利用游戏"去小熊家做客"，让幼儿拿着不同的邀请卡（背后是数字），找到可以组成数字 4 的好朋友一起去，练习巩固 4 的组成。活动延伸，将相关的操作材料投放到数学区，以便幼儿自主游戏时进一步操作。

分析：在这个案例中，教师主要通过集体教学、游戏活动和区域活动等途径实施幼儿园数学教育，使幼儿在操作体验中获得了数学的感性知识经验，并得到多重巩固。

二、幼儿园数学教育的方法

教学方法是完成教学任务、实现教学目标的重要手段，对教学成败有着关键意义。在幼儿园数学教育中，科学、合理、有效的教学方法，可以达到事半功倍的最佳教育效果，使幼儿轻松愉快地学习，促进幼儿思维能力的发展。幼儿园数学教学方法的选择，要结合数学教育活动的目标和内容，遵循幼儿学习数学的特点和数学的学科特点。幼儿园数学教育活动方法既包括教师教的方法，也包括幼儿学的方法，教师教的行为和幼儿学的行为是密切联系、有机统一、不可分割的。在实践教学中应采用生动活泼、手脑并用、多感官参与的形式，灵活运用多种方法。目前，幼儿园数学教育活动中常用的且行之有效的方法主要有：

（一）操作法

操作法是指给幼儿提供合适的材料、教具、环境，让幼儿在自己的摆弄、操作过程中进行探索，获得数学感性经验和逻辑知识的一种方法。操作法符合幼儿思维的发展依赖于动作和具体形象的特点，满足幼儿活泼好动的天性，激发幼儿的数学学习兴趣，因此是幼儿学习数学的基本方法，也是幼儿园数学教育活动的主要方法。操作的方法多种多样，按其性质可分为教师的示范性操作和幼儿的验证性操作、探索性操作、创造性操作；按其组织形式又可分为集体操作、小组操作和个人操作。操作法往往与分类、排序、比较等内容有机结合，通过幼儿摸、排、拼、贴、拿、取、拆、合等操作活动，使幼儿在不断的尝试探索中积极思考。在教学活动中运用操作法时，首先在操作前，要明确操作的目的，为幼儿提供充足的操作材料，给予幼儿充分的操作时间和空间，向幼儿说明操作的要求、规则；其次在操作过程中，观察幼儿的操作情况，进一步指导幼儿思考和探索；最后在操作结束时，引导幼儿讨论交流操作结果，教师反馈评价，将幼儿在操作中获得的感性经验进行归纳整理，提升为正确、系统的数学概念。另外，操作应依据不同的教学内容和幼儿的年龄差异提出不同的要求，例如小班材料可以人手一份，让每个幼儿都动手操作；大班材料可以小组一份，促进幼儿间的合作。

操作法通常与其他方法结合使用，在使用其他方法时，也应尽量让幼儿运用直观的材料进行操作，发挥各种教学方法的最大效益。

（二）游戏法

游戏既是幼儿园数学教育活动的组织形式，也是数学教育活动的重要方法。游戏法是根据幼儿好动的天性、具体形象的思维特点，将抽象的数学知识寓于幼儿感兴趣的游戏中，让幼儿在自由自在、无拘无束的各种游活动中学习数学的一种方法。幼儿园数学教育活动中的游戏是教学游戏，有规定的动作和规则，必须要完成一定的教学任务。教师一般会将幼儿需要掌握的知识和技能，渗透到动作和规则中去，使幼儿在游戏的过程中，观察、比较、分析、判断，产生积极的思维活动。运用游戏法进行数学教育活动的种类多种多样，主要有：操作性数学游戏，如通过套碗可以使幼儿获得大小、排序等概念；情节性数学游戏，是指设计一定的游戏主题、情节和角色，体现数学学习的一种方法，有的游戏主题有连续几个游戏情节贯穿教学过程的始终，如"森林王国大冒险"游戏中可以设计多个闯关关卡；竞赛性数学游戏，如设计让幼儿比赛"按数取物"，看规定时间内谁取的又对又多；多感官参与数学游戏，如"百宝袋"游戏让幼儿通过触摸找到要求的东西；数学智力游戏，如"数字捉迷藏"游戏让幼儿从图画中找到藏起来的数字并排序……由于内容和形式的不同，数学教育活动的游戏法种类不一而足，实践教学活动中需要充分考虑幼儿的发展灵活运用。

（三）比较法

比较法是通过对两个或两个以上物体的比较，让幼儿找出它们在数、量、形等方面的相同和不同的一种方法。例如,比较两根绳子的长短,比较三个相邻数的大小等。比较是思维的一个过程。在比较中,幼儿的思维需要进行复杂的分析和综合活动,从而促进幼儿思维的发展。因此,比较法是幼儿园数学教育活动中被普遍采用的一种教学方法。根据不同年龄阶段幼儿的身心发展特点,也应该采用不同类型的比较法。常见的比较法类型主要有:一是按比较性质分,可以分为简单比较和复杂比较。简单比较是对两个(或两组)物体进行数或量方面的比较,如比较两支水彩笔的长短等。复杂比较则是对三个(或三组)及以上物体进行数或量方面的比较,如比较三支水彩笔的长短等。二是按比较的排列形式分,可以分为对应比较和非对应比较。对应比较指的是把两个(或两组)物体一一对应进行比较,如重叠、并列或连线对应比较。非对应比较指的是对不同数量的物体进行比较,如单排、双排或不同排列形式的比较。在教学活动中运用比较法时,教师要多用启发性的提问引导幼儿观察、思考、比较,并总结和归纳比较结果。

(四) 讨论法

讨论法是引导幼儿有目的地、主动地相互探讨交流学习数学的一种方法。它是一种多边的活动过程,可以是教师与幼儿,也可以是幼儿之间的讨论。讨论可以促进数学操作活动的发展。在操作前进行讨论,可以帮助幼儿了解操作的内容、材料及规则,往往结合范例和演示活动进行讨论分析。例如观察不同颜色花朵的排列,幼儿讨论,理解和掌握排列规律。在操作后进行讨论,可以帮助幼儿归纳整理获得的感性经验并提升为正确的数学概念。例如,操作比较不同类型的三角形后,讨论总结三角形的特征。当然,在操作中也会随机进行讨论。如当个别幼儿又有创新性的操作时,可引导其他幼儿关注,拓展幼儿的思路。在数学活动中运用讨论法时,要注意只有在幼儿已有感性经验的基础上才能展开讨论;相对于讨论结果要更加注重讨论过程,关注幼儿讨论时的反应,积极鼓励幼儿参与讨论;关注幼儿的个体差异,如对于能力弱、畏惧讨论的幼儿,可从简单的问题入手,创造宽松自由的讨论环境,肯定幼儿的表现,帮助幼儿树立自信。

(五) 寻找法

寻找法是让幼儿从周围生活环境和事物中寻找数、量、形及其关系或在直接感知的基础上按数、形要求寻找相应数量的实物的一种方法。寻找法可以通过不同途径进行,主要有:一是让幼儿在周围环境中寻找,如让幼儿找找生活中圆形的物品并拍照记录;二是让幼儿在已准备好的环境中寻找,教师可以根据教学活动需要,提前布置好环境,便于儿童寻找,如找一找教室里哪些东西可以用数字 3 表示。寻找法可以调动儿童参与活动的积极性,满足幼儿的好奇心,同时也有利于培养幼儿的观察力、注意力和分析综合的能力等。

(六) 讲解示范法

讲解示范法是指教师通过展示直观教具并配合语言讲解,把抽象的数、量、形等知识具体地呈现出来,以帮助幼儿理解有关数学知识的一种教学方法。例如,教师边演示示范苹果卡片边讲解:"盘子里有 3 个苹果,拿走了 1 个,盘子里还剩下几个苹果?"在这个过程中,幼儿可以直观地感受到数的加减运算。讲解示范法是幼儿园数学教育的一种常用的传统方法,通常用于幼儿学习一些有难度的新内容时,教师适当地讲解示范,可以帮助幼儿克服难点、启发思路,使幼儿获得科学、系统的知识和分析、推理的方法。讲解应重点突出、语言简练,教具演示应与语言讲解良好结合。讲解示范法还应与其他方法综合使用,避免以教师为中心。

除了上述主要方法外,还有一些方法也可以在教学中运用,如教师不把数学的概念直接向幼儿讲解,而是引导幼儿依靠已有的数学知识经验去发现和探索并获得数学概念的发现法;通过让幼儿欣赏感知包含着数、量、形等数学知识的优美的现实环境或绘画、影视作品等,使幼儿萌发对数学活动的兴趣及体验粗浅的数学知识的欣赏法等。"教有法而无定法",教师应根据幼儿数学学习的特点和数学本身的特点,灵活采用多种教学方法,创造性地对幼儿进行数学启蒙教育。

大班数学教育活动:空间方位

活动开始,老师出示图片,引导幼儿说一说图上的小动物都在什么位置,比如小兔子在房子的右下边,引导幼儿用不同的方位名词表达。然后,通过"我来帮帮忙"的操作活动,给幼儿分发操作卡,让幼儿按照老师的空间方位语言指示,帮助不同的小动物去到自己想去的位置,每次操作后,共同检查。操作完毕后,让幼儿自己随意移动小动物,并与其他幼儿互相说说小动物的空间方位。最后,通过"跳房子"的游戏,引导幼儿先说要跳的位置再跳,进一步练习巩固。

分析: 空间方位活动中,教师首先运用了讲解示范法,使幼儿明确如何观察表达;然后运用操作法,使幼儿在操作材料中进一步感知;最后运用游戏的方法练习巩固,使活动更加富有趣味性。

> **真题链接**
>
> 材料分析题(2021年下半年《保教知识与能力》):
> 新入职的王老师第一次带大班小朋友做操时,发现大家的动作有些混乱,有的胳膊向左伸,有的向右伸,这是为什么呢?昨天老教师带操时,明明大家动作很整齐啊!
> 问题:
> (1)请从幼儿左右概念发展水平的角度分析,幼儿动作混乱的原因。
> (2)针对问题,提出建议。

第四节 幼儿园数学教育活动的设计与评价

自由活动时间,中班的诚诚和奇奇玩着玩着忽然比起了身高,争着抢着说:"我比你高!我比你高!"其他听到的小朋友也加入了进来,都说自己高。诚诚忽然想到了说:"那我们一起站着比一比吧!"结果小朋友们有的就踮脚比了起来,互不相让。后来,他们找到王老师,让王老师帮他们比较一下。于是,王老师跟随幼儿的兴趣,生成了一节使用自然测量工具比较高矮的数学集体教育活动。

思考:王老师是如何设计数学集体教育活动的呢?我们就一起来学习这一节内容找找答案吧!

一、幼儿园数学教育活动的设计

幼儿园集体数学教育活动实施之前,教师必须设计数学教育活动,撰写活动方案,一般包括活动名称、设计意图、活动目标、活动准备、活动过程和活动延伸。

(一)活动名称的设计

活动名称的结构主要包含年龄班级、活动类型、具体名称等,如小班数学教育活动"1和许多"。活动名称的表述一般有两种:一种是按教育活动的要求,直接用数学术语表述名称,如"学习5的组成",这种表述方式可以使幼儿对活动的内容和要求一目了然。另一种是按活动内容或方法,采用生活化、拟人化的语言表述名称,如中班数学教育活动"送图形宝宝回家",这种表述方式更加符合幼儿的年龄特点和语言习惯,贴近幼儿的生活,富有童趣。

(二)设计意图的设计

设计意图经常容易被省略,但作为交代整个数学教育活动设计的背景介绍,有助于帮助教师明确设计的依据和出发点。设计意图的结构一般包含原因、过程、目标三个方面。原因的表述往往多样,可以是幼儿已有的经验、兴趣需要,或者地域特色、季节特点,或者偶发事件等。过程主要是简要描述活动中的具体做法,目标则说明活动最终达成的教学效果。

(三)活动目标的设计

教师设计具体的教学活动目标,首先,应与《纲要》《指南》中数学方面的总目标保持一致,充分考虑幼儿的年龄阶段特点、身心发展水平、兴趣需要、数学学习特点、具体内容特点等。

其次,活动目标应全面,包含认知、情感态度和动作技能三个方面。

再次,活动目标应具体可行,针对性强,具有可操作性,不能过于笼统和概括。例如教师在小班数学教育活动"可爱的圆形宝宝"中写的目标为"发展幼儿的观察能力",这一目标可在很多数学活动中涉及,对本次活动内容针对性不强,将目标修改为"寻找发现教室里的圆形物品,并能正确描述",这一目标在活动中是具体可见的幼儿行为,便于教师判断目标的达成情况。

最后,在目标表述上,应将幼儿作为行为主体,从幼儿的角度进行表述,表述主语通常可以省略,例如"知道三角形的基本特征"。

(四)活动准备的设计

活动准备一般包括幼儿的经验准备、物质材料准备、环境准备等。

幼儿的经验准备是指幼儿对要进行的数学活动已有相关的知识经验。活动前,教师要分析幼儿相关知识经验的准确情况,如果欠缺,教师应通过其他方式提前丰富幼儿的经验。例如,教师在开展小班数学教育活动"有趣的圆形宝宝"之前,可以让家长带着幼儿找一找生活中的圆形物品。

物质材料准备一般包括教具和学具。教具是指教师在数学教育活动中,向幼儿演示讲解所用的各种直观材料。学具是幼儿在数学活动中操作、摆弄和练习用的各种直观材料。例如,幼儿玩具、日常生活用品、可利用的各种自然物、废旧物品,以及专门用于数学活动的教学用具、图片卡片等。教师在准备物质材料时应注意,若是演示用的教具都应做得大而颜色鲜艳,若是幼儿操作用的学具应小些而且易于操作,物质材料的数量应满足活动需要,符合卫生和安全要求。

环境准备是指根据活动需要在活动室布置一定的物质环境,如"森林王国大冒险"布置森林的环境,能让幼儿更快地进入游戏情境,提高幼儿活动的积极性。同时,教师应为幼儿创设宽松、和谐、安全、自由的心理环境,让幼儿愿意积极主动地参与活动,能够大胆交流与表达。

(五)活动过程的设计

活动过程是活动设计的主体部分,在结构上可以分为活动开始、活动展开和活动结束三个部分。

活动开始也称为活动导入,可以选用不同的导入方式吸引幼儿的注意,激发幼儿的活动兴趣,引出活动内容。导入时间不宜过长,要有趣而自然。常用的导入方式有情境导入、图片导入、提问导入、谈话导入、游戏导入、故事导入、音乐导入等。

活动展开是教师根据活动目标,确定活动重点和难点,并以此安排活动的基本步骤、顺序、策略等,往往包含几个环节,帮助幼儿逐步学习新的内容,并进一步练习和巩固。活动环节的过渡要自然,要循序渐进,突出重点,突破难点,引导幼儿在操作探索中获得发展。操作结束后,教师要注意引导幼儿通过讨论、交流、分享等方式归纳整理在活动中获得的数学感性经验,使幼儿获得的知识系统化。

活动结束主要是教师引导幼儿对活动内容进行总结归纳、强化巩固、迁移经验,从而圆满结束活动,使幼儿意犹未尽,对下次活动充满期待。活动结束可以是总结式结束、练习式结束、游戏式结束等。

(六) 活动延伸的设计

活动延伸是指这个活动与下一个活动之间的联系。在幼儿园数学教育活动中,活动之间的联系是十分紧密的,通常前一个活动所获得的知识经验和技能,将成为后一个活动的基础和准备。数学教育活动延伸的主要形式有:延伸到数学区角及其他区角活动、其他领域的教学活动、日常生活、游戏活动、家园合作等。

大班数学教育活动:小小商店(层级分类)①

【设计意图】

大班幼儿的分类能力虽然有了很大的提高,但是对研究事物的各种特征以及掌握事物的一些本质特征的能力仍然较弱。目前,需要通过多次的分类活动,来帮助提高大班幼儿概括、比较、分析的能力。为此,我们结合季节特点,选择幼儿感兴趣的材料,以小组合作的形式,让幼儿在合作讨论中学习分析事物的特征,寻找多种分类方法,从而发展幼儿的观察能力、比较能力和抽象概括能力。

【活动目标】

1. 了解层级分类的特点。
2. 能够根据事物的不同特征进行层级分类,并用符号进行记录。
3. 感知分类活动的乐趣,愿意主动与他人合作交流。

【活动准备】

1. 经验准备:进行过按特征标记分类并计数的活动,有过设计标记的经验。
2. 物质准备:大小、颜色、款式不同的帽子、围巾、手套和衣服,每组一张大纸、一支笔。

【活动过程】

(一) 学习将物品按类摆放

以小熊开商店的游戏引出分类的要求。

师:小熊要开一家商店,它购买了很多货物,你们看,都有些什么?你们会不会把一样的货物摆在一起?(教师引导幼儿将相同的物品摆放在一起)

幼儿操作后与教师共同检查物品是否按类摆放。

(二) 学习将分类后的物品按其特征进行再次分类

1. 教师引导幼儿比较其中一类物品之间的差异(以帽子为例)。

师:这个柜台里放的是什么?他们一样吗?哪里不一样?(引导幼儿从帽子的大小、款式、颜色、材料等方面加以比较)

---

① 李军华.学前儿童数学教育活动指导[M].西安:陕西师范大学出版社,2013,有改动。

2. 幼儿分组,将各种物品按照它们的具体特征再次分类,并记录。

师:小熊还想请小朋友把每个柜台里的物品按不同的特点再分一分,这次每一组的小朋友要在一起讨论,并按商量好的方法进行分类。分好后,大家数一数每份有多少,用简单的标记来记录。想一想怎样记录才能让别人看出你们分的是什么、是按什么分类的、每份有多少?

3. 幼儿操作,教师指导。

教师观察幼儿的操作,并随机指导幼儿在一次分类中只能使用同一标准,不能同时使用多种标准。只有在分类完成后,才能用其他标准再一次分类。

此外,教师还可以适当地启发幼儿运用多种标记进行记录,以鼓励他们的创造性思维。

(三)小组展示评价

1. 展示幼儿的记录单,集体讨论。

引导全体幼儿对各组的记录单进行讨论。看看这些记录是否能让别人清楚分的是什么、是按什么分的、每份各有多少。

2. 根据记录单引导幼儿回忆:今天我们做了一件什么事、先怎么分、再怎么分,帮助幼儿体会层级分类。

【活动延伸】

在数学区角中投放形状、颜色、大小不一的卡片若干,引导幼儿尝试用多层级分类的方法分卡片,并记录分类结果。

二、幼儿园数学教育活动的实施要点

在实施幼儿园数学教育活动时,教师首先应坚持以促进每个幼儿的全面发展为目标,注意活动实施中目标的全面性和内容的完整性,找准幼儿数学发展的最近发展区,顺应幼儿的现有数学发展水平,通过活动促进幼儿向更高水平发展。活动中,关注幼儿数学学习的个体差异,为幼儿提供不同难度的数学操作材料,时刻观察每个幼儿的操作情况,必要时对幼儿进行个别指导,最终促进每个幼儿的数学学习与发展。

其次,活动中突出幼儿的主体地位,注重发挥幼儿的主观能动性。教师要相信幼儿是有能力的,能够积极主动地探索和表征对生活中数学问题的理解。现代社会所需要的人是具有自主意识和批判意识、独立能力和创新能力的人,重视培养和发展幼儿的主观能动性、独立性和创造性是顺应现代社会需求和教育发展趋势的必然选择。幼儿虽然因自身经验和能力不足需要被动依赖成人,但他们一直在以自己的方式积极主动地与周围环境互动。因此,在数学教育活动中,教师应最大限度地调动幼儿的已有数学经验,让幼儿说,让幼儿做,培养和发挥幼儿的主观能动性、独立性和创造性,引导幼儿在操作的基础上主动探索和思考,不断建构自身的数学经验,促进幼儿思维能力的发展。

最后,教师应保证数学教育内容的严谨性和系统性。教师引导幼儿掌握的数学概念必须是正确的,这要求教师必须做好自身的数学经验准备,在活动中注意语言的严谨性和合理性,描述含糊不清、错误解释等都会误导幼儿。操作材料是幼儿理解数学的关键,应确保其能正确地呈现数学概念,不会引发歧义,如引导幼儿按照颜色分类时,操作材料就应该排除形状、大小等无关因素。教师选择的教学内容应符合幼儿数学学习的规律,如学习加减运算之前应先学习数的组成。

三、幼儿园数学教育活动的评价

幼儿园数学教育活动评价的主要目的是及时了解数学教育活动的效果,帮助教师改进教学活动,总结教学经验,提升教学能力,促进教师的专业发展。事实也证明,每一次的评价都对下一阶段教育活动具有积极的促进作用。幼儿园数学教育活动评价一般包括两方面的内容:一是评价教师的教学行为,即教师是怎样教的;二是评价幼儿的学习行为,即幼儿在活动中的学习表现。本章主要关注教师的教学行为评价,可以分为教师的教学素养评价和数学教育活动实施评价。其中,教师的教学素养评价具体包括教师的基本素养、教学理念、教学语言、教学能力等的评价,数学教育活动实施评价具体包括对数学教育活动目标、活动内容、活动准备、活动方法、活动过程等的评价。

(一) 教师的教学素养评价

1. 基本素养评价

评价标准:

(1) 教师仪容仪表整洁干净。

(2) 教态亲切、大方,具有教学热情。

2. 教学理念评价

评价标准:

(1) 教学能够较好地体现教师主导、幼儿主体的教育思想。

(2) 教学设计体现生活化的特点。

(3) 注重培养幼儿的数学思维和数学能力以及学习方法。

(4) 注重启发幼儿思考与操作。

(5) 尊重个体差异,为每个幼儿提供参与的机会。

3. 教学语言评价

评价标准:

(1) 具有科学的数学知识,教师数学语言规范、合理。

(2) 语言表达清楚流畅、简单明了。

(3) 提问语具有启发性,小结语内容明确,指导语具体清楚,评价语丰富、针对性强。

(4) 配合适当的肢体语言。

4. 教学能力评价

评价标准:

(1) 合理设计与组织教学活动。

(2) 能有效地运用现代化信息技术。

(3) 能较好地处理偶发事件。

(二) 数学教育活动实施评价

1. 数学教育活动目标评价

评价标准:

(1) 目标设计科学合理,主要包括:第一,目标适合本班幼儿的年龄特点和身心发展水平,考虑幼儿的"最近发展区",具有一定的挑战性,过易和过难都不适宜;第二,目标设计全面,从认知、情感态度、动作技能三个方面表述;第三,目标表述从幼儿的学习角度表述,如能根据点卡取出正确的物品数量,即是描述了幼儿的行为变化;第四,目标表述具体、简洁、清晰、具有可操作性,如能正确使用"上下、前后"描述物体的位置,在实践活动中,教师可以通过观察幼儿是否做到而判断目标达成情况。

(2) 评价目标达成情况。大部分幼儿能根据要求完成学习任务,幼儿愿意主动参与,活动氛围热烈,幼儿能运用已有数学知识经验解决问题等,说明目标基本达成。

2. 数学教育活动内容评价

评价标准:

(1) 活动内容与活动目标相一致,内容容量适宜。

(2) 活动内容能够引导幼儿亲身参与、积极探索。

(3) 活动内容符合幼儿的认知发展水平,利于促进幼儿的思维发展。

(4) 活动内容紧密联系幼儿生活,内容选择来源于幼儿的现实生活。

3. 数学教育活动准备评价

评价标准:

(1) 幼儿的经验准备评价:教师能够关注幼儿的已有经验,当幼儿经验缺乏时,教师会提前通过其他方式丰富幼儿的经验,从而为幼儿顺利参加接下来的数学活动做好相应的经验准备。

(2) 物质材料准备评价:教师为幼儿提供便于操作的直观、形象、生动的物质材料,材料的类型选择恰当,跟数学任务相匹配,材料具有层次性,材料的数量考虑到幼儿的人数,材料的摆放有利于幼儿拿取,能在适当的时机呈现材料等。

(3) 环境准备评价:能够根据活动需要布置一定的物质环境,同时,创设宽松、和谐、安全、自由的心理环境。

4. 数学教育活动方法评价

评价标准:

(1) 适合幼儿的年龄特点。

(2) 多种教学方法相结合。

(3) 以幼儿为中心,体现幼儿的主体性。

(4) 能有效实现活动目标。

5. 数学教育活动过程评价

评价标准:

(1) 活动过程结构严密、有逻辑性、层次清晰。

(2) 活动导入能够有效引出主题,激发幼儿参与活动的兴趣。

(3) 活动开展能够围绕活动目标,将活动内容层层递进。

(4) 活动结束能够引导幼儿归纳和整理活动内容。

(5) 整个活动过程中,环节过渡和衔接自然、流畅,环节时间分配合理。

(6) 活动过程组织突出重难点。

(7) 活动组织形式丰富多样。

(8) 活动过程中充分体现了师幼互动、幼幼互动,尊重幼儿的个体差异。

大班数学教育活动:学习 5 的减法①

【设计意图】

本班幼儿在前期的数学学习中,已经掌握了 5 以内数的组成形式,理解整体与部分之间的相互关系,为学习 5 的减法打下了良好的基础。因此,本次活动设计首先引导幼儿复习 5 的组成,接下来通过创设问题情境、提供材料,使幼儿在自主操作的过程中学习 5 的减法,培养幼儿的观察、比较、操作、交流能力,促进幼儿数学思维品质的发展。

【活动目标】

1. 理解 5 的减法的含义。

2. 能运用数的组成学习 5 的减法,并能列式运算。

3. 在游戏中体验数学活动的乐趣。

【活动准备】

1. 经验准备:已熟练掌握 5 以内数的组成形式。

2. 物质准备:小兔子、小猫、小猪和小猴的图片若干,胡萝卜、鱼、桃子的图片若干,数字卡片,符号卡片(加号、减号和等号)。

【活动过程】

(一) 复习 5 的组成

师:森林里要举行一年一度的智力竞赛,需要小动物发挥自己的智慧,连续闯关,谁能闯关成功,谁就能够获得"智力之星"的称号。

教师交代规则:每个小动物身上都贴有数字,请小动物根据自己身上的数字,找到相应的数字组成"5",找到以后粘在一起。(小动物身上的数字可以进行交换,反复练习 5 的组成)

小结:小动物都能根据要求找到自己的伙伴,成功闯入第二关。

(二) 学习 5 的减法

1. 幼儿自主探究。

师:小兔子一共有 5 个蘑菇,放在一个篮子里太沉了,拿不动。它想把 5 个蘑菇放在 2 个篮子里,请小动物动脑筋想一想,怎样把 5 个蘑菇放在 2 个篮子里。小动物需要自己探索,有几种方法呢?

幼儿自己动手操作,把 5 个蘑菇放到 2 个篮子里,教师记录幼儿操作的结果。

2. 鼓励幼儿与同伴交流自己操作的过程与结果。

---

① 徐莹莹.幼儿园数学教育与活动指导[M].南京:南京师范大学出版社,2018,有改动.

例如：小兔有5个蘑菇，如果一个篮子放3个蘑菇，另一个篮子应该放几个蘑菇？(2个)对了，因为5可以分成?(3和2)怎样列减法算式?(5-3)列出算式，得数是多少?(2)

3. 教师逐一演示5的其他分解方法，并且列出算式。

小结：小动物帮助小兔子解决了这个难题，小兔子非常高兴。小动物已经成功闯过第二关，让我们进入第三关吧！

(三)游戏"找食物"，复习巩固5的减法

1. 介绍游戏玩法。

小猪的肚子饿了，想请小动物帮他找食物。但是食物由山羊爷爷看管，只有答对山羊爷爷出的算式题，才能够得到食物。例如，5-1=4。如果你答对了，山羊爷爷会给你4个食物，以此类推。

2. 幼儿开始找食物。

幼儿各自选择一个算式题，告诉山羊爷爷答案，答对可以取走相应的食物。

教师小结：小动物都非常聪明，能够连闯三关。所以所有的小动物都会获得"智慧之星"的称号。

【活动延伸】

将材料投放到数学区，供幼儿继续自主操作探索。

【活动评价】

教师创设了生动有趣的数学情境，为幼儿提供了直观的、可操作的材料，引发幼儿在观察、探索、动手操作中领会抽象的数学知识，充分调动了幼儿参与学习的兴趣。

1. 运用"动物闯关"的情境，引发幼儿学习"5的减法"。

教师以"闯关"作为数学活动的一条主线，激发了幼儿参与活动的主动性和积极性。幼儿在闯关的过程中既学习了数学知识，又体验到了成功感和学习的乐趣。

2. 重视学习的过程，激发幼儿探索数学的欲望。

如"小兔子分蘑菇"的环节，教师引导幼儿通过自己动手操作，运用5的分解的知识学习5的减法。同时，教师鼓励幼儿大胆表述自己的操作发现，借助语言的梳理，加深了幼儿对知识的理解。

3. 通过游戏，进一步巩固"5的减法"的学习经验。

游戏是幼儿最喜欢的活动，幼儿在教师创设的数学游戏中，巩固了在本次活动中所学到的知识，体现了玩中学、学中玩的理念。

请根据数学活动目标"能够用一一对应的方法比较两组物体的多、少和一样多"，设计一节小班数学教育活动方案，要求设计逻辑清晰、格式完整。

第七章 幼儿园社会教育活动设计与指导

本章概要

幼儿社会领域的学习与发展过程是其社会性不断完善并奠定健全人格基础的过程,幼儿园社会教育活动对于幼儿社会化发展有着重要的促进作用。本章主要内容包括幼儿园社会教育的基本理论,幼儿园社会教育的活动目标、内容、方法,重点介绍了幼儿园社会教育领域中的集体教学活动设计,为在实践中科学开展社会教育活动、提高社会教育活动的质量提供坚实的理论支撑。

知识框架

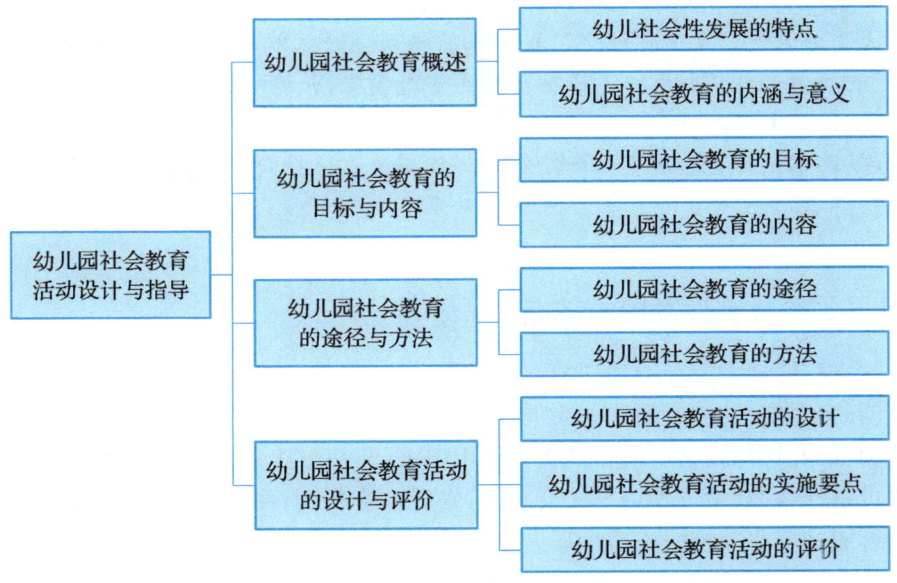

学习目标

知识目标:1. 了解幼儿社会性发展和幼儿园社会教育的内涵与意义。

　　　　　　2. 掌握幼儿园社会教育目标的结构和幼儿园社会教育的内容。
能力目标：1. 掌握并灵活运用幼儿园社会教育的方法和途径。
　　　　　　2. 能够设计并组织幼儿园社会教育活动。
情感目标：1. 加深对自身社会价值观和道德素养的认知，提高行为规范意识。
　　　　　　2. 能够正确认识自我，进行有效的自我激励，亲近社会，学会关心尊重他人等人际交往技能。

第一节　幼儿园社会教育概述

　　陶陶的爸爸去外地出差时买了一袋糖果，让陶陶分给幼儿园的老师和小朋友尝一尝。陶陶早晨来到幼儿园，很高兴地请大家吃爸爸带来的糖果，受到了老师的表扬。老师对全班小朋友说："好东西就应该大家分享。"几天以后，陶陶的同桌红红在自由活动时拿出一块巧克力。陶陶看见了就说："给我吃一口。"红红不给，陶陶说："老师说了，好东西要大家分着吃。上回你还吃了我带来的糖果呢。"红红还是坚持不给，陶陶说："你不给，我去告诉老师。"红红一下子把巧克力塞进嘴里，并边吃边向陶陶示威。陶陶更生气了，立刻去找老师告状。

　　思考：陶陶的说法正确吗？陶陶和红红的行为有什么问题？如果你是老师，你会怎么处理这件事？

一、幼儿社会性发展的特点

　　"社会性"概念主要在心理学的教学研究中使用，关于社会性这个概念，已有很多学者从不同的角度对其进行阐述。在吸收和借鉴前人研究的基础上，本书将幼儿的社会性定义为：幼儿在与社会生活环境相互作用中，逐渐掌握社会规范，学习社会技能，形成社会角色，获得社会价值和培养社会态度，发展社会行为，由自然人发展为社会人的过程中所形成的那些独特的心理特征。

（一）幼儿社会认知的发展特点

　　幼儿的社会认知并不是与生俱来的，是受到生物因素与社会因素等共同作用的结果，是随着年龄的变化而发展变化的，是一个逐步区分认识社会性客体的过程。

1. 自我意识的发展特点

　　自我意识是从幼儿3岁左右开始产生的，此时的幼儿开始区分自己与他人，意识到自己的存在。3—4岁的幼儿可以简单介绍自己的姓名、年龄;4—5岁的幼儿会用一些形容词描述自己是什么样的人;5—6岁的幼儿能进行一些简单的自我评价等。

2. 社会规范认知的发展特点

3—4岁的幼儿已经有了初步的社会规则意识,能够做简单的道德判断,但忽略事物背后的动机;4—5岁的幼儿知道更多的社会规范,开始能够体会他人的情绪反应;5—6岁的幼儿能够从事物背后的动机来进行道德判断,但会受到权威的影响。

3. 社会角色认知的发展特点

3—4岁的幼儿对社会角色的认知主要受生活环境的影响,只停留在外显行为上,具有了性别的稳定性认识;4—5岁的幼儿能够对社会角色之间的关系进行认知,并开始形成基本概念,出现传统性别类型的社会行为;5—6岁的幼儿对成人的社会角色认知更加深刻和细致,性别的恒常性开始发展。

(二) 幼儿社会情感的发展特点

社会情感是指伴随整个社会心理过程产生的心理体验和心理感受,是一种特殊的社会心理过程。包括情绪、依恋感、愉快感、同情心和责任感等。

道德情感是人的道德需要是否得到满足所引起的一种内心体验,主要包括移情、羞愧感和内疚感。3岁左右的幼儿已经初步具备了同情心、责任感、互助感等道德情感。随着社会认知的发展,幼儿逐步将自己的行为和社会道德规则联系在一起,可以分清自己和他人的不同情绪情感,判断行为发生的结果。3岁是羞愧感产生和发展的一个重要时期,小班处于萌芽,中班初步发展,大班会在行为发生之前认识到行为引发的羞愧情绪。归属感是指个体自觉被别人或团体认可与接纳时的一种情感体验。

3岁左右幼儿的归属感主要是对家人、家庭的依恋,在相对陌生的环境会表现出紧张、焦虑等情绪;进入幼儿园,幼儿在集体生活中逐步形成对幼儿园和集体的归属感,喜欢自己的班级,喜欢参与集体活动;5—6岁幼儿的归属感主要是对集体的归属感和对国家民族的归属感,并表现得更为自主。

(三) 幼儿社会行为的发展特点

1. 幼儿亲社会行为的发展特点

亲社会行为是指有利于社会和他人的行为,如合作、分享、同情、谦让等。幼儿亲社会行为的发展是一个从他律到自律的过程。3—4岁的幼儿不具备观点采撷能力,多以自我为中心,但知道不争抢玩具;4—5岁的幼儿能注意并理解他人的情感,开始有共同活动,出于对社会规范的遵从产生帮助。5—6岁的幼儿能够体会他人情感的需要,愿意和大家分享,自发地产生利他行为。

2. 幼儿攻击性行为的发展特点

幼儿的攻击性行为是指当需求得不到满足,或者自己的权利受到损害时,幼儿出现的身体上、言语上的攻击等侵犯行为。3—4岁的幼儿,对同伴攻击自己之后的报复性反攻击反应明显减少,多为行为攻击;4—5岁的幼儿,非指向性的发脾气行为已不常见,但攻击性行为达到顶峰,开始出现言语攻击;5—6岁的幼儿,言语攻击逐渐增多,推打、招惹行为较多,开始出现关系攻击。此外,男孩比女孩更具身体攻击倾向。

昊昊是一名大班的男生,一直受到班上老师和小朋友们的欢迎。每次活动,都能积极配合老师,也总是像大哥哥一样照顾其他的小朋友。在幼儿园和平时的生活中很少看到他与其他小朋友发生不愉快,小朋友们总是愿意和他一起做游戏。

分析:昊昊小朋友的表现是幼儿社会性发展中的同伴交往特点属于受欢迎型的幼儿。这种类型的小朋友在行为表现上十分积极、友好,不爱与其他幼儿发生矛盾,因此几乎没有出现消极行为,如争执、大声哭喊等;动手能力较强,语言能力也较为突出,乐于并善于与人交往。对于幼儿的同伴交往,我们要从家庭、幼儿园两大方面进行培养,加强家园共育。家长应该关注并重视幼儿与同伴之间交往的发展,与自己的孩子建立起富有安全感的依恋关系,更新教育观念。幼儿园方面,教师应该多了解幼儿,为幼儿营造良好的交往环境,为幼儿的同伴交往树立正确的观念并对其进行积极指导,及时与家长沟通,提高幼儿同伴交往的能力。

二、幼儿园社会教育的内涵与意义

(一) 幼儿园社会教育的内涵

关于幼儿园社会教育的内涵,虽然学者们的表述不同,但是都有一致的目标,就是促进幼儿社会性的发展,包含社会认知、社会情感和社会行为等方面的内容,以及可以通过多种途径开展的教育活动。在本书中将幼儿社会教育定义为:以发展幼儿社会性为主要目标,采用多种途径、多种组织形式、多种方法对幼儿的社会认知、社会情感和社会行为进行的有目的的教育活动。

(二) 幼儿园社会教育的意义

幼儿期是儿童个性初步形成的关键时期,社会性发展是幼儿社会化进程中的重要组成部分,也是幼儿个性发展的核心,对于儿童健全发展起着不可或缺的作用。幼儿社会性的发展可以加快幼儿社会化的进程,使幼儿成为能够适应社会生活的社会人,因此,幼儿园社会教育对于幼儿个人和社会发展都具有重要意义。

1. 提高幼儿社会性发展水平

在幼儿园,通过有目的的社会教育活动,在幼儿与老师、同伴和父母的交往中,幼儿慢慢正确认识自己,知道自己与别人的不同,逐渐尊重他人、理解他人,克服自我中心;在幼儿园社会教育活动中,幼儿学会控制自己的情感,发展独立性和解决问题的能力,从而获得基本的社会交往技能,更好地适应社会生活。

2. 培养幼儿健全人格

幼儿园教育的目的就是要促进幼儿德智体美的和谐发展,幼儿园社会教育活动作为五大领域活动之一,其重要的价值就是帮助幼儿形成健全的人格,让幼儿获得全面、完整的发展。健全的人格由个性和社会性的和谐发展来支撑，幼儿社会教育促进幼儿认知、情感和意志的完整发展，不仅能够提高幼儿的社会性发展水平，也有利于建构幼儿良好的个性。

3. 传递社会文化

幼儿园社会教育活动通过引导幼儿掌握我国优秀的传统文化内容来实现文化的传承。通过社会教育，幼儿能够更好地了解多元文化，实现文化的传递和改造，从而创造新的文化来实现文化的发展。任何社会成员都要掌握、保存和延续前人创造的社会文化，幼儿园社会教育活动有助于幼儿掌握基本的社会规范，有利于社会文化的保存与延续。

真题链接

幼儿如果能够认识到他们的性别不会随着年龄的增长而发生改变，说明他已经具有了（　　）。(2015年上半年《保教知识与能力》)

A. 性别倾向性　　　　　　　　　　B. 性别差异性
C. 性别独特性　　　　　　　　　　D. 性别恒常性

拓展阅读

相关核心概念的界定

1. 社会性的概念

社会性是由其稳定的内部结构和通过遗传与环境因素相互作用而形成的那些特征(Bergan,1976)；

社会性是人们在社会交往中处理人际关系时表现出的心理特征(陈帼眉)；

社会性发展是指儿童在与他人的关系中表现出来的行为模式、情感、态度和观念及这些随着年龄而发生的变化(张文新)。

2. 幼儿社会教育的概念

幼儿社会教育是对幼儿进行社会认知、社会情感、社会行为等方面的教育，具体说来是指帮助幼儿正确认识自己、他人和社会，形成积极的自然情感和社会情感，掌握与同伴、成人相互交往以及与周围环境相互作用的方式，以使幼儿能有效地在社会中生存与发展的教育(李生兰)。

3. 幼儿社会性的概念

幼儿社会性发展包括学习社会性情绪、对父母和亲人的依恋、气质、道德感和道德标准、自我意识、性别角色、亲善行为、对自我和攻击性的控制、同伴关系等(墨森)；

幼儿的社会性包括儿童的自我意识、气质、同伴关系、社会认识、社会性情绪、社会行为、社会技能、道德行为与道德体验、自我控制能力、攻击性、独立性、亲子关系、家庭教育方式对儿童社会性发展的影响等(陈会昌);

也有很多学者认为,幼儿社会性发展的主要内容有:亲子关系、同伴关系、性别角色、亲社会行为、攻击性行为。

第二节 幼儿园社会教育的目标与内容

小李老师是一名幼儿园新入职的教师,理论知识丰富,对幼儿社会性发展的内容也很熟悉。但是在开展幼儿园社会教育活动的时候,她总是困惑如何有效地根据不同年龄阶段幼儿的特点进行活动设计,以及如何制定幼儿的社会性发展的目标,如何选择内容。

思考: 高质量的幼儿园社会教育活动应该是怎样的?作为未来的幼儿教师,你有什么想法?

一、幼儿园社会教育的目标

目标是实施教育活动的方向和准则,是教育活动的核心。有了明确的目标,我们才能在教育的过程中选择合适的内容,采用适当的方式,合理地评价幼儿园社会教育的效果。

(一)幼儿园社会教育目标制定的依据

1. 社会的现实发展和需要

幼儿园社会教育目标的制定要以幼儿生活的现实社会为依据,考虑政治、经济和文化等社会现实条件,关注社会的发展,反映社会的需要和愿望。幼儿园社会教育目标的确定必须从社会发展的宏观角度出发,考虑未来社会对人才的新要求,反映社会的愿望,关注社会的变化,关注社会的发展和世界的发展。

2. 幼儿的发展特点和需要

不同年龄阶段的幼儿具有不同的社会性发展特点,幼儿社会教育目标的制定不仅要考虑幼儿发展的阶段性,制定的目标要符合幼儿发展水平,同时,也要考虑幼儿发展的连续性,由浅入深地开展活动。此外,幼儿的社会性发展会受到遗传、环境、教育、家庭以及幼儿自身个性特点等多种因素的影响,幼儿的社会性发展会表现出明显的个体差异性。

3. 学科的发展特点和需要

幼儿的社会学习具有随机性与无意性、长期性和反复性,以及情感体现和强化的特点。幼儿园社会教育的内容是以幼儿的经验为主体构建的,其内容涉及众多学科,有历史学、地理学,也有人类学、经济学等。因此,在确定幼儿园社会教育活动的目标时,需要考虑每一个学科的基本目标,以最基本、最启蒙的形式体现在幼儿园社会教育活动的目标中。

(二)幼儿园社会教育目标的结构

幼儿园社会教育目标既是学前教育总目标的有机组成部分,又要体现社会教育的特殊要求。根据教育目标的概括性程度,可以将幼儿园社会教育的目标分为三个层次,即幼儿园社会教育的总目标、幼儿园社会教育的年龄阶段目标、幼儿园社会教育的具体活动目标。

1. 幼儿园社会教育的总目标

幼儿园社会教育的总目标是社会所期望的最终结果,是幼儿社会领域培养目标的最准确的概括,它保证了幼儿社会教育的方向。

2001年,教育部颁发的《幼儿园教育指导纲要(试行)》中对幼儿园社会领域的总目标表述如下:

(1)能主动地参与各项活动,有自信心。
(2)乐意与人交往,学习互助、合作和分享,有同情心。
(3)理解并遵守日常生活中基本的社会行为规则。
(4)能努力做好力所能及的事,不怕困难,有初步的责任感。
(5)爱父母长辈、老师和同伴,爱集体、爱家乡、爱祖国。

2. 幼儿园社会教育的年龄阶段目标

幼儿园社会教育的年龄阶段目标是对幼儿园各年龄阶段幼儿社会性发展的具体要求,也是总目标在各个年龄阶段上应达到的教育效果的具体体现。在《指南》中分别针对3—4岁、4—5岁、5—6岁三个年龄阶段末期幼儿的社会性发展,提出了可以到达的发展水平的合理期望。不同年龄阶段的幼儿,对其社会性发展的要求不同,所要达到的目标也就不同,从小班到大班,在目标的表述上有明显的差异,体现了不同年龄的身心发展特点。

(1)人际交往

目标1　愿意与人交往

3—4岁	4—5岁	5—6岁
1. 愿意和小朋友一起游戏。 2. 愿意与熟悉的长辈一起活动。	1. 喜欢和小朋友一起游戏,有经常一起玩的小伙伴。 2. 喜欢和长辈交谈,有事愿意告诉长辈。	1. 有自己的好朋友,也喜欢结交新朋友。 2. 有问题愿意向别人请教。 3. 有高兴的或有趣的事愿意与大家分享。

目标 2　能与同伴友好相处

3—4 岁	4—5 岁	5—6 岁
1. 想加入同伴的游戏时,能友好地提出请求。 2. 在成人指导下,不争抢,不独霸玩具。 3. 与同伴发生冲突时,能听从成人的劝解。	1. 会运用介绍自己、交换玩具等简单技巧加入同伴游戏。 2. 对大家都喜欢的东西能轮流、分享。 3. 与同伴发生冲突时,能在他人帮助下和平解决。 4. 活动时愿意接受同伴的意见和建议。 5. 不欺负弱小。	1. 能想办法吸引同伴和自己一起游戏。 2. 活动时能与同伴分工合作,遇到困难能一起克服。 3. 与同伴发生冲突时能自己协商解决。 4. 知道别人的想法有时和自己不一样,能倾听和接受别人的意见,不能接受时会说明理由。 5. 不欺负别人,也不允许别人欺负自己。

目标 3　具有自尊、自信、自主的表现

3—4 岁	4—5 岁	5—6 岁
1. 能根据自己的兴趣选择游戏或其他活动。 2. 为自己的好行为或活动成果感到高兴。 3. 自己能做的事情愿意自己做。 4. 喜欢承担一些小任务。	1. 能按自己的想法进行游戏或其他活动。 2. 知道自己的一些优点和长处,并对此感到满意。 3. 自己的事情尽量自己做,不愿意依赖别人。 4. 敢于尝试有一定难度的活动和任务。	1. 能主动发起活动或在活动中出主意、想办法。 2. 做了好事或取得了成功后还想做得更好。 3. 自己的事情自己做,不会的愿意学。 4. 主动承担任务,遇到困难能够坚持而不轻易求助。 5. 与别人的看法不同时,敢于坚持自己的意见并说出理由。

目标 4　关心尊重他人

3—4 岁	4—5 岁	5—6 岁
1. 长辈讲话时能认真听,并能听从长辈的要求。 2. 身边的人生病或不开心时表示同情。 3. 在提醒下能做到不打扰别人。	1. 会用礼貌的方式向长辈表达自己的要求和想法。 2. 能注意到别人的情绪,并有关心、体贴的表现。 3. 知道父母的职业,能体会到父母为养育自己所付出的辛劳。	1. 能有礼貌地与人交往。 2. 能关注别人的情绪和需要,并能给予力所能及的帮助。 3. 尊重为大家提供服务的人,珍惜他们的劳动成果。 4. 接纳、尊重与自己的生活方式或习惯不同的人。

(2) 社会适应

目标 1　喜欢并适应群体生活

3—4 岁	4—5 岁	5—6 岁
1. 对群体活动兴趣。 2. 对幼儿园的生活好奇,喜欢上幼儿园。	1. 愿意并主动参加群体活动。 2. 愿意与家长一起参加社区的一些群体活动。	1. 在群体活动中积极、快乐。 2. 对小学生活有好奇和向往。

目标2　遵守基本的行为规范

3—4岁	4—5岁	5—6岁
1. 在提醒下,能遵守游戏和公共场所的规则。 2. 知道不经允许不能拿别人的东西,借别人的东西要归还。 3. 在成人提醒下,爱护玩具和其他物品。	1. 感受规则的意义,并能基本遵守规则。 2. 不私自拿不属于自己的东西。 3. 知道说谎是不对的。 4. 知道接受了的任务要努力完成。 5. 在提醒下,能节约粮食、水电等。	1. 理解规则的意义,能与同伴协商制定游戏和活动规则。 2. 爱惜物品,用别人的东西时也知道爱护。 3. 做了错事敢于承认,不说谎。 4. 能认真负责地完成自己所接受的任务。 5. 爱护身边的环境,注意节约资源。

目标3　具有初步的归属感

3—4岁	4—5岁	5—6岁
1. 知道和自己一起生活的家庭成员及其与自己的关系,体会到自己是家庭的一员。 2. 能感受到家庭生活的温暖,爱父母,亲近与信赖长辈。 3. 能说出自己家所在街道、小区(乡镇、村)的名称。 4. 认识国旗,知道国歌。	1. 喜欢自己所在的幼儿园和班级,积极参加集体活动。 2. 能说出自己家所在地的省、市、县(区)名称,知道当地有代表性的物产或景观。 3. 知道自己是中国人。 4. 奏国歌、升国旗时能自动站好。	1. 愿意为集体做事,为集体的成绩感到高兴。 2. 能感受到家乡的发展变化并为此感到高兴。 3. 知道自己的民族,知道中国是一个多民族的大家庭,各民族之间要互相尊重,团结友爱。 4. 知道国家一些重大成就,爱祖国,为自己是中国人感到自豪。

3. 幼儿园社会教育的具体活动目标

幼儿园社会教育的具体活动目标是通过某次教育活动使幼儿获得某些社会性发展的期望,一般是由教师制订的,是通过一定的方法和途径可以直接实现的目标,可操作性强。活动目标是最具体的目标,是单元目标的具体化和展开,需要对应上层次的目标,与其保持一致,也是实现上层次目标的基本保障。

幼儿社会教育的具体活动目标是下位目标,灵活性较强,制订时要清晰、准确,避免过于笼统和抽象;同时要求具体可操作,有时需要在一次活动中实现,有时也可以在一组相近的活动中实现。此外,要根据幼儿的身心发展特点、已有的发展水平、幼儿园的实际情况,以及活动的内容和性质,来制订具体的活动目标。

案例呈现

中班社会教育活动"我长大了"

【活动目标】

1. 让幼儿知道长大了应该自己的事情自己做。

2. 培养幼儿的自我服务意识。

3. 发展语言表达能力。

分析：该活动制定的目标存在的问题：首先，目标表述主体不统一，没有体现以幼儿为中心的教育理念。其次，过于笼统，操作性不强。最后，目标制定层次结构不清晰，技能目标不突出。

二、幼儿园社会教育的内容

幼儿园社会教育的内容是实现教育目标的重要载体和保证，是幼儿园教师设计和实施社会教育活动的主要依据。

（一）幼儿园社会教育内容选择的依据

1. 幼儿园社会教育目标

幼儿园社会教育的内容需要根据幼儿园社会教育的目标来选择，内容是目标实现的保证和手段。《纲要》在提出幼儿社会教育的总目标之后，明确提出了幼儿社会教育的内容及实施要求。《指南》中细化的各个年龄阶段的社会教育目标也为幼儿社会教育的内容明确了方向。

2. 幼儿的社会需求

幼儿园社会教育内容的选择，应该反映幼儿所处的社会生活现实与发展变化，选择贴近幼儿生活的社会性知识与技能，丰富幼儿的社会情感，促进幼儿社会行为的养成的内容。

3. 幼儿的身心发展特点

幼儿的身心发展特点是幼儿园社会教育内容选择的内在依据。幼儿园社会教育内容的选择应该尊重幼儿的身心发展规律和学习特点，考虑不同儿童的发展水平，选择适宜的内容。

4. 社会教育相关学科知识的特点

幼儿园社会教育内容的选择需要依据社会教育相关学科知识的特点。在选择幼儿园社会教育内容时，需要根据社会教育的总目标和幼儿的身心发展水平，考虑幼儿是否能够真正接受和理解，选择适合幼儿的最基础、最具有启蒙性的相关学科内容。

（二）《纲要》对幼儿园社会教育内容的表述

1. 引导幼儿参加各种集体活动，体验与教师、同伴等共同生活的乐趣，帮助他们正确认识自己和他人，养成对他人、社会亲近、合作的态度，学习初步的人际交往技能。

2. 为每个幼儿提供表现自己长处和获得成功的机会，增强其自尊心和自信心。

3. 提供自由活动的机会，支持幼儿自主地选择、计划活动，鼓励他们通过多方面的努力解决问题，不轻易放弃克服困难的尝试。

4. 在共同的生活和活动中，以多种方式引导幼儿认识、体验并理解基本的社会行为规则，学习自律和尊重他人。

5. 教育幼儿爱护玩具和其他物品，爱护公物和公共环境。

6. 与家庭、社区合作，引导幼儿了解自己的亲人以及与自己生活有关的各行各业人们的劳动，培养其对劳动者的热爱和对劳动成果的尊重。

7. 充分利用社会资源,引导幼儿实际感受祖国文化的丰富与优秀,感受家乡的变化和发展,激发幼儿爱家乡、爱祖国的情感。

8. 适当向幼儿介绍我国各民族和世界其他国家、民族的文化,使其感知人类文化的多样性和差异性,培养理解、尊重、平等的态度。

(三)《指南》对幼儿园社会教育内容的建议

《指南》中的幼儿园社会教育内容主要是从人际交往和社会适应两大维度进行表述的。

1. 人际交往维度:愿意与人交往

(1) 主动亲近和关心幼儿,经常和他一起游戏或活动,让幼儿感受到与成人交往的快乐,建立亲密的亲子关系和师生关系。

(2) 创造交往的机会,让幼儿体会交往的乐趣。如:利用走亲戚、到朋友家做客或有客人来访的时机,鼓励幼儿与他人接触和交谈。鼓励幼儿参加小朋友的游戏,邀请小朋友到家里玩,感受有朋友一起玩的快乐。幼儿园应多为幼儿提供自由交往和游戏的机会,鼓励他们自主选择、自由结伴开展活动。

2. 社会适应维度:喜欢并适应群体生活

(1) 经常和幼儿一起参加一些群体性的活动,让幼儿体会群体活动的乐趣。如:参加亲戚、朋友和同事间的聚会以及适合幼儿参加的社区活动等,支持幼儿和不同群体的同伴一起游戏,丰富其群体活动的经验。

(2) 幼儿园组织活动时,可以经常打破班级的界限,让幼儿有更多机会参加不同群体的活动。

(3) 带领大班幼儿参观小学,讲讲小学有趣的活动,唤起他们对小学生活的好奇和向往,为入学做好心理准备。

(四) 幼儿园社会教育内容的分类

幼儿园社会教育内容的选择不是随意的,在选择内容时有一定的依据,需要体现教育内容的科学性、现实性、发展性、教育性和适宜性等原则。本书按照目前常见的分类方式,将幼儿园社会教育的内容分成以下几类。

1. 自我意识教育

自我意识主要是个体在与外界相互作用的过程中逐渐发展起来的对自身特性以及周围事物关系的认识。自我认知、自我体验、自我调控三种心理成分构成了个体的自我意识。这三种心理成分相互影响、相互制约,统一于个体的自我意识中,共同作用于个体的思想和行为。幼儿的自我意识教育内容见表7-1。

表7-1 幼儿自我意识教育的内容分解框架

教育内容	一级分解	二级分解	三级分解	活动建议
自我意识	自我认识	自我概念	对自己表面特征的认识,包括对自己身体、面貌、性别、喜好等的认识;对自己内在的认识,包括对自己的兴趣、能力、团体中的地位以及自己家人的认识	我的小小手 我是男孩/女孩 我爱我的小宠物

(续表)

教育内容	一级分解	二级分解	三级分解	活动建议
自我意识	自我认识	自我评价	包括对自己外表、能力、纪律、体育、交往等方面的评价	我上幼儿园啦 向大家介绍我自己
	自我体验	自尊	自我尊重、自我爱护和期望他人的尊重	我爱我自己
		自信	对自己身体和能力的自信	我是能干的小宝宝
	自我控制	延缓满足	对客观世界、主观世界的要求	别人的东西我不要
		自我调节	情绪抑制、运动抑制、认知活动抑制	我是勇敢的好宝宝

2. 人际交往教育

社会交往对幼儿具有重要意义，交往经验构成了个体成长和发展的一个重要背景。在这一背景中，幼儿获得了大量的影响一生的情绪情感和态度。幼儿的社会交往包括两个范畴：一是与成人的交往，主要是指与父母和老师的交往；二是与其他幼儿的交往，主要指同伴之间的交往和技能。这些对于幼儿个体发展和社会发展都具有积极影响。

3. 社会环境与规范认知教育

在幼儿园阶段，社会环境教育主要是指引导幼儿了解自己所接触到的周围社会环境，包括对家庭的认知、对幼儿园的认知、对社会机构的认知。通过教育可以使幼儿认识机构的名称、外形、功能、相关设施和人员，从而培养幼儿爱护周围社会环境。

社会规范认知的形成是幼儿社会认知发展的一个重要方面，也是幼儿社会化的主要任务之一。幼儿对社会规范的认知主要包括道德规范、文明礼貌行为规范、公共场所行为规范、群体活动规范、人际交往规范等。

4. 社会文化教育

《纲要》中就明确指出："适当向幼儿介绍我国各民族和世界其他国家、民族的文化，使其感知人类文化的多样性和差异性，培养理解、尊重平等的态度。"为了全面而系统地进行幼儿园社会文化教育活动设计，在此将适合幼儿阶段的文化教育活动用表格的形式列出具体的内容框架，见表7-2。

表7-2 幼儿社会文化教育的内容分解框架

教育内容	一级分解	二级分解	三级分解	活动建议
社会文化	传统文化	传统节日	春节、元宵节、清明节、端午节、重阳节、冬至、腊八节、除夕等	快乐的春节 团圆中秋节 甜甜腊八粥
		传统文艺	琴棋书画、诗词曲赋、戏曲、对联、传统音乐等	我爱唱京剧 我会背古诗

续表

教育内容	一级分解	二级分解	三级分解	活动建议
社会文化	传统文化	传统技艺	建筑雕刻、饮食厨艺、武术功夫等	北京四合院 我爱鲁菜 中国功夫
		民风民俗	民风民俗、神话传说	孟姜女哭长城 抬花轿
		民间艺术	剪纸、风筝、刺绣、丝绸、年画、中国结、泥人面塑等	筷子宝宝 丝绸展览
	异域文化	典型节日 民风民俗	典型节日如母亲节、父亲节、愚人节等；生活习惯如礼仪、饮食、语言、交往等	快乐圣诞节 我会吃西餐
	民族民俗文化	风俗习惯 服饰饮食	风俗习惯如节日、婚嫁、音乐、舞蹈等；服饰饮食如民族服装、传统饮食等	快乐泼水节 洁白的哈达

请根据下列现象，试确定一个有关的幼儿园社会教育活动的内容并拟出这个活动的目标。

诺诺坐在图书角看绘本，小荣走到诺诺跟前狠狠地揪了一下诺诺的头发，老师听到诺诺的哭声赶来，找来小荣问为什么揪诺诺的头发，小荣支支吾吾说没有为什么。

真题链接

1. 幼儿意识到自己和他人一样有感情、有动机、有想法，这是反映了幼儿（　　）。（2012年上半年《保教知识与能力》）
  A. 情感的发展　　　　　　　　B. 感觉的发展
  C. 个性的发展　　　　　　　　D. 社会认知的发展
2. 《幼儿园教育指导纲要（试行）》中的教育目标较多使用"体验""感受""喜欢""乐意"等词汇，这表明幼儿园教育要强调（　　）。（2015年下半年《保教知识与能力》）
  A. 知识取向　　　　　　　　　B. 情感态度取向
  C. 能力取向　　　　　　　　　D. 技能取向
3. 幼儿教师选择教育教学内容地最主要的依据是（　　）。（2014年上半年《保教知识与能力》）
  A. 幼儿发展　　　　　　　　　B. 社会需求
  C. 学科知识　　　　　　　　　D. 教师特长

第三节　幼儿园社会教育的途径与方法

 情境导入

在区角游戏时,孩子们总是把玩具扔得到处都是,收拾时又到处乱放,教师一遍又一遍地说要将玩具放整齐,但总是效果不佳。

思考:如果你作为幼儿园教师,面对类似的问题,有哪些途径和方法解决这一问题呢?

一、幼儿园社会教育的途径

幼儿园社会教育的途径,是指在对幼儿实施社会教育时所采取的最基本的活动组织形式。《纲要》中社会领域的指导要点明确指出,"幼儿与成人、同伴之间的共同生活、交往、探索、游戏等,是社会学习的重要途径",社会教育的途径是保证幼儿社会教育活动目标得以实现、教育内容得以内化的基本渠道。本书主要从专门性的社会教育活动和综合性的社会教育活动进行介绍。

(一) 专门性的幼儿园社会教育活动

专门性的幼儿社会教育活动是指有目的、有计划、有组织地对幼儿进行社会教育的活动,又称集体教学活动。在活动的组织过程中,要求教师为幼儿创设良好的物质和心理环境,引导幼儿积极、主动、自主地参与活动,关注幼儿的主动探究和人际交往。

1. 集体教学活动

针对社会领域的集体教学活动是指在幼儿园的常规教学中,以社会领域内容为主的教学活动。该教学活动的特点是目标明确,活动内容针对性强,活动形式以集体活动为主,教师有清晰的设计思路以及对课堂教学的显性控制。社会领域的集体教学活动有利于帮助幼儿获得新知识、新技能,整理、扩展并提升幼儿的已有经验,保证幼儿园社会教育活动有序开展,进而促进幼儿社会性的发展。例如,大班的孩子即将升入小学,就可以开展一次"我长大了"的专门性的社会教育活动。

2. 游戏活动

游戏作为幼儿园的基本活动,是幼儿最喜爱的活动,也是最能发挥幼儿主体性的活动。游戏本身就是幼儿认识社会、适应社会生活的一种独特方式。不同种类的游戏中,角色游戏和表演游戏是促进幼儿社会性发展的有效手段。在游戏活动中,幼儿进行分享、合作、助人等亲社会行为,从而促进幼儿社会交往能力和合作行为的发展,强化幼儿

的社会角色意识和社会角色规范。例如在"小警察"游戏中,通过扮演警察角色,引导幼儿树立正确的社会行为意识,学习警察的公私分明、无私奉献精神,体会警察维护社会安定的社会职责,养成良好的社会行为习惯。

3. 实践性活动

实践性活动是指以社会领域教育为主,通过幼儿的亲自实践,如实地考察、参观游览、郊游、散步、劳动等,让幼儿获得社会性发展的教育活动。实践性活动可以丰富幼儿的社会经验,帮助幼儿掌握一定的社会行为规范,发展良好的社会行为。例如,参观活动就是一种以社会学习为主的实践性活动。为了丰富孩子们对社会职业角色的认识,就可以带着幼儿到银行、超市等场所开展参观实践活动,通过对实际事物和现象的观察、探究而获得丰富的直接经验,加深社会认知,扩大幼儿的社会视野,帮助他们理解事物之间的联系,尊重不同职业的劳动成果等。

中班社会教育活动:参观超市

【活动目标】

1. 了解超市内外构造,知道超市是售卖各种生活物品的地方。
2. 学会遵守超市的购买物品的规则。
3. 理解超市等各行业人员工作的辛苦。

【活动过程】

1. 通过提问,引起幼儿对参观超市的兴趣,并提出参观要求:观察超市有哪些构造,工作人员是怎样工作的。
2. 带幼儿参观超市。
3. 幼儿在教师的带领下进行购物活动,感受营业员是怎样热情为顾客服务的。
4. 参观结束后,幼儿和营业员道别,组织幼儿回园。
5. 参观后让幼儿谈话交流。

【活动延伸】

在班里活动区开展"超市"的游戏。

分析:本次活动通过幼儿对超市的实际参观和感知,丰富了幼儿的生活经验,使幼儿学会如何在超市作为顾客进行购物,并遵守超市的规则。

(二) 综合性的幼儿园社会教育活动

综合性的幼儿园社会教育活动,指教育活动的目标并不专门指向社会领域,在促进幼儿某一方面发展的同时也促进了幼儿社会性的发展。在幼儿园的社会教育活动中,可以通过综合性的活动途径促进幼儿社会认知、社会情感和社会行为的发展。具体可分为以下几种途径:

1. 日常生活

《指南》在社会领域的内容中指出:"幼儿社会领域的学习主要是在日常生活和游戏中通过观察和模仿潜移默化地发展起来的","幼儿社会态度和社会情感的培养尤应渗透在多种活动和一日生活的各个环节之中",其中就渗透着生活教育的理念,日常生活活动在幼儿的社会性发展中起着潜移默化的影响,幼儿的社会学习是通过观察、行动、体验和情境等方式实现的。

2. 区域活动

区域活动是幼儿园集体社会教育活动的补充和延伸,主要通过活动材料的投放来实现教育的功能,让幼儿在与材料、环境、同伴的互动中实现社会性发展的目标。因此,教师需要创设有利于幼儿社会性发展的环境,科学投放相应的活动材料,以促进幼儿的社会性发展。例如:在建构区,投放并控制一些有利于幼儿之间共同协商和分工合作的材料,如积木的数量、种类等,可以促进幼儿在活动中的相互配合,学习处理人际关系,解决矛盾和各种问题。在角色游戏区,鼓励幼儿扮演不同的角色,锻炼幼儿的社会交往技能。

3. 家园合作

家园合作能有效促进幼儿良好社会品质的巩固和提高,幼儿园必须与家长密切联系、团结合作,共同担负教育的任务。例如:良好的亲子关系,有助于幼儿获得安全感,形成健康活泼的人格。家长是幼儿社会行为的楷模和榜样,通过日常活动,可以丰富和增进幼儿的社会认知,激发幼儿的社会情感,培养良好的社会行为。幼儿园可以通过家访、家长开放日、家长学校、家长委员会等形式,提高家长对幼儿社会教育重要性的认识,明确幼儿社会教育的内容,争取家长积极参与和配合幼儿社会教育活动。

4. 其他领域的渗透

幼儿园其他领域的教育活动中,同样蕴含着丰富的社会教育契机,教师应该合理利用。社会性是个综合的领域,可以把社会性教育目标有机地渗透在其他领域的教育活动中,互为补充,相互促进。例如:在语言绘本活动"我爸爸"中,既能促进幼儿能说、会说、敢说的表达能力,也能促进幼儿积极、大胆、充满自信的社会品质的发展。

大班社会教育活动"京剧"

本次活动通过听赏京剧、观看京剧视频等,让幼儿感受京剧的唱腔特点、音乐特色。通过美术欣赏京剧脸谱、京剧服饰,在欣赏之外,又让幼儿跟着京剧音乐模仿录像中演员的表演动作,还让幼儿进行画剧情、画脸谱等创作实践活动。由民乐音色美、京剧唱腔美、京剧造型美发现国戏的独特美,激发幼儿热爱民族文化的情感。活动结束后,让幼儿到创设好的京剧表演区角继续游戏。活动延伸部分,请幼儿回家后与家长一起继续绘制不同的京剧脸谱,寻找有趣的京剧人物,丰富幼儿的视野。

分析：在这个案例中，教师通过集中教学、区域活动和家园合作等途径实施幼儿园的社会教育，其中采用了讲授法、讨论法、游戏法、练习法等多种方法，加深了幼儿对各种京剧表情的认识，有效地完成了教育任务，实现了教育目标。

二、幼儿园社会教育的方法

（一）讲解法

讲解法是幼儿园社会教育活动中常用的一种方法，教师要用清晰简练、富有感染力的语言进行针对性的讲解。同时，由于幼儿注意力维持的时间较短，加之单一的讲解比较枯燥，教师要注意讲解声音的语调、语速和节奏变化，注意抑扬顿挫，可根据讲解的内容变换角色，增加动作，以激发幼儿倾听的积极性。

（二）谈话法

谈话法是指教师根据一定的教育任务，有目的、有计划地围绕某一问题通过相互提问、对答的方式对幼儿进行教育的一种方法。谈话法有助于幼儿总结社会知识经验，使之系统化、明确化，也有助于幼儿表达自己的想法，形成正确的观念。谈话法主要是围绕某一问题展开的，问题应该来源于幼儿的生活实际，是幼儿感兴趣的、能够听得懂的。应注意与幼儿进行双向沟通，尽可能地留给幼儿思考的时间。谈话结束时，做好归纳总结。

（三）讨论法

讨论法是指幼儿在教师的指导下，就某些社会性问题或现象进行讨论交流，以实现相互启发、相互学习的一种方法。讨论法与前两种方法相比，能够给幼儿提供更大的空间和主动性，有利于幼儿自由发表意见和感受，帮助幼儿养成独立思考和换位思考的能力，加深对社会性问题或现象的认识。

我的家

活动开始，教师出示事前准备好的图片。幼儿欣赏图片，从中找出自己的家。教师提问："小朋友们，你们每个人都找到了自己的家。你们的家都很漂亮，在家里我们可以做很多开心的事情。刚才我听到有个小朋友说想要自己盖一座房子，还有小朋友说要自己装修房子。现在老师施一下魔法，你们都变成了小建筑师，你想把自己的房子设计成什么样子呢？"提出问题后，教师组织幼儿开展讨论，有的小朋友说把房子建成飞机形状，有的小朋友说要建三层小楼，也有小朋友说要把房子建在大树上。讨论后教师把幼儿分成小组，动手操作去"盖房子"。最后，展示每组作品，互相欣赏，讨论房子的优缺点。活动结束，教师评价总结，表扬幼儿的创新设计。

(四)参观法

参观法是指根据一定的目标和内容,有目的、有计划、有组织地带领幼儿到某一社会设施或场所,通过多种感官感知社会现象,从而增进社会认知的教育方法。参观法能让幼儿身临其境、耳闻目睹,与其实际生活紧密联系起来,获得相应的社会知识和规范,更好地适应社会,得到直观形象的教育。

(五)陶冶熏染法

陶冶熏染法是指教师根据幼儿社会教育的内容,有目的、有计划地利用人际关系、情感气氛、环境氛围、艺术作品等来陶冶幼儿的社会情感的一种方法。陶冶熏染法可以分为环境陶冶和艺术陶冶两种方式,在潜移默化的熏陶和感染中,培养幼儿良好的社会公德,发展幼儿的社会情感。

小班社会教育活动:花儿好看我不摘

本次活动针对低幼儿童对喜爱的东西想要自己拥有的特点,旨在通过活动让孩子们懂得爱护花草,不随意采摘、践踏花草。活动过程中,教师把幼儿带到幼儿园的花园内,让幼儿置身于蓝天、春草、绿树、鲜花的环境中,感受到花美、草青、树绿的美。大自然的环境美使幼儿心中激荡起爱的情感,由"爱"生"护",懂得爱护花草,不采摘花儿,遵守社会行为规范。

(六)角色扮演法

角色扮演法是指教师通过创设现实社会生活中的各种情境,让幼儿通过扮演相应的社会角色,并表现出与这一角色一致且符合特定角色规范的社会行为的一种方法。即通过行为模仿或替代来影响个体心理和行为的一种方法。幼儿通过扮演角色,在表演的过程中体验社会角色的情感和行为,感知角色之间的关系,感知和理解他人的感受,从而帮助幼儿掌握自己所扮演角色应该遵循的社会行为规范和道德要求,发展幼儿的人际交往和社会适应能力。

爸爸很辛苦

点点的爸爸告诉幼儿园老师,点点总是哭闹着要买玩具和零食,怎么讲道理就是听不懂,爸爸不想因为这个让点点养成不好的习惯,希望老师帮帮忙。老师了解情况后,就在一次娃娃家游戏中让点点来扮演爸爸,老师扮演妈妈。在游戏中,"妈妈"一会跟

"爸爸"要买吃的钱,一会要交电费的钱,一会又要买玩具的钱……不一会点点手里的钱就花光了。老师说:"我们没有钱买今天的午饭了,要饿肚子了,这可怎么办呀?"点点急得不知道怎么办才好,这时,老师耐心对点点进行了教育和引导,点点知道了爸爸工作很辛苦,挣钱不容易,自己以后要节约用钱,不乱花钱,好好地关心自己的爸爸妈妈。

(七)移情训练法

移情训练法是指通过故事、情景表演等形式帮助幼儿理解他人的情绪情感的一种方法。移情训练法是幼儿园社会教育中的一种特殊方法,就是让幼儿站在别人的角度去体验别人的情感,理解他人的感受和需要,产生情感的共鸣。移情训练法可以通过讲故事、续编故事和情景演示等形式进行。

一个5岁女孩一个人荡秋千已经很久了,但还是不让她的妹妹玩。这时,女孩母亲走过来开始和她交谈。

母亲:我知道你很喜欢荡秋千,但是妹妹也喜欢荡秋千啊,她想来玩一玩。

女孩:可我不想下来嘛。

母亲:我知道。但是以前妹妹可是把秋千让给你玩过,她还给你玩了她的玩具呢。你看她都等了那么长时间了,你是不是也该让她玩一会儿才公平呀。

女孩:但是是我先来的呀。

母亲:是啊,是你先来的。可是你还记不记得以前妹妹霸着电视不让你看,你当时是什么感觉?你当时觉得很不公平,现在她就是这么觉得的。

(八)行为练习法

行为练习法是指在幼儿园社会教育活动中,组织幼儿按照正确的社会行为规范进行实践练习,以养成良好的社会行为习惯的一种方法。习惯是一种动力定型,是条件反射长期经验积累和强化的结果,行为练习对于可塑性强的幼儿来说尤为重要。幼儿良好品德的形成不是从概念开始的,而是从行为练习开始,行为练习法对于巩固幼儿的社会认知,引导幼儿养成良好的社会行为具有重要的作用。

中班活动:我们学剥豆

教师组织中班幼儿剥豆子,培养他们热爱劳动的好习惯。教师先组织幼儿讨论怎么剥豆子,激发幼儿的兴趣。然后给每一位幼儿一些豆子,让幼儿积极尝试动手剥豆子。其次,教师请剥得好的小朋友示范,并组织讨论:怎么样才能剥得又快又干净?接着,教师提出建议,幼儿再次尝试练习剥豆。最后组织幼儿集体剥豆子,幼儿体验到了劳动的乐趣,也都学会了如何剥豆子。

(九) 实践训练法

实践训练法是指在幼儿园社会教育活动中,教师依据一定的目的,并创造相应的条件,组织幼儿参与活动进行技能、技巧与知识练习的教育方法。没有训练,就没有习惯,习惯是经过长期的、反复的训练才能形成的。幼儿认知水平较低,教师可以为幼儿创造时机,提供实践训练的机会,让实践的行为在他们身上固定下来,慢慢形成一种习惯,巩固幼儿良好的社会行为。

送玩具回家

幼儿园的孩子都喜欢玩玩具,但是很多孩子到了中班还是不会主动地将玩具放回原处,也不知道怎么给玩具分类。为此,教师为小朋友播放了"玩具在哭"的视频,通过提问和讨论让幼儿知道了玩完玩具要放回原处,送他们回家。之后,老师通过"送玩具回家"的游戏,帮助幼儿巩固所学到的社会性知识,让孩子们在玩的过程中将知识应用到实践中,养成了收拾玩具的良好习惯。

(十) 榜样学习法

榜样学习法是指幼儿通过模仿或观察学习,直接学会新的行为模式,获得相应的社会行为的方法。幼儿年龄小,社会经验少,最直接的学习方式就是通过观察和模仿学习。在运用榜样学习法时,教师应选择具有代表性、有教育意义,而且又符合幼儿心理的典型人物或范例影响幼儿。

排队喝水

户外活动时,王老师带着孩子们一起做"老鹰捉小鸡"的游戏,不一会孩子们就满头大汗,都要回班级喝水。王老师有点口干舌燥,于是就带着孩子们回到活动室。孩子们洗完手后,就迫不及待地拿起水杯,争先抢后地去接水。王老师环顾四周发现木木和壮壮小朋友规规矩矩地站在队伍后面排队等候,于是,王老师也站到队伍的后面,并大声地说:"木木和壮壮知道喝水要排队,我要向他们学习,排队等候不着急!"小朋友们听到老师的话，又看看木木和壮壮，不约而同地站到队伍里，排起队来。

> **真题链接**
> 1. 幼儿园促进幼儿社会性发展的主要途径是（　　）。（2014年下半年《保教知识与能力》）
>   A. 人际交往　　　　　　　　　　　B. 操作练习
>   C. 学科知识　　　　　　　　　　　D. 集体教学
> 2. 论述题：论述如何在一日生活中实现社会领域的教育目标。（2017年上半年《保教知识与能力》）

阅读陶行知奖励王四友四颗糖的故事，分析陶行知的教育方法。

陶行知先生在做校长时，一天，在校园里看到一名男生正想用砖头砸另一个同学。陶行知及时制止的同时喊这个学生去自己的办公室。在外了解情况后他回到办公室，发现那名男生正在等他，便掏出第一颗糖递给他："这是奖励你的，因为你很准时，比我先到了。"接着又掏出第二颗糖："这也是奖励你的，我不让你打人，你立刻就住手，说明你很尊重我。"该男生将信将疑地接过糖。陶行知又掏出第三颗："据了解，你打同学是因为他欺负女生，说明你有正义感。"这时那名男生已经泣不成声了："校长，我错了。不管怎么说，我用砖头打人是不对的。"陶校长这时掏出第四颗糖："你已经认错，我们的谈话也结束了。"

第四节　幼儿园社会教育活动的设计与评价

情境导入

区角游戏时间，中班的冰冰和乐乐因争抢玩具争吵了起来，冰冰说："这玩具是我先拿到的，这就是我的！"乐乐说："他都玩好久了，该我玩了！"听到他俩的争吵，可愁坏了新手教师林老师。

思考：怎样才能让小朋友愿意分享玩具呢？学习了这一节，我们一起来尝试设计幼儿园的社会活动吧！

一、幼儿园社会教育活动的设计

幼儿园社会教育的目标和内容是通过具体的社会教育活动来实现的。完整的社会教育活动教案包括活动名称的设计、活动目标的设计、活动准备的设计、活动过程的设计和活动延伸的设计五个方面。

(一) 活动名称的设计

1. 活动名称要富有童趣

在取名称时注意尽量符合儿童化的特点。如"我升中班啦""谁对谁不对"等活动名称,符合幼儿情感和认知的特点。

2. 书写内容要完整

一个完整的社会教育活动名称应包括年龄班、活动类型和具体内容,如小班社会活动:好听的名字。

(二) 活动目标的设计

1. 目标的表述应符合社会教育领域的要求

社会领域情感维度的目标可包含的内容为良好的态度,可表达的词汇有:认真、虚心、努力探索等;良好的道德情感,可表述的词汇有:同情心、乐于助人、分享、谦让、关爱、感恩、宽容、诚信、爱护公物、爱护环境等;良好的个性品质,可表述的词汇有:意志力、自信心、勇气、自制力、自尊心、自主、耐心、细心等。这方面常用的动词有乐意、愿意、喜欢、保持、能够等。

2. 目标的要求应难度适中

例如小班社会活动"我的家"的目标:(1) 了解家庭开支情况,懂得花钱要合理、有计划、有节制;(2) 积极参与讨论、交流,大胆表述自己的见解。(3) 初步养成爱惜物品的良好习惯。对于小班幼儿来说难度太大,目标难以实现。

3. 目标表述应做到重点突出,具有可操作性

例如,"学做力所能及的事"这一目标太笼统,不具有可操作性,一次活动难以完成。

(三) 活动准备的设计

活动准备主要包括环境的创设、物质准备和经验准备几方面。具体写教案时一般从以下两个方面入手。在书写的时候,尽量做到简洁、明了。

1. 物质准备

幼儿园社会教育活动在物质准备上,除了与其他领域的活动一样需要准备各种电教设备、教玩具、操作材料外,很多活动需要创设模拟的社会生活场景,以便进行情境表演,组织观察学习和移情训练。

2. 经验准备

幼儿园社会教育中的不少活动,需要幼儿事先有一定的认识、知识方面的基础。如"我的妈妈多辛苦"这一活动,需要幼儿在活动之前在家里观察妈妈的劳动情况。

(四) 活动过程的设计

活动目标确定后,就要思考通过哪些具体的活动内容和活动形式来实施目标。活动过程的设计则是将这种思考书面化和具体化,一般包括活动导入部分、活动展开部分和活动结束部分。

1. 活动导入部分的设计

导入部分起到激发幼儿参与活动的兴趣及调动幼儿学习主动性的作用。在幼儿园社会教育活动中,教师常用的导入方式有谈话导入、故事导入、图片讲述导入、观赏录像资料导入、情境表演导入、玩具操作导入、游戏活动导入等。一般情况下,正规性教育活动的导入部分时间在3—5分钟。例如,"我的好伙伴"的导入部分是放"好朋友"的音乐游戏录音,幼儿在"找朋友"的游戏中进入活动;又如,"谁负责"的导入部分是观看情景表演"该谁负责"从而进入活动。

2. 活动展开部分的设计

这是完成幼儿园社会教育活动目标的主要部分,是活动的重点和难点所在。教师引导幼儿进行活动的大部分时间应放在这一部分。在进行这一部分设计的时候,一般要注意思考以下几点:

① 这个活动准备分几个步骤进行?
② 每一步要完成什么内容,采用什么方式方法?
③ 哪一步是重点,哪一步是难点?怎样突出重点,突破难点?
④ 每一步的时间大体应怎样分配?
⑤ 如何进行每一环节的表述?包括教师的陈述语提问、操作说明、对幼儿的要求、小结语、过渡语等均需斟酌。

例如,中班社会活动"我的好伙伴",本活动展开部分设计了三步骤:第一步是通过看图,讲述图中小朋友的长处;第二步是组织幼儿谈谈自己好伙伴的长处,怎样向他学习;第三步是通过讲述《萤火虫找朋友》的故事,使幼儿知道每个人都有自己的长处和短处,要多看别人的长处才能友好相处的道理。活动重点是充分了解小伙伴的长处,第一、二步的设计做到了突出重点;活动难点则是要懂得多看别人的长处才能友好相处的道理,第三步通过讲述《萤火虫找朋友》的童话故事予以突破。

3. 活动结束部分的设计

(1) 让幼儿在轻松愉快的情绪中自然而然地结束活动,如"我的好伙伴"的活动是以师生一起玩找朋友的游戏自然愉快地结束活动的。

(2) 以常用的小结评价的方式结束活动。这种方式运用时应该注意做到语言简洁,对幼儿的评价积极宽容,对问题的结论留有思考的余地,使活动能够有效地延伸,使幼儿能保留对活动的兴趣,体验到活动带来的快乐,以期盼的心情和态度等待下次活动的到来。如中班社会活动"我们都有自己的长项",活动结束的小结语是这样的:"小动物有自己的长项,我们每个小朋友也都有自己的长项,我们要互相学习,个个都做有特色的棒孩子。"

4. 活动延伸的设计

活动延伸是指在组织教育活动后,教师继续设计一些与此相关的辅助活动,使教育内容渗透到幼儿一日生活中,使幼儿受教育的时间能持续,使社会教育目标能更好地实现。幼儿园社会教育活动延伸的方式多种多样。有游戏的方式、区角活动的方式、表演的方式、领域渗透的方式、家园社区共育的方式、成果展览的方式等。

例如,大班活动"我爱班集体"的活动延伸:

(1) 游戏活动:组织全班幼儿玩"找朋友"。

(2) 竞赛活动:组织幼儿参加全年级或幼儿园组织的体育、朗诵、歌舞等竞赛活动,为幼儿提供班集体争光的机会。

(3) 带回家的活动:与家人谈话,夸夸自己的班集体。

(4) 表演活动:"蚂蚁搬家",感受集体团结的力量。

(5) 朗诵儿歌:《我爱我的集体》。

中班社会教育活动:欢喜过春节

【设计意图】

春节又称过年,是中华民族最隆重的传统节日,有着丰富的文化内涵。节日是幼儿感知文化的窗口,从小向幼儿传播优秀的传统文化是幼儿园教师的职责所在。中班幼儿已经对春节活动有了一定的经历和感知经验,他们活泼好动,喜欢热闹,爱学乐学。本次活动的开展既可以让幼儿了解春节的来历,体验春节的各种习俗,又借助这个机会,让幼儿感受到中华传统文化的魅力,增强幼儿的民族自豪感。

【活动目标】

1. 感受浓浓的年味,体验过春节的快乐。

2. 知道春节是农历新年,了解春节的来历与习俗。

3. 小组合作,多种形式表现节日的氛围。

活动重点:了解春节的由来,在体验春节各种习俗的过程中,感受过春节的快乐。

活动难点:小组合作,大胆与同伴交流,多种形式表现春节的氛围。

【活动准备】

1. 经验准备:幼儿在活动前与父母搜集整理自己过年时的照片或者视频。

2. 物质准备:"年的由来"视频动画、《春节序曲》的音乐、幼儿在过年时候拍摄的照片、煮熟的饺子实物、舞龙舞狮的道具、卡纸、胶水等。在活动室贴上对联和福字等,播放喜庆音乐,创设过年的情境。

【活动过程】

(一)情境导入,引出"春节"

1. 教师播放《春节序曲》,和幼儿一起进入活动室。

提问:小朋友们,你们看我们的活动室,有什么不一样的地方?你听到了什么?有什么感觉?这个音乐你在什么时候听到过?

2. 幼儿根据自身经验,大胆讲述。

3. 教师小结:我们的活动室贴上了对联和福字,小朋友们听到了很喜庆、热闹的音乐,过春节的时候我们会经常听到。

（二）幼儿展示，分享经验

1. 幼儿结合提前准备的照片或视频分享自己过春节的经历。

吃饺子、放鞭炮、拜年、领压岁钱等。

2. 教师小结：原来我们过春节都做过这么多事情，小朋友们去拜年、贴春联、吃饺子。那你们知道春节的来历吗？过春节的时候我们还有哪些活动？

（三）播放视频，了解来历

1. 观看视频：年的由来。

2. 讨论春节的由来和习俗。

师：春节源自古老的传说"斗年兽"；习俗有贴春联、放鞭炮、穿新衣、说祝福语、舞龙舞狮等。

（四）多种形式，感受习俗

1. 教师提供各种材料，引导幼儿与同伴一起体验春节的习俗。

引导：老师这里准备了许多材料，你可以和好朋友一起做一做，感受过年的氛围。

2. 幼儿分小组自由选择。

第一组：互相拜年和发红包。

第二组：小组合作舞龙舞狮。

第三组：卷爆竹，放鞭炮。

第四组：设计贺卡，画出新年祝福。

3. 共同品尝饺子，说出过年的感觉。

幼儿：开心、快乐、过年有意思……

4. 教师总结：春节是中国最隆重、最热闹的节日，从古至今，中国人一直延续着这个节日，一系列的节日庆祝活动表达了人们对美好生活的向往和祝愿。老师希望小朋友们新年里身体健康，开心快乐！

【活动延伸】

1. 家园合作：家长和幼儿一起录制拜年小视频，发送至班级QQ群里。

2. 区域活动：美工区投放材料，请幼儿装饰红包。

中班社会教育活动：我长大了

【活动目标】

1. 感受"我长大了"，体验长大的快乐，体味父母的辛苦。

2. 乐于与同伴交流自己的感受。

【活动准备】

1. 物质准备：关于胎儿的生长发育及新生儿的养育的录像，幼儿小时候的衣物（部分布置在墙上，部分置于桌上）、照片以及玩具娃娃。

2. 经验准备：幼儿向父母了解自己小时候的趣事。

【活动过程】

（一）图片导入，激发兴趣

教师带领幼儿欣赏小时候的照片。

师:今天,我们班上来了许多小宝宝,想知道他们是谁吗?

出示幼儿小时候的照片,幼儿纷纷寻找自己的照片并相互介绍。(照片上的浩浩和林林没有穿衣服,大家哄笑起来:"羞,羞,不穿衣服。"林林不服地嘟囔道:"这是我小时候,又不是现在!")

(二)回忆童年,感受成长

1. 观看录像。

师:你们都看到了自己小时候的样子,那你们知道自己在妈妈肚子里的时候是什么样子的吗?我们来看一段录像。

师:看录像时你们在想什么?

2. 回忆童年趣事。

师:你们都听过自己小时候的故事吧?请讲给大家听听,好吗?

教师鼓励幼儿大胆地讲述童年的趣事。

3. 感受身体的成长。

出示幼儿小时候的衣服。

师:这是什么?请你们来穿一穿。

师:我们身体的哪些地方长大了?

教师引导幼儿在穿衣服、鞋子的过程中发现自己身体的每个地方都长大了,并一一在玩具娃娃的身上做出相应的标记。

4. 展示本领。

师:我们的身体长大了,本领有没有增强呢?我们有了哪些本领呢?

教师引导幼儿4人一组自由交流,互相展示自己的本领,最后再请几个孩子在全班幼儿面前进行展示。

(三)活动结束

师:小时候我们件件事情都要大人帮助,现在我们在大人的关心和爱护下慢慢长大了,本领也变大了。以后,我们的本领会更大、更强!

【活动延伸】

家园共育:请小朋友回到家里,尝试为爸爸妈妈做一件力所能及的事情,如帮助爸爸妈妈扫地、擦桌子、倒垃圾等。

二、 幼儿园社会教育活动的实施要点

第一,幼儿园社会教育活动应紧密结合幼儿的生活实际,选择活动的内容,确定活动的主题,创编活动的素材,运用直观生动、让幼儿有真情实感的活动形式和方法。

第二,教师应根据幼儿园社会教育的目标、内容和幼儿实际选择恰当的形式,灵活地导入活动,激发幼儿参与活动的积极性。

第三,在活动的展开部分,教师的组织指导要着力于以下几个方面:

(1)师幼活动应始终围绕活动目标进行。教师在活动中要重视前一步骤与后一步骤环节的过渡,使内容和目标自然连贯,促成幼儿的学习从低一层次向高一层次,保证

活动目标的有效实现。

（2）以多种形式让幼儿参与活动，调动幼儿的各种感官和生活经验，让幼儿真正成为活动的主人。因此，在活动组织过程中，教师要处处留心，做到让每个幼儿有实践、有活动、有体验。

（3）教师的提问要明确，符合幼儿的表达特点和表达水平，激发幼儿的发散性思维。在幼儿园社会教育活动的组织中，教师的提问只有明确而又符合幼儿的表达能力，才能使幼儿与教师很好地配合，做到有问有答、有呼有应。教师的提问具有开放性，才能活跃幼儿的思维，才会使幼儿去探求丰富多样的问题答案，幼儿的能力才能得到真正的锻炼。

（4）教师要尽量避免使用成人化语言。活动中教师要想与幼儿进行有效的沟通，就要用适合幼儿接受能力的语言。

（5）教师在活动组织指导的过程中要尊重幼儿的愿望，适当调整活动目标及活动环节，处理好教师预设目标与幼儿的兴趣需要的关系，力求在组织形式上和指导方法上使二者达到协调统一，最终使活动既实现了教育目标，又尊重了幼儿的兴趣和愿望。

第四，在活动组织指导的全过程中，教师应注意以情感人，引起幼儿的情感共鸣。教师要激发幼儿愉快向上的情感，营造热烈而有序的社会学习氛围。

三、幼儿园社会教育活动的评价

幼儿园社会教育活动是幼儿园对幼儿进行社会教育的主要途径。幼儿园社会教育活动质量的好坏，是幼儿社会性发展目标能否实现的关键。因此，我们需要依据一定的标准对幼儿园社会教育活动进行评价。良好的评价能够为幼儿园社会教育活动的顺利开展指引方向，促进教师自身的专业发展，提升幼儿社会性发展水平。

幼儿园社会教育活动过程的评价主要包括对环节的评价、对活动材料提供的评价、对活动过程中教师行为的评价、对幼儿社会学习的评价，见表7-3。

表7-3　幼儿园社会教育活动过程评价

评价指标	评价要素	评价等级			评分
		一	二	三	
环节	1. 围绕目标组织教育活动，突出社会领域教育的特点。				
	2. 各个环节排列顺序恰当。				
	3. 各个环节时间分布合理。				
	4. 采用教法、学法恰当，为每个学前儿童提供能够获得体验和感受的活动机会与条件。				
活动材料	1. 材料的提供具有教育意义。				
	2. 结构适宜，用于改造的材料具有丰富的变化的可能。				
	3. 提供的原型具有代表性，有利于学前儿童的探索、发现和创新。				

续表

评价指标	评价要素	评价等级 一	二	三	评分
教师行为	1. 注重学前儿童的体验和感受,进行及时指导,使学前儿童获得社会性发展。				
	2. 用自身感染力与学前儿童之间形成有效的师幼互动。				
	3. 及时捕捉教育契机,随时调整教育策略。				
	4. 充分发挥学前儿童的主体性,调动学前儿童的活动积极性,使学前儿童在活动中获得有益学习经验。				
社会学习	1. 学前儿童对教育活动的参与度高,表现出良好的学习习惯。				
	2. 学前儿童在教育活动中情绪饱满,积极参与师生互动,主动构建自身社会经验。				

案例呈现

中班社会教育活动:我是文明小乘客

【设计意图】

早晨妞妞来到活动室,就高兴地说:"今天我是乘公交车来的。"其他的孩子听了,便七嘴八舌地议论开了:"我也坐过公交车,坐公交车要买票。""我跑得快,总能抢到座位。""我上次坐公交车还给老奶奶让座的呢。"……听着孩子们的议论,我思索着:乘车是孩子们常经历的事儿,如何让他们成为一名文明的小乘客呢?于是我设计了本次活动,旨在让孩子了解乘车礼仪,学会文明乘车。

【活动目标】

1. 学习乘坐公交车时不推不挤、主动购票、让座等基本礼仪。
2. 在游戏中巩固乘车礼仪常识,发展语言表达能力,增强安全乘车意识。
3. 体验文明乘车、礼貌待人的乐趣。

【活动准备】

准备PPT课件,布置公交车场景,邀请表演人员:配班老师。

【活动过程】

(一)提问引题,激发兴趣

师:小朋友们,你们乘过公交车吗?乘公交车去了什么地方?在什么地方乘坐公交车?坐公交车时要注意什么?(通过一系列的问题,引发幼儿回忆乘坐公交车的经历)

(二)图片对比,判断、理解不同行为的对错,引出乘车礼仪歌

师:老师有一次乘公交车,在车上看到了几位小朋友,他们的表现怎么样呢?我把

他们拍下来,一起来看看。

依次出示图片:挤着上车、给老奶奶让座、乱扔香蕉皮、吃糖葫芦、依次排队上车、在开动的汽车内把头伸出窗外、没有座位时拉住吊环、在开动的车内乱跑等。分别提问:这样做对吗?为什么?谁来提醒他们应该怎么做?

总结并引出乘车礼仪歌:乘车请您先排队,前门上来后门下;上车不忘买车票,"您好""谢谢"莫忘掉;拉好扶手坐坐稳,手臂脑袋不外伸;还要学会让座位,做个文明的小乘客。

(三)进行游戏,掌握乘车的礼仪和安全知识,体验游戏乐趣

1. 上车礼仪:(播放音乐)幼儿扮演"小游客",开始短途旅行。

(1)排队从前门上车,并注意不要拥挤。

(2)配班老师扮演盲人上车,引导幼儿搀扶盲人、给盲人让座。

(3)主动购票。

2. 乘车安全。

(1)引导幼儿找座位坐好,没有座位的拉好吊环。

(2)不在车上随便走动。

(3)不把头、手伸出窗外。

(4)不在车上看书。

3. "让座"情境:配班老师扮演孕妇。

4. 下车礼仪:带领幼儿从后门下车,提醒幼儿不推不挤。

(四)"闯关"游戏,巩固相关知识

1. 画面一:车内一个孩子抓紧扶手,另一个孩子在车厢里走动。

师:第一关,看看这两个小朋友,他们都没有找到位置,这样做对吗?

电脑拖动相应图标:奖励你一个笑脸或给出哭脸,再次强调对规则意识的掌握。

2. 画面二:一个孩子在车内乱扔香蕉皮,另一个孩子在给孕妇让座。

3. 画面三:一个孩子在车内看书,另一个孩子安静地坐在车内。

(五)总结、梳理经验

师:今天我们懂得了乘车时要懂礼貌、讲文明、注意安全,如果你们的爸爸妈妈下次再带你们乘坐公交车,相信你们一定能做到这些,让大家都知道你们是最棒、最文明的乘客。

【活动延伸】

了解乘坐飞机、火车、轮船等其他交通工具的注意事项,请家长利用空暇时间带孩子乘坐公共交通工具去旅游,提醒孩子做一名文明的小乘客。

【活动评析】

1. 重视情境创设,让幼儿在体验中学习。

社会领域的教育具有潜移默化的特点。本次活动我注重让孩子在情境中操作,获得积极情感体验与行为方式。如让孩子们作为"小游客"开始"短途旅行"——等车、上车、买票、让座……在这样富有趣味性、体验式的活动中,幼儿感受并习得了乘车的诸多礼仪,多种情境的创设激发了幼儿活动的主动性。材料的灵活运用使情境的创设形象而逼真,更好地为幼儿的发展服务。如:用幼儿园的晒被架和套圈巧妙地变成汽车吊

环,用 KT 板设置了汽车的前后门等。

2. 灵活设计环节,创新社会活动形式。

（1）讨论正确的乘车行为,了解乘车的礼仪。通过讨论加强幼儿对礼仪的了解,使之内化为自身行为。

（2）判断乘车行为的对错,丰富对礼仪的认识。适时加入了判断乘车行为对错的情节,让幼儿了解乘车时的一些不文明的行为,意识到自己要做一个文明的小乘客。

（3）情境体验,巩固对礼仪的掌握。设置了盲人上车、给孕妇让座、不吃带棒的东西等多种情境,符合中班幼儿的年龄特点,从多角度巩固了文明乘车行为,在活动中巩固了幼儿的乘车礼仪。

（4）闯关游戏,强化礼仪知识。闯关游戏有一定的挑战性,激起了中班幼儿活动的积极性,增强了他们活动的自主性,在快乐的氛围中强化了乘车的礼仪,从而激发孩子们在生活中争做文明小乘客的意识和行为。

真题链接

1. 研究儿童自我控制能力和行为的实验是（　　）。（2017 年下半年《保教知识与能力》）

A. 陌生情境实验　　　　　　　　B. 点红实验

C. 延迟满足实验　　　　　　　　D. 三山实验

2. 让脸上抹有红点的婴儿站在镜子前,观察其行为表现,这个实验测试的是婴儿哪方面的发展？（　　）（2015 年上半年《保教知识与能力》）

A. 自我意识　　B. 防御意识　　C. 性别意识　　D. 道德意识

3. 活动设计题：中班下学期,陈老师发现,班上仍有一些幼儿会抢别人的玩具,他们的理由是："我喜欢这玩具,我要玩"。请设计一个教育活动,解决上述问题,要求写出活动名称、活动目标、活动准备及活动过程。（2019 年下半年《保教知识与能力》）

4. 活动设计题：设计一个大班安全防火教育活动,要求写出活动名称、目标、准备、过程及延伸。（2014 年下半年《保教知识与能力》）

技能训练

1. 中二班幼儿豆豆和乐乐在"娃娃家"游戏中,因为都想当爸爸而争吵起来。请针对上述幼儿游戏的问题,设计解决这一问题的方案。要求：分析问题的产生原因,写出教育目标及 3 种教育指导内容与方法。

2. 萌萌和飞飞是小班的小朋友,有一次下楼梯时二人嬉闹,萌萌背飞飞时摔倒,导致飞飞的左股骨中段发生斜形闭合性骨折。根据这个案例设计一个幼儿上下楼梯注意安全的活动。

3. 结合自己所在地民族文化特色,设计一个适合本地区的民族文化教育的主题活动,制定主题活动目标和主题网络图,并设计一个集体教学活动。

第八章 幼儿园美术教育活动设计与指导

本章概要

"幼儿园美术教育"是学前教育专业的核心课程之一,研究教育者如何根据幼儿美术欣赏与美术创作发展的规律及其年龄特点,以自然美、生活美和艺术美为媒介,引导幼儿直接感知、实际操作和亲身体验,以达到促进其身心整体和谐发展的目的。本章重点介绍掌握幼儿园美术教育的目标、内容、方法,以及幼儿园美术教育活动的设计思路,阐明如何在实践中科学开展美术教育活动。

知识框架

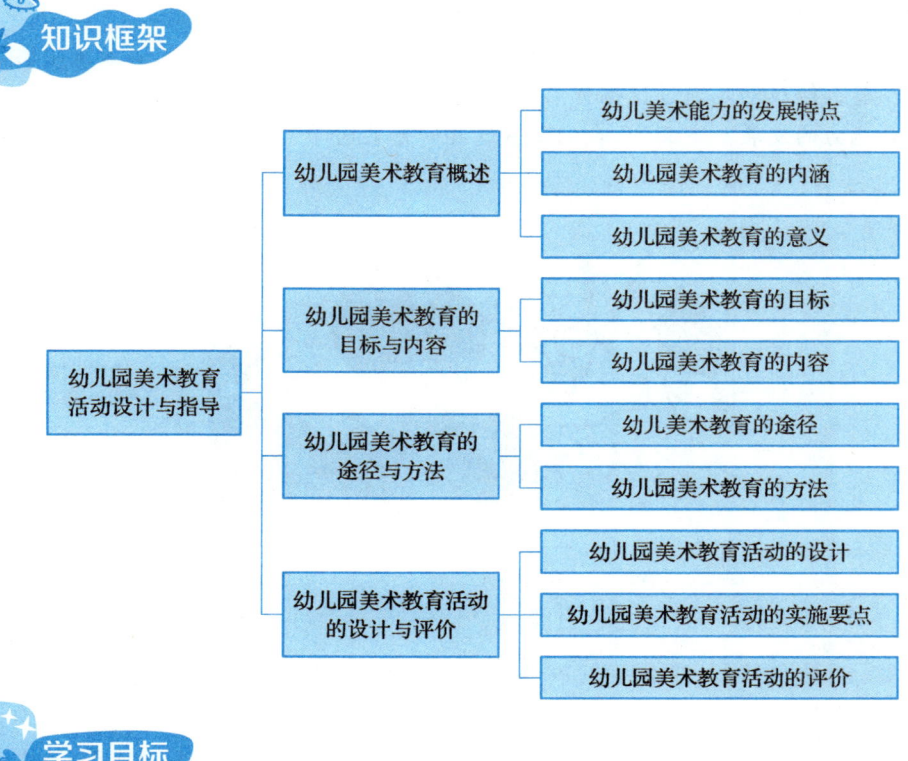

学习目标

知识目标:1. 了解幼儿美术能力发展和幼儿园美术教育的内涵与意义。

2. 掌握幼儿园美术教育目标的结构和幼儿园美术教育的内容。

能力目标：1. 掌握并灵活运用幼儿园美术教育活动的方法和途径。

2. 能够设计并组织幼儿园美术教育活动。

情感目标：1. 加深对美术教育和审美能力的认知，科学地欣赏幼儿的作品。

2. 通过美术教育学习，理解、尊重并欣赏幼儿的美术创作。

第一节　幼儿园美术教育概述

什么是幼儿美术教育？幼儿美术有哪些类型？幼儿美术能力发展有哪些年龄特征？幼儿园美术教育有哪些价值？这些都是幼儿园美术教育的基础知识，只有理解这些内容才能更好地认识到幼儿园美术教育的使命与任务。

我们来看大班幼儿宁宁的作品《我眼中的秋天》(见图8-1)，我们应当如何看待这幅作品？怎么解读幼儿通过这幅作品想要表达的意思？作为教师又该如何进一步引导幼儿绘画能力的发展？下面，让我们带着这些问题共同学习本章的内容吧！

图8-1　大班幼儿作品《我眼中的秋天》

一、幼儿美术能力的发展特点

(一) 涂鸦期(1.5—3岁)

幼儿在1岁半左右便开始拿笔进行涂鸦。2岁前的幼儿基本处于无控制的涂鸦阶段，2岁之后的幼儿能够有目的地控制笔的方向，这时候的幼儿处于有控制的涂鸦。之后在成人的引导下，幼儿开始关注自己画面的内容，此时的幼儿处于命名涂鸦阶段。

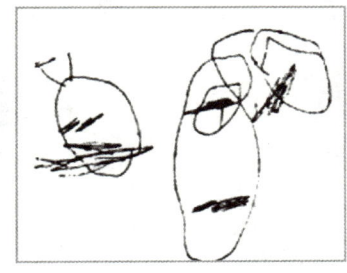

图 8-2　从左到右依次为无控制涂鸦、有控制涂鸦

(二) 象征期(3—5岁)

这个时期幼儿开始有意识、有目的地创造视觉形象,并建立起他们自己的表现方式,图像往往缺乏完整性和结构合理性,稚拙而粗略。象征期的幼儿绘画人物时出现的典型样式是"蝌蚪人",即头下方长着四肢的人。

图 8-3　幼儿绘画的"蝌蚪人"

(三) 图示期(5—8岁)

幼儿通过自身的观察、理解与多次实践,开始以较为固定的样式描画事物,因此这一阶段被称为概念性的表现阶段。从造型上看,幼儿能用较为流畅、熟练的线条表现物体的整体形象,并用一些细节来表现物体的基本特征,各部分之间的关系基本正确。从色彩上看,他们注意按照物体的固有色来着色,且色彩丰富。在涂色方面,幼儿不仅能做到均匀涂色,而且能不突出轮廓线。从空间构图上看,开始注意物体的大小比例,但还不能完全把握住分寸。此阶段幼儿绘画表现的常见特征有以下几点:

第一,拟人化表现。把无生命的物体或有生命的动植物画得和人一样,不仅赋予它们生命,而且赋予它们一切人所具有的特点和本领。

第二,透明式表现。幼儿将重叠或被挡住的事物也描画出来。

第三,夸张式表现。幼儿在绘画中,常常不自觉地把自己的感觉和情感加以强调和夸张。他们往往把注意力集中到自己认为重要的和最感兴趣的形象上,而对事物的整体注意不够。

第四,展开式表现。幼儿不会以透视的观念绘画,绘画仅基于幼儿的认知经验,因此,他们经常会把从多个角度观察的结果组合在一张画中。

  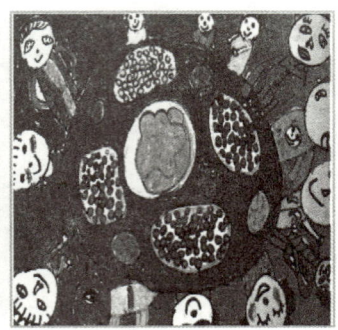

图 8-4　从左到右依次为拟人画、透明画、展开画

真题链接

一名幼儿画小朋友放风筝,将小朋友的手画得很长,几乎比身体长了 3 倍,这说明幼儿绘画特点具有(　　)。(2016 年上半年《保教知识与能力》)

A. 形象性　　　　　　　　　　　　B. 抽象性

C. 象征性　　　　　　　　　　　　D. 夸张性

二、幼儿园美术教育的内涵

(一) 幼儿园美术教育的概念

幼儿园美术教育是指教育者遵循学前教育的总体要求,根据幼儿身心发展的规律,有目的、有计划地通过美术欣赏和美术创作活动,培养其美术审美能力和美术创作能力,最终促进其人格和谐发展的一种审美教育。幼儿园美术教育旨在丰富幼儿的情感,培养幼儿初步的感受美、表现美的情趣和能力。幼儿园美术活动大致可分为美术欣赏活动、绘画活动、手工活动三种类型。

(二) 幼儿园美术教育的类型

1. 绘画活动

绘画活动是幼儿运用绘画工具和材料,用简单的艺术语言来表达对周围事物的感受和内心的想法。幼儿绘画分为涂鸦、象征和图式三个阶段。

图 8-5　从左到右依次为涂鸦期、象征期、图示期

2. 手工活动

手工活动是幼儿对工具和材料进行操作，制作出手工作品的活动。手工活动对发展幼儿的手眼协调性、创造力、意志力等都有极其重要的作用。手工分为玩耍阶段、直觉表现阶段和灵活表现阶段。

3. 美术欣赏活动

美术欣赏强调艺术的审美价值，结合幼儿美感发展的特点，让幼儿通过对美术作品和周围环境中美好事物的认识与欣赏，提高幼儿对美的感受力。美术欣赏学习以发展幼儿美感知觉形式能力和叙述视觉形式能力为主，引导幼儿对美术作品的形式、内容、媒介等进行欣赏，让幼儿体验美术家在作品中所要表现的理念与情感，使幼儿获得美感经验的满足。幼儿与艺术作品两个主体间相互交流，艺术作品要对欣赏的幼儿说话，幼儿要对艺术作品说话。幼儿欣赏的作品主要有绘画作品、工艺作品、雕塑作品和建筑作品。

三、幼儿园美术教育的意义

（一）幼儿园美术教育是满足幼儿审美情感需要的情感教育

幼儿心理发展的一大特点便是以自我为中心。他们常常不自觉地把自己的情感投射到客体上，使他身边的事物都变得有生命。如他们常把布偶娃娃当成自己的小伙伴，把满天繁星当成万盏点亮的小灯，把墙角的裂痕看成面目狰狞的怪兽。这种移情作用为幼儿园美术教育提供了心理基础，而美术活动则为幼儿提供了一个情感沟通与自我满足的机会，他们用美术活动表达自己的观点，抒发情感，认识世界。

（二）幼儿园美术教育是以培养幼儿审美创造力为核心的教育

从幼儿美术发展的特点分析，每个阶段都显示出他们与众不同的创造力，这种创造力是他们利用一定的工具材料，把个人体验加以想象与组合，以获得自我肯定的愉悦感的一种艺术创造能力。这种能力不仅在美术作品中反映出来，还从他们的活动过程中展现出来，同时还表现为欣赏美术作品时的丰富想象力，这些为幼儿的审美创造力的发展提供了条件。

（三）幼儿园美术教育是培养幼儿手、眼、脑协调活动的教育

幼儿园美术教育是促进幼儿手、眼、脑协调发展的教育，幼儿的美感体验、技能习得及表达创造都是在具体动手操作的美术活动中获得的。美术活动需要他们用多种感官去感知审美对象，用脑去理解、想象、加工审美意象，用语言去表达自己的审美感受，用手操作美术工具材料去表现自己的思想情感和所见所闻，通过心理活动对脑中存在的映像进行构思，通过手把自己对美的感受传达给别人。

（四）幼儿园美术教育是培养幼儿健全人格的教育

幼儿园美术教育在发展幼儿个性方面有着特殊的意义，美术活动与幼儿的个性是相互存在的。所谓"健全人格"是指每个人在自身所处的社会文化环境中保持良好的认知水平、平稳的情绪情感、恰当的行为方式和正常的社交与职业功能。要培养健全的人格，就要通过各种途径开展人格教育。在美术活动中健全的人格可以得到培育。

中班美术教育活动:夏季服装秀

【活动目标】

1. 感知夏季服装的特点,知道服装与季节的关系。
2. 运用报纸等废旧材料制作夏季服装,体验展示自制成果的喜悦。

【活动准备】

1. 物质准备:四季服装若干套,夏季童装杂志,过去幼儿用废旧材料制成的夏季服装,废旧报纸若干(数量大于幼儿数),剪刀、画笔、胶水等物,适合于表演的音乐一段。
2. 经验准备:幼儿提前收集了可利用的废旧物品。

【活动过程】

(一) 观察比较

1. 展示四季的服装,找出最合适夏天穿的衣服。讲讲选择的理由,并比较发现夏季服装的特点。

小结:夏天的服装都很轻薄,大多都比较短和简单。

2. 观看夏季童装杂志中的图片。说一说人们为小朋友们在夏季制作了哪些服装;比较哪些衣服更适合小朋友在夏季穿着(简单、凉爽、便于穿脱等);挑选最喜欢夏季的装扮,说出各自的理由(颜色、花纹、样式等)。

(二) 制作准备

1. 了解什么是服装表演,怎样进行夏季服装表演。
2. 提供一些夏季儿童服装,看一看过去哥哥姐姐们用废旧材料制成的夏季时装。

(三) 合作制作

1. 两三人自由结伴,推选一位小朋友担任模特。
2. 共同选择废旧材料,为"模特"边制作边装扮。(先用旧报纸做好服装的主体,再逐渐使用其他材料进行装饰)
3. 试着动一动、走一走,检查服装是否牢固。

(四) 夏季服装秀

1. 相互帮助穿好服装,并选择一些夏令物品做点缀(如:太阳镜、遮阳帽、花伞、扇子、沙滩玩具等)。
2. "模特"跟着音乐,走步,转圈,摆出造型,展示各组设计的服装。
3. 看一看,哪件衣服又凉爽又牢固,找找每一件服装的最大亮点(短、轻、薄)。

【活动延伸】

1. 收集身边可利用的废旧物品,带到班级的资源回收站。
2. 亲子共同创作时装,并开设时装展示长廊。

【案例评析】

合理利用废旧材料,能够帮助幼儿养成节约资源的好习惯,同时还体现了该活动在材料选取上的经济性和适宜性。本活动方案的撰写思路清晰,循序渐进,从易到难,幼儿在教师的科学引导下,逐步实现创作过程,最终将自己创作的成品穿在身上,服装秀环节既满足了幼儿作品展示的愿望,又丰富了教学环节,进一步升华了本次活动。

第二节 幼儿园美术教育的目标与内容

马老师和本班幼儿一起制作了"作品集",记录了本班幼儿从小班到大班三年的绘画作品和照片,我们从中选取了3张代表图片,你能看出分别是哪个年龄段幼儿的作品吗?为什么?

图 8-6 从左到右依次为小、中、大班幼儿绘画作品

小、中、大班幼儿的美术发展水平各有差异,那我们该如何制定美术教育的目标和内容呢?带着问题,我们一起学习新的内容吧。

一、幼儿园美术教育的目标

教育目标与教育内容是幼儿园课程的重要组成部分。教育目标指导和支配整个教育过程,幼儿园美术教育的目标是幼儿美术教育的目的和要求的归纳,也是幼儿园美术教育的具体标准和要求。

(一)《纲要》中艺术领域(含美术)总目标

(1)能初步感受并喜爱环境、生活和艺术中的美;

(2) 喜欢参加艺术活动,并能大胆地表现自己的情感和体验;

(3) 能用自己喜欢的方式进行艺术表现活动。

(二)《指南》中艺术领域(含美术)的年龄阶段目标

1. 感受与欣赏

目标 1　喜欢自然界与生活中美的事物

3—4 岁	4—5 岁	5—6 岁
1. 喜欢观看花草树木、日月星空等大自然中美的事物。 2. 容易被自然界中的鸟鸣、风声、雨声等好听的声音所吸引。	1. 在欣赏自然界和生活环境中美的事物时,关注其色彩、形态等特征。 2. 喜欢倾听各种好听的声音,感知声音的高低、长短、强弱等变化。	1. 乐于收集美的物品或向别人介绍所发现的美的事物。 2. 乐于模仿自然界和生活环境中有特点的声音,并产生相应的联想。

目标 2　喜欢欣赏多种多样的艺术形式和作品

3—4 岁	4—5 岁	5—6 岁
1. 喜欢听音乐或观看舞蹈、戏剧等表演。 2. 乐于观看绘画、泥塑或其他艺术形式的作品。	1. 能够专心地观看自己喜欢的文艺演出或艺术品,有模仿和参与的愿望。 2. 欣赏艺术作品时会产生相应的联想和情绪反应。	1. 艺术欣赏时常常用表情、动作、语言等方式表达自己的理解。 2. 愿意和别人分享、交流自己喜爱的艺术作品和美感体验。

2. 表现与创造

目标 1　喜欢进行艺术活动并大胆表现

3—4 岁	4—5 岁	5—6 岁
1. 经常自哼自唱或模仿有趣的动作、表情和声调。 2. 经常涂涂画画、粘粘贴贴并乐在其中。	1. 经常唱唱跳跳,愿意参加歌唱、律动、舞蹈、表演等活动。 2. 经常用绘画、捏泥、手工制作等多种方式表现自己的所见所想。	1. 积极参与艺术活动,有自己比较喜欢的活动形式。 2. 能用多种工具、材料或不同的表现手法表达自己的感受和想象。 3. 艺术活动中能与他人相互配合,也能独立表现。

目标 2　具有初步的艺术表现与创造能力

3—4 岁	4—5 岁	5—6 岁
1. 能模仿学唱短小歌曲。 2. 能跟随熟悉的音乐做身体动作。 3. 能用声音、动作、姿态模拟自然界的事物和生活情景。 4. 能用简单的线条和色彩大体画出自己想画的人或事物。	1. 能用自然的、音量适中的声音基本准确地唱歌。 2. 能通过即兴哼唱、即兴表演或给熟悉的歌曲编词来表达自己的心情。 3. 能用拍手、踏脚等身体动作或可敲击的物品敲打节拍和基本节奏。 4. 能运用绘画、手工制作等表现自己观察到或想象的事物。	1. 能用基本准确的节奏和音调唱歌。 2. 能用律动或简单的舞蹈动作表现自己的情绪或自然界的情景。 3. 能自编自演故事,并为表演选择和搭配简单的服饰、道具或布景。 4. 能用自己制作的美术作品布置环境、美化生活。

真题链接

1. 幼儿园艺术教育的主要目标是( )。(2018年上半年《保教知识与能力》)
   A. 发展幼儿的艺术技能　　　　　　B. 培养幼儿的艺术感受和表达能力
   C. 丰富幼儿的艺术知识　　　　　　D. 发展幼儿的逻辑思维能力
2. 下列有关幼儿美术教育的做法中,不正确的是( )。(2019年上半年《保教知识与能力》)
   A. 支持幼儿表达自己对美术作品的独特感受
   B. 出示范画让幼儿模仿
   C. 鼓励幼儿用自己的方式表现美
   D. 为幼儿的美术创作提供丰富的材料

(三)幼儿园美术教育的具体活动目标

具体的幼儿园美术教育活动目标是在充分了解幼儿美术能力发展水平的基础上确定的,透过幼儿园美术活动关键经验,我们可以更加精确地把握目标的选择与制定。

表8-1 幼儿园美术活动关键经验

色彩美术活动	命题/主题美术活动	装饰美术活动
三原色的探索与感受,对色彩混合与变化的体验与表征 尝试如下绘画方式和工具:手掌/手指画、刷子、毛笔画、棉签画、印章画	绘画:以点与线为主,初步的形与线的运用 手工:接触撕纸和初步的泥工,表现与绘画内容相关的事物	观察、欣赏与发现方形物体、蝴蝶等自然物上的对称、重复、平衡等简单的装饰元素 能运用粘贴、印章、点画等材料和方式进行装饰
体验和发现颜色的固定搭配,创造性地用色 尝试如下绘画方式:吹画、滚珠画,用不同质地的纸印染,感受油画棒与色彩的表现力	绘画:通过形与线、形与形的组合,表现单个的物体、人、动植物和简单的情节 手工:通过平雕和简单圆雕的泥工形式、撕纸、剪纸和折纸等纸工形式表现与绘画相关的内容	观察、欣赏和概括简单的动植物和物体的纹样,在圆形、半圆形、扇形、三角形等底面背景的物体上,鱼等自然物上进行装饰
抽象与具体的色彩运用 直觉与本能的创造性表达 围绕主题的创造与自由想象的表达	绘画:以动态人物、动植物为主,有情节的表征 手工:用剪纸、折纸和泥工表现与绘画相关的内容,追求形态与神态的感悟与表达	尝试和体验抽象装饰,大胆进行直觉与本能的对装饰图案的展现 进行实用具体的装饰,对常见的实用的物品进行装饰。

在参照幼儿具体的年龄特点及美术能力发展水平的基础上,根据具体活动所要掌握的关键经验,才能更合理地制定具体的美术教育活动目标。例如,要给中班下学期的幼儿设计一节主题为"废物箱,废物袋"的美术教育活动,我们可以确定关键经验为"手工"和"装饰",然后将活动所要达到的重难点添加到认知、能力、情感三个目标维度中。

二、幼儿园美术教育的内容

教育内容是实现教育目标的载体,幼儿园美术教育内容是指幼儿美术教育中幼儿所要学习的美术形式、美术内容及其运用的总和。在此从幼儿园美术教育的三类活动中分别介绍美术教育的内容。

(一) 绘画活动

幼儿园绘画活动是指教师引导幼儿使用纸、笔等绘画工具和材料，运用线条、色彩、造型等艺术语言以及造型色彩和构图等艺术手段，将其生活体验与思想情感通过加工和改造转化为具体、生动、可感的艺术形象。

1. 绘画工具和材料的认识和使用

（1）各种绘画工具和材料的性质。如油画棒的油性，水粉颜料、水彩颜料的融水性，宣纸、餐巾纸的渗透性等。

（2）各种绘画工具和材料的正确使用方法。从不同的工具和材料看，幼儿可进行彩笔画、水粉画、蜡笔画、水墨画、刮画、印画、纸版画、吹画、喷洒画、吸附画等。

2. 绘画的形式语言

（1）线条。线条的形态有直线、曲线和折线等不同形态。线条的变化有线条的方向、长度、质感等变化。

（2）形状。包括基本几何形状、几何形状的组合以及用连续不断的线条勾画的自然形体。

（3）色彩。包括色彩的色相、明度的辨认和色彩的运用。学前儿童学习运用色彩的主要内容包括主题色与背景色关系的处理、色彩的装饰和色彩的情感表现等。

（4）构图。在作画时考虑事物之间的空间关系，这一点对于幼儿来说有一定的困难，因此在幼儿绘画活动中设计的构图形式主要有单独构图、并列构图和均衡构图。单独构图是把单个形象大胆、清楚地画在画面的中心位置；并列构图是指有节奏感地在画面上并列安排主要形象和次要形象；均衡构图是指均衡地安排、布置画面，这一点对幼儿来说比较困难。

3. 绘画的题材

幼儿经常绘画的题材往往来自幼儿的生活。幼儿可以创作的绘画题材主要有自然景物、日常用品、人物、动植物、交通工具和生产工具、建筑物、简单的生活事件、动画影片的情节、自己想象中的物体与事件以及简单的装饰画。

(二) 手工活动

幼儿园手工活动是指幼儿在教师的指导下，利用各种材料进行的造型操作游戏，主要包括泥工、纸工和利用各种其他材料进行的综合性手工活动这三种类型。

1. 手工材料和工具

表8-2　手工材料和工具

手工材料	点状材料	沙子、小石子、小珠子、纽扣、饮料瓶盖、谷物、果壳、种子、木屑、贝壳、牙膏盖等
	线状材料	绳、毛线、火柴棒、吸管、麦秸、树枝、柳条、高粱秆、铁丝、毛根等
	面状材料	各类纸张、布、树叶、花瓣、羽毛、塑料薄膜、铁片等
	块状材料	泥团、面团、石块、木、块、水果、蔬菜、蛋壳、瓶子、纸盒、核桃、乒乓球、纸杯等
手工工具	简单工具	刀、剪刀、笔、泥工板、牙签、切片尺、糨糊、胶水、双面胶等

2. 手工活动的基本形式

表8-3 手工活动的基本形式

泥工	泥工是指幼儿用双手和简单工具将泥（橡皮泥、面泥、陶泥等）塑造成各种立体物象的活动，是幼儿园常见的立体造型活动
纸工	纸工的内容主要有剪纸、折纸、撕纸、拼贴纸、染纸、编纸等，以上活动内容有时也会相互交叉组合，如剪贴、折纸拼贴、折纸添画等
其他综合性手工	利用其他材料进行的立体造型活动，如麦秸秆编织、面具制作、各类材料拼贴、纸盒玩具、纸杯娃娃、风筝制作、表演道具制作等

3. 手工活动的题材

幼儿园手工活动的题材主要有：玩具（如折纸、泥塑）、节日装饰物（如拉花、窗花、灯笼）、演出道具（如纸花、服装、头饰、面具）、日常布置用品（如剪纸、粮食贴画、蔬果造型）贺卡等。

（三）美术欣赏活动

幼儿园美术欣赏活动是教师引导幼儿认识和欣赏美术作品、自然景物及周围环境，了解对称、均衡、变化等形式美的原理，感受造型、色彩、构图等艺术手法及其情感表现，体验美术欣赏的快乐。美术欣赏包括美术作品欣赏、自然景物欣赏和环境欣赏。

1. 美术欣赏的对象

表8-4 美术欣赏对象

艺术作品	幼儿欣赏的艺术作品主要有绘画作品、雕塑作品、工艺美术作品和建筑艺术，绘画作品中还包括优秀的幼儿美术作品
自然景物	日常生活中可以供幼儿欣赏的自然景物有很多，如动物、花草、树木、山川、河流、星空、海滩、冰雪、晨露、霞光等
周围环境	幼儿欣赏的周围环境大致有室内环境和室外环境两类，前者如居室、幼儿园教室、商场等，后者如广场、园林等

2. 欣赏知识和技能

（1）艺术作品的形式分析，如造型、色彩、构图等方面。

（2）作品主题分析，如艺术家的意图等。

（3）对作品的联想。

（4）对作品的表达。

（5）作品的背景知识。如艺术家的生平、作品的创作背景。

大二班的李老师在开展美术主题活动"幼儿园里的春天"时，只设计了绘画活动"我眼中的春天""田野里的油菜花""彩色蝴蝶"等，年级组长对李老师的设计提出了意见，

并希望李老师能从多方面改进本次活动。

请你依据本章节学习的内容,尝试设计绘画、手工、欣赏3种类型的活动,并写出活动目标。

第三节　幼儿园美术教育的途径与方法

情境导入

幼儿园大班开展了主题活动"我要上小学",大班年级组设置了许多丰富多彩的活动,以下是大二班牛老师主题活动方案中的几个片段:

【片段一】

活动名称:我心中的小学

活动类型:集体教学(绘画)

活动内容:……

【片段二】

活动名称:迷你校园

活动类型:角色游戏区

活动内容:……

【片段三】

活动名称:走进小学去写生

活动类型:参观、绘画

活动内容:……

【片段四】

活动名称:扎染红领巾(亲子)

活动类型:家园共育

活动内容:……

思考:幼儿园美术教育的实施途径有哪些呢?如何让幼儿园美术教育活动开展得更加丰富精彩?在组织幼儿园美术教育活动时应该运用哪些方法呢?让我们带着这些疑问来学习第三节的内容吧!

一、幼儿园美术教育的途径

幼儿园美术教育体现在幼儿园一日活动的各个环节,如集体教学活动、区角游戏、生活活动、环境创设、家园合作等。我们要将美术教育融入各种途径中，注重一日活动的整体教育功能。

（一）集体教学活动

幼儿园美术集体教学活动是幼儿园美术教育最主要的形式，是以幼儿为主体，教师进行有计划、有目的的互动活动，具有活动内容广泛性、活动方式游戏化的特点。根据教育内容的不同，我们将幼儿园美术领域课程分为绘画教育、手工教育、美术欣赏教育三种类型。教学活动的形式，可以是集体教学模式，也可以是分组教学模式，还可以是幼儿自发探索模式。

（二）区角游戏

美术区角一般也称为美术角、美工区，是幼儿园区角活动中最常见的一种，是供幼儿欣赏和创作的美术活动空间。教师主要为美术区角配备美术欣赏的图片、画册，以及美术创作所需的材料等。幼儿可以在美术区角选择自己喜爱的美术作品进行欣赏或用自己感兴趣的工具材料绘画或做手工。美术区角不仅可以作为美术集体教学活动的拓展和延伸，还是开展小组活动和个别化活动的重要途径。

（三）生活活动

生活活动是幼儿一日生活的重要组成部分，教师要抓住生活活动中的美术教育契机，创造适合幼儿的生活氛围，以美术为表现手段，合理地开展美术教育，促进幼儿个性的全面发展，力争在幼儿园美术教育中体现生活化的特征，实现美术教育生活化的价值。这将有利于激发幼儿的创作兴趣，提升审美感受，更有助于幼儿的自我表达，同时让幼儿充分体验学习及生活的自主性和主体性。例如，很多幼儿园都会在盥洗室的墙面贴上"七步洗手法"，教育经验比较丰富的教师则会以"洗手"为教育契机，引导幼儿用自己喜欢的方式创作独特的"洗手法"。

（四）环境创设

《纲要》中明确要求："环境是重要的教育资源，应通过环境的创设和利用，有效地促进儿童的发展。"幼儿园环境创设的目的是引发和支持幼儿与周围环境的互动，而环境创设中的很多环节都需要美术创作的参与，无论是作品的呈现，还是主题图的展示，抑或是装饰区角，都离不开幼儿的美术创作，因此幼儿美术在环境创设中是不可缺少的因素。

（五）家园合作

家庭是很多幼儿兴趣发展的根源。因此，幼儿园的美术教育要与家庭保持密切联系，以取得最佳的教育效果。幼儿园不仅要和家庭沟通，还要争取家长的协助，从而有效利用家庭中的教育资源。

幼儿园要建立一些与家长沟通的渠道，以便家长了解和掌握幼儿的美术发展情况。比如：班级活动室门口的家园栏上展示幼儿的作品，让家长接孩子的时候观看，了解孩子在幼儿园的具体活动。家长开放日为家长参观幼儿美术活动提供了机会，可进一步加深家长对幼儿园活动的了解。

另外，每隔一段时间，将幼儿的作品整理出来交给家长，也可以使家长更了解孩子。还可以组织一些家园合作的美术活动，以丰富美术活动内容，使幼儿园的美术教育更有效。

二、幼儿园美术教育的方法

幼儿园美术教育的方法是教师和幼儿为了完成美术教学目标,在教学过程中采用的师生相互作用的一系列活动方式的总和。在幼儿园美术教育活动中被运用到的方法有很多,教师要根据活动的需要灵活运用,以取得最佳的教学效果。通常,我们把种类繁多的教学方法可以归纳为以下几大类:以语言传递信息为主的方法、以直接感知为主的方法、以指导练习为主的方法、以欣赏活动为主的方法、以引导探究为主的方法。

(一) 以语言传递信息为主的方法

这种方法是指教师通过语言向幼儿传递信息和指导幼儿学习美术。它主要包括了讲授法、对话法和讨论法三种比较常见的方法。

1. 讲授法

讲授法是教师通过语言的描述、说明和解释,向幼儿传递信息,从而使幼儿获得美术知识和技能的教学方法。

2. 对话法

对话法是教师、幼儿和作品之间相互交流、相互作用的一种教学方法。对话过程中,师幼的关系应该是平等的。教师不能强求幼儿接受某一权威的结论或者是自己对美术作品的看法,应尊重幼儿的理解和体验。另外,对话法往往是在教师提问和幼儿回答的过程中展开的。因此,教师在提问时要注意克服问题的随意性,所提问题要围绕活动内容和目标,问题要具体明确,对幼儿有启发,引导幼儿积极思考,多提开放性问题,少提类似"是不是""好不好"等封闭性问题。

3. 讨论法

讨论法是教师指导幼儿以全班或小组的形式,围绕教学内容中的某个问题进行讨论,以获得知识和经验的方法。讨论法较适合在中大班中使用。另外,幼儿对讨论的问题应该具备相应的知识经验。在讨论结束时,教师对于讨论的情况可以用多元的、开放的观点要进行小结,概括幼儿讨论的内容。

(二) 以直接感知为主的方法

美术活动中以直接感知为主的方法主要是指教师直接出示实物、图片、多媒体等资料,组织幼儿对其进行观察,使幼儿感知客观实物的同时获得直接具体的形象认识。由于美术的特点是直观形象性,主要依据视觉来进行感知。因此,以直观形象传递信息为主的教学方法,最能体现美术学习的特点。这类方法主要包括观察法和演示法。

1. 观察法

幼儿的美术创作和欣赏都离不开观察,启发幼儿观察物体的形状、颜色、结构以及事物间的空间位置、相互关系等,获得对事物的具体感性认识,是幼儿园美术教育活动的基本方法。观察法可以是对生活中的真实事物的直接观察,也可以是对图片、幻灯片、视频等的间接观察。

2. 演示法

演示法是指教师在传递信息过程中,向幼儿展示直观教具、示范绘画、制作等过程,帮助幼儿获得对事物现象的感性认识的一种教学方法。演示法能直观生动地把所要画的内容或制作的物体展示给幼儿,使幼儿获得具体、形象、逼真的感性认识。

(三) 以指导练习为主的方法

以指导练习为主的教学法是指幼儿在教师的指导下进行绘画、制作等实践,从而熟悉和掌握各种美术知识、技能、技巧的方法。这一方法符合幼儿美术活动的实践性特点,美术知识、技能的获得不仅仅依靠语言信息的传递、自身内部心理的感知,还需要反复多次的练习和操作。

(四) 以欣赏活动为主的方法

以欣赏活动为主的方法,是让幼儿通过对美术作品、自然景物、社会生活中的美好事物的欣赏,获得美的感受,提高表现能力、审美能力的教学方法。以欣赏活动为主的教学方法中,最基本的方法是对话法,这在前面已有论述,不再讨论。对于幼儿来说,美术作品中的思想情感,有时会超越语言的范围,往往难以言表。因此,除了对话法以外,还有以下几种常见的方法。

1. 音乐匹配法

音乐匹配法是指教师在把握作品所表达的意境和情感基调的基础上,为作品选择与之相匹配的音乐,从而使幼儿借助听觉通道更好地感受、理解视觉艺术。

2. 动作模仿法

动作模仿法是指在欣赏美术作品时,幼儿可以尝试着用身体动作去模仿表现作品的某些特征,以达到对作品内容的深刻理解。身体动作可以是人物的姿态,也可以是人物的面部表情。

3. 对比法

对比法是指通过对作品表现手段、表现形式和表现风格的比较,提高幼儿对作品的审美感受和理解能力。

4. 联想法

联想法是指幼儿在欣赏美术作品时,引导其对作品进行大胆想象,以便更加深入地理解作品表达的内涵。审美想象是艺术欣赏的另一个重要内容。幼儿对画面的想象、联想既有日常生活经验的记忆润饰,也有更多的潜意识成分,与成人的想象活动相比更富有情感性,更为生动、丰富。

5. 情境法

情境法是教师根据美术活动的需要为幼儿创设生动、形象的学习情境,使之产生身临其境的感觉,从而引发幼儿相应的情感、态度的一种方法。

(五) 以引导探究为主的方法

以引导探究为主的方法是指在教师指导下,由幼儿自己发现问题、探索问题和解决问题的教学方法。在探索解决问题的过程中,培养了幼儿独立探索、解决问题的能力以及创新的能力。以引导探究为主的方法主要有尝试法和探究法。

1. 尝试法

尝试法是由教师设置一个情境,让幼儿对某一学习任务经过几次错误的尝试,在此基础上找到正确答案的教学方法。虽然尝试法主要运用于需要理性思维的认知活动中，但在某些操作性较强的美术活动中，仍不失为一种培养幼儿动手操作能力和探索精神的好方法。其特征是"先试后导、先练后讲、先学后教"，从尝试入手，从练习开始。

2. 探究法

探究法是幼儿运用教师提供的材料和线索进行"再发现"，以掌握知识并发展创造性思维与发现能力的一种方法。在实际的活动中，幼儿根据已有材料进行发现、探究之后，往往也有相应的尝试操作，因此有时我们也将两种方法统称为尝试探究法。

第四节　幼儿园美术教育活动的设计与评价

某幼儿园小班组织开展利用废旧材料创生课程的活动，许多老师都积极参加并设计了相关的活动方案，以下是贺老师设计的活动方案中的片段：

小班美术活动：设计糖纸

活动目标：
1. 尝试选择多种方法设计糖纸。
2. 迁移已有经验，能够用各种线条、图案来装饰糖纸。
3. 大胆制作，在美工活动中体验创造的快乐。

活动准备：
1. 各种形状与颜色的糖纸若干。
2. 已剪好形状的彩纸、蜡笔若干。

活动过程：……

看完了以上的活动方案，请大家思考几个问题：

你认为该活动方案的目标和准备有哪些优点？有哪些缺点可以继续改进呢？如果是你，你会怎样设计呢？相信大家还有很多疑惑，那接下来，让我们带着疑惑打开第四节的大门吧！

一、幼儿园美术教育活动的设计

一般来说，幼儿园美术教育活动设计是指幼儿园美术集体教学活动，由导入部分、基本部分和结束部分三个环节组成。教师在活动前应该熟悉所设计的活动方案，不仅要对各个环节有明确的认识，还要从实际操作的角度思考具体的方法、步骤，预估活动时会遇到的困难，提前想好解决措施。

（一）活动导入环节

导入环节的目的和作用是将幼儿过渡到和主题有关的情境中，激发幼儿参与美术活动的兴趣，所以在撰写导入环节时可以这样组织语言："××导入，引出××主题，激发幼儿参与××活动的兴趣。"

导入的方法有很多种，常用的有图片导入、谈话导入、作品欣赏、音频/视频导入等，在开展美术教育活动时可以选取符合主题的导入方法，好的导入环节往往会给整个活动增光添彩。

（二）活动基本环节

一个具有一定结构化的幼儿园美术教育活动主要包括感知与体验、探索与发现、创作与表现、欣赏与评议等四个基本阶段。

1. 感知与体验阶段

感知与体验阶段是指教师引导幼儿对自然、社会生活中美的实物和艺术作品的欣赏、感受，获得内在体验，吸收和拓展相关经验，积累视觉语言和符号的过程。这一环节的目标主要是帮助幼儿仔细观察，丰富表现经验，以便将其中蕴涵的艺术语言、符号吸收内化到自己的头脑中，甚至迁移运用到自己的操作活动中。

在这一阶段，教师在实施过程中要注意，提供给幼儿感知的美术作品要具有典型性、丰富性。

2. 探索与发现阶段

探索与发现阶段主要是通过让幼儿尝试错误，在自主操作中发现问题、分析问题、解决问题，不仅可以加深幼儿对美术方法或操作材料的认识，而且有利于培养幼儿的主动探究精神。

在这一阶段的实施过程中要注意教师的指导作用，幼儿尝试、探索，并不是说教师可以无所事事，教师在幼儿探索、尝试的过程中应进行细致、深入的观察，发现幼儿的共性或个性问题，找到解决问题的办法，还可以进行必要的总结、提升。另外，还需注意的是，并不是所有的操作活动都适合幼儿自己探索和发现。在进行某些复杂的操作活动时，也可以采用教师直接演示的方法，以使幼儿在操作过程中获得更大的成就感和乐趣。

3. 创作与表现阶段

创作和表现阶段是幼儿通过前期的积累将自己的经验、想法或情绪情感用艺术的手段表现出来。在这一环节中，幼儿往往会经历构思与设计、操作与装饰两个部分。

在这一阶段，教师在实施的过程中需注意以下两点：一是创作之前教师要交代操作的要求，帮助幼儿进一步明确构思、创作的主题和工具材料的使用方法及要求。二是在操作过程中，创设宽松的心理氛围，引导幼儿将临摹、仿制与独创结合起来，鼓励幼儿在掌握基本方法的基础上努力创新。

4. 欣赏与评价阶段

欣赏和评议阶段是幼儿对自己和同伴作品欣赏和评价，发表自己的感受和评价的过程。

在这一阶段,教师在实施过程中要注意作品评价与过程评价相结合,不仅仅评价幼儿的作品,更要关注幼儿在学习中的主动性、独立性、专注性、行为习惯等学习品质,这些对于幼儿的可持续发展尤为重要。另外,欣赏与评价的过程中,尽量让幼儿来自评或他评,教师可以适当引导,而幼儿在操作过程中的学习品质可以以教师评价为主,并在评价过程中注重提出改进的措施。

(三) 活动延伸

幼儿园美术教育活动的延伸方式有很多种,例如:再创作、区域渗透、作品展示、环境创设,当然也可以让幼儿将作品带回家跟家长共同欣赏。

小班绘画活动:手指点画小蝌蚪

【设计意图】

由于小班幼儿小肌肉群发育迟于大肌肉群,手的精细动作差,对手指的控制能力较弱,因此手指画对练习小班幼儿手指精细动作能力非常必要。手指画对线条、轮廓要求的精细度不高,而且蝌蚪外形结构简单,正符合小班幼儿的构图能力与水平,幼儿更容易感受到美术创造的乐趣。

【活动目标】

1. 通过观察小蝌蚪了解其外形特征。
2. 初步尝试用手指点画的方法画出各种动态的蝌蚪。
3. 大胆创作,提高美术创造的兴趣。

活动重点:用手指点画的方法画出各种动态的蝌蚪。

活动难点:提高美术创作的兴趣。

【活动准备】

1. 经验准备:幼儿在父母的陪同下,观察过小蝌蚪。
2. 物质准备:黑色颜料,小抹布人手一块,围裙人手一条,小碟子一组一个,每人一张池塘荷叶的背景图,视频《小蝌蚪》。

【活动过程】

(一) 了解蝌蚪的外形特征,感受蝌蚪的游动

1. 观看视频,讨论小蝌蚪的外形。

师:蝌蚪长什么样子?生活在哪里?

小结:小蝌蚪的身体是黑色的,头是大大圆圆的,尾巴是细细尖尖的,他们生活在水里。

2. 模仿游戏,感受蝌蚪的各种动态。

师:蝌蚪在水里是怎样游的?(请幼儿模仿)

小结:小蝌蚪游起来尾巴是弯曲的,扭来扭去,有的蝌蚪长出了腿,就用腿划水。

（二）学习手指点画，尝试画出各种动态的蝌蚪

1. 自主探索蝌蚪的画法。

请幼儿用所给材料，自主探索在纸上画蝌蚪。

2. 教师讲解示范。

伸出食指在碟子里轻轻蘸一下，然后在池塘里荷叶下面按一按（要求：在纸上平着轻轻按下去），小蝌蚪的脑袋就出现了；手指尖竖起画一画（要求：手指提起或竖起轻轻向上提），小蝌蚪细细的长尾巴就出来了。

3. 幼儿创造，教师巡回指导。

提示幼儿：先用手指轻轻蘸一点颜色点在画纸上，如果蘸多了可以在颜料盘边刮一刮。

教师边巡视边提醒幼儿：小蝌蚪游啊游，大大的脑袋，细细的尾巴。往上游，往下游，往前游，往后游。

（三）作品展示

幼儿欣赏讨论作品，说说自己最喜欢哪一幅作品并且说明理由。

【活动延伸】

1. 美术区：准备黑色颜料，便于幼儿后续练习，提供记号笔，便于幼儿有不同的创造需求。

2. 环境创设：将幼儿作品展示在作品栏内供幼儿观赏。

3. 家园合作：家长带领幼儿到户外观察蝌蚪，并和幼儿一起模仿蝌蚪游的形态；讲蝌蚪的故事，进一步激发幼儿对蝌蚪的研究兴趣。

分析：从生态平衡以及爱护动物的角度考虑，本课利用视频代替实物的形式导入，既形象直观，又激发了幼儿的兴趣。幼儿通过跟父母一起在户外观察蝌蚪、观看蝌蚪视频、模仿蝌蚪等学习途径，对蝌蚪的外形特征以及游动形态有了充分的认识，在感受与欣赏的基础上，用手指画来表现蝌蚪的形态就水到渠成了，所以在幼儿自主探索画蝌蚪的环节，就会有各种各样的艺术表现。但因为小班幼儿手指控制能力弱，在创作时难免出现图画周圈晕染、身体和尾巴大小长短不协调等情况，教师适时、适度地讲解示范是必不可少的。幼儿具备了生活的经验、创作的热情以及美术的技法，一幅幅生动活泼的池塘里、荷叶下的美景就跃然纸上。最后的作品展示环节，教师领会并尊重幼儿的创造意图，充分肯定幼儿作品的优点，并鼓励幼儿用自己的作品布置环境，给幼儿营造了安全的心理氛围，让幼儿更加敢于、乐于、善于表达表现，这也是幼儿美术教育的核心追求。

中班绘画活动：油菜花开

【活动目标】

1. 认识油菜花的基本外形特征，了解点彩画的常用方法。

2. 通过图片赏析、自主探索、小组合作，利用所学创作一株油菜花。

3. 愿意用自己喜欢的方式表现油菜花，体验小组合作的乐趣。

【活动准备】

1. 物质准备：油菜花幻灯片，刷好底色并贴好房子的长卷画纸两张，绿色、黄色水粉颜料若干，细头水粉笔若干，蜜蜂头饰人手一个，《郊游》歌曲，轻音乐一首。

2. 经验准备：幼儿在生活中见过油菜花，有点彩画的经验。

【活动过程】

(一)情境导入，激发幼儿的参与兴趣

师：各位旅客大家上午好，欢迎你们来到美丽的油菜花海。你们觉得这里的景色怎么样？哪里美？(颜色美、气势美)那你的心情怎么样？

师：这么多油菜花聚在房子前，你们觉得游客们会说什么？做什么呢？

(二)欣赏油菜花图片，了解油菜花基本的外形特征

1. 认识油菜花茎。

师：咦，这是什么？(花茎)油菜花的花茎是什么样子的？(细细的、长长的)花茎的旁边有什么？(叶子)在花茎的顶部还有什么呢？(小花茎)

2. 认识油菜花花朵。

师：油菜花的花朵长在哪里？(小小的花茎上)花朵是什么样子的？(小小的、黄黄的)一根小花茎上有几朵油菜花？

小结：油菜花的花朵长在小花茎上，紧紧地抱在一起。

(三)探索用水粉画表现油菜花花朵的方法

师：这么美的油菜花你们想不想把它画下来呀？今天我带来了一只神奇的水粉笔。瞧，它竖过来是细细的，横过来是粗粗的，还是扁扁的，我把水粉笔竖过来画一条直线和分叉线，这像什么？(花茎)横过来，一点，像什么？谁想来试试这只神奇的水粉笔，给油菜花画个像？

请2—3名幼儿示范画，教师提升总结。

(四)幼儿自主绘画，教师巡回指导

师：现在，我们一起用自己喜欢的方式在这片美丽的房子前画上油菜花海吧！

(五)作品评析

师：哇，我们的油菜花海画好了，美不美？你们知道油菜花最喜欢什么昆虫吗？(蜜蜂)咱们快快变身小蜜蜂，跟着妈妈去油菜花海中跳支舞吧！

【活动延伸】

1. 美工区中可提供黄色和绿色的超轻彩泥，供幼儿捏制油菜花开的样子。

2. 请家长带领幼儿去乡村实地看一看油菜花，闻一闻油菜花香，品尝油菜花做成的食物，全方位认识油菜花。

分析： 本活动方案逻辑清晰，结构完整，过渡自然，包含美术教育活动的基本环节。导入环节生动有趣，通过对油菜花的探索激发幼儿参与活动的兴趣。在探索与发现阶段设置的内容循序渐进，让幼儿能有一个较为自然的学习过程。同时，设计了幼儿绘画和作品评析环节，让美术创作发挥价值。活动延伸环节没有选择老旧的家长互动，而是选择了将"美术活动"过渡到"美工区"中，将"绘画活动"过渡到"手工活动"中，并鼓励幼儿活动结束后，能够走出校园走出家门去看一看油菜花。

大班美术欣赏活动:小鸟天堂

【活动目标】

1. 了解中国水墨画中"点、线"的特点,知道作品中有哪些元素。

2. 通过欣赏、思考、认识的学习过程,学会初步运用使用点、线造型的方法画水墨画。

3. 愿意在活动中大胆表达自己对作品的感受。

【活动准备】

1. 物质准备:介绍吴冠中及其作品的PPT,宣纸、笔墨、颜料、欣赏用的配乐。

2. 经验准备:简单了解大榕树的外形特征,熟悉水墨画的主要作画工具。

【活动过程】

(一)视频导入,激发幼儿参与美术欣赏活动的兴趣

1. 师:今天老师收到了一份小鸟的邀请函,发这份邀请函的人想邀请我们去它的家乡游玩,现在让我们一起来看看这份特别的邀请函。

2. 师:在视频里面你们看到最多的东西是什么?

(二)欣赏榕树实物照片,获得关于榕树外形的经验

1. 师:你们看到的是什么?你们能告诉老师这棵树是什么样的吗?这棵树上有什么颜色?

2. 师:树干是什么形状的?树枝是什么形状的?那些长长的从树枝上垂下来的,你们知道是什么吗?你们猜这里有几棵树?(引起幼儿好奇,激发幼儿学习兴趣)

(三)出示《小鸟天堂》,幼儿自由观看和讨论

1. 引导幼儿欣赏吴冠中的《小鸟天堂》,在榕树实物照片和水墨画作品的比较中感受榕树的美,体会水墨画的表现特点。

(1)师:有一位姓吴的爷爷去了这个美丽的地方后,他画了一幅画,让我们一起来欣赏一下。

(2)师:这幅画是用什么工具画的?这些线条代表什么?说一说你看到这幅画有什么感受,你想到了什么?

2. 师幼共同欣赏作品,体验小鸟与树的和谐美。

通过猜测,发现画中的小鸟,体验作品细节带来的惊喜,感受小鸟与大树的亲密关系,产生热爱大自然的情感。

(1)师:孩子们,这是榕树。这些直的、弯的、深的、浅的、粗的、细的线都可以表示榕树。猜猜这位老爷爷画了多少棵榕树?

(2)师:除了大榕树的弯弯曲曲的线条,画中还有什么?你们猜这些小点是什么?

(3)师:这幅画上(全图)究竟有多少只小鸟?怎么有这么多的小鸟在这棵大榕树上?为什么小鸟喜欢和这棵大树在一起?假如你是一只小鸟,看到这么美的一棵大榕树,你会有什么感受呢?

(四)了解作品背后的故事,介绍水墨画及作品的作者

1. 师:猜猜吴爷爷画这么大的一幅画用了多长时间?

2. 师:这一幅画的名字叫《小鸟天堂》,它是由中国著名画家吴冠中老爷爷创作的彩墨名画。现在,请你再仔细观察一下画面,想一想、猜一猜,画家为什么给这幅画取名叫《小鸟天堂》?如果,你是一只小鸟,你会喜欢这个地方吗?为什么呢?你能说出自己喜欢《小鸟天堂》的理由吗?

教师小结:吴爷爷曾经画了三幅不同的《小鸟天堂》,花了整整6年时间,6年就是2190天。在6年中,他经常去这个地方,用眼睛仔细地观察,用心灵去感受,用笔一点一点地画出来。这幅画不仅受到中国人的喜爱,还曾在英国的国家博物馆展出,使更多的人能了解我们中国水墨画的魅力。

(五)体验尝试,提炼作品背后的内涵

1. 幼儿随着音乐,尝试运用笔墨体验表现,体会"榕树"的趣和难。

相信大家看了吴爷爷画的《小鸟天堂》后自己肯定也想动手画一画,要画榕树和小鸟可不是那么容易哦,那些线条有的颜色淡,有的颜色深,有的直,有的弯,有的细,有的粗,你们想试试吗?

2. 展示幼儿合作完成的水墨作品。

(六)分享与交流

1. 交流体验后的感受。

师:刚才你们试过画榕树了,觉得怎么样?

2. 教师点评和总结。

师:大家尝试画了之后能体会到画水墨画并不是一件很容易的事,但是老师今天看了大家的作品后觉得大家表现得特别棒,画的都十分的好看,相信今天看了这幅美丽的画之后,大家一定迫不及待地想去这个美丽的地方,我们把我们的作品当作回信寄给小鸟吧。

【活动延伸】

1. 亲子活动:鼓励幼儿回家和爸爸妈妈一起制作小鸟天堂风格的作品。

2. 区域活动:绘本区投放水墨画风的绘本,让幼儿自由欣赏。

分析:该大班美术欣赏活动方案注重各个环节之间的衔接,在欣赏作品和解读作品的环节,循序渐进,用幼儿能听懂的直白的话语讲解作者和作品,引导幼儿通过倾听和想象对创作的过程产生了各种想法,进而通过教师的讲解,对作品进行了鉴赏。

中班手工活动:鲜花送老师

【活动目标】

1. 区分纸张对折后的对折线与边线,初步把握对折剪纸的简单方法。

2. 自制鲜花,体验师生间的美好情感。

【活动准备】

1. 物质准备:长方形色纸、吸管、粘贴纸、剪刀、纸带一根、透明包装纸若干。

2. 经验准备:幼儿了解教师节,知道节日祝福的方式。

【活动过程】

(一)欣赏谈论

1. 师:教师节快要到了,小朋友打算怎样给老师表达祝福?(引导幼儿联系到

送花)

2. 师:鲜花很贵,而且很容易枯萎,那怎么办呀?(为老师做一束花)

(二)自制鲜花

1. 观察做花的步骤。

(1)区分长方形纸的长边与短边。

(2)用长边对折,区分对折线与边线。

(3)在对折线处开一小口,在边线处剪数条直线成丝状(或锯齿)。

(4)将绿色吸管从小口处插入,并粘贴。

2. 动手制作。

(1)自选颜色制作花朵和花叶。

(2)边做边选色,颜色要搭配协调。

(3)将数朵花用粘贴纸系在一起。

(三)欣赏交流

1. 欣赏各自的作品,数一数每一束有几朵花。

2. 谈论判别对折线与边线的好方法。

【活动延伸】

教师节即将来到,利用装饰材料制作,并用透明包装纸包装起来,围上纸带,用订书机固定,送给老师。

分析:本次手工活动导入环节采用问题导入的方式,教师通过提问引导幼儿进入主题,激发幼儿参与手工活动的兴趣。在设计动手制作鲜花阶段,环节设置的内容循序渐进,让幼儿有观察、理解、学习、动手做的过程。幼儿通过观察、动手做以及欣赏交流达到活动目标。活动延伸设置了幼儿给教师送花的环节,满足了幼儿的荣誉感,体会师生间的美好情感。

二、幼儿园美术教育活动的实施要点

美术教育活动是培养幼儿创造力、想象力以及审美能力的一种重要手段。教师要科学设计和实施幼儿园美术教育活动,通过艺术的熏陶完善幼儿的人格,使其健康地成长。在幼儿园美术教育活动的实施中要注意以下要点:

(一)绘画活动

1. 通过集体讨论,鼓励幼儿进行回忆,引发联想

教师可以带领幼儿对主题进行讨论,如"动物大世界",前期让家长带领幼儿参观动物园的动物,然后教师创设宽松的氛围,引导幼儿进行讨论以帮助幼儿确定绘画主题。

2. 营造愉快的绘画氛围,鼓励幼儿按照自己的想法进行创作

绘画活动是儿童生活经验与兴趣需求的一种表现方式,绘画活动不仅能够满足幼儿的心理需要,还能体现幼儿的愿望和需要。幼儿由于生活环境、性别的不同,在爱好上也各具差异。比如:男孩比较喜欢画一些形状不同的车、各种各样的武器等;女孩比

较喜欢画公主、城堡、可爱的卡通人物等。这些都可以通过绘画作品表达出来。因此，作为教师应大胆鼓励幼儿用心创作，抒发他们的情感。

3. 通过交谈、提问、讨论的形式，帮助幼儿构思画面、设计图

每个幼儿的绘画水平不同，在绘画过程中的表现力也会不同。教师可以通过师幼交谈、教师提问等方式帮助幼儿克服绘画中的问题，从而提升他们的成就感；教师也可以利用分组的形式，让幼儿进行讨论、相互帮助。

4. 尊重幼儿对于情景画的讲述及表达的创作意图

幼儿的想象力超乎了成人的想象，他们天马行空的想象力常常令人惊叹！让幼儿讲解自己的作品是绘画活动的重要环节，讲解的主要目的不是让教师和其他人理解绘画的内容，而是让幼儿进一步表达自己的情感，获得成功的喜悦，同时也使他们增加对绘画的喜爱之情。

> **真题链接**
>
> 1. 小彤画了一个长了翅膀的妈妈，教师合理的应对方式是（　　）。（2017年下半年《保教知识与能力》）
>
>   A. 让小彤重新画，以使其作品更符合实际
>   B. 画一个妈妈的形象，让小彤照着画
>   C. 询问小彤画长翅膀妈妈的原因，接纳她的想法
>   D. 对小彤的作品不予评论
>
> 2. 材料分析题：主题活动中，中班幼儿对画汽车产生了兴趣，为了提升幼儿的绘画能力，郭老师提供了"面包车"的绘画步骤图，鼓励每个幼儿根据步骤图画出汽车。（2018年上半年《保教知识与能力》）
>
>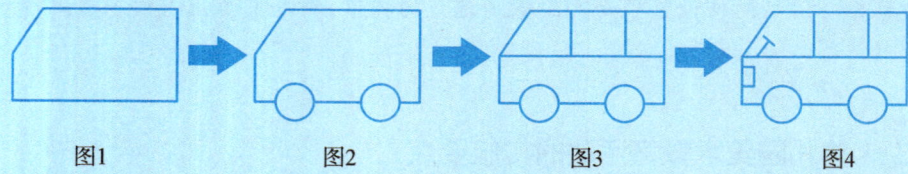
>
> 图1　　　　　图2　　　　　图3　　　　　图4
>
> 问题：(1) 郭老师是否应该投放"绘画步骤图"(2分)？为什么？(8分)
>
> 　　　(2) 如果你是郭老师，你会怎么做？(10分)

（二）手工活动

幼儿园手工活动与绘画活动有许多类似的地方，我们要尊重幼儿能力的发展。在幼儿园开展手工活动对发展幼儿的手部灵活性、手眼协调性，对培养幼儿的想象力和形成空间感起着至关重要的作用。幼儿园手工活动的实施应注意以下几个方面。

1. 准备优秀的范例，培养幼儿的兴趣

对于优秀作品的欣赏，能够激发幼儿对于制作活动的向往，对手工操作的结果产生最直观的感受，并对美术产生浓厚的兴趣。例如，教师可以在手工活动开始前向幼儿展示作品，或请幼儿欣赏图片、视频，以便让幼儿直观地了解手工制作的步骤和成品。

2. 给幼儿提供丰富多样的工具和材料

材料是设计和构思的基础,不同的材料具有不同的工艺性能和特征。教师可把多种材料和工具投放在教室的区角,也可以在一次手工活动中提供不同的材料,让幼儿根据自己的意图选择材料,使幼儿在活动中不断地尝试探索,发现不同材料的性质,创作出更多的作品。

3. 演示、讲解是启发幼儿创造力的依据

手工活动中折纸、泥工、粘贴画等的制作需要都需要按照一定的操作步骤,此时教师简单规范的讲解和演示显得非常重要。教师的讲解和演示要根据幼儿的反应来进行,在较复杂的环节要选用幼儿能够理解的语言重复讲解,让每个幼儿都能够理解操作环节,有些步骤甚至需要让他们重复操作,再根据个别问题,进行进一步演示。为了调动幼儿的积极性,发挥他们的创造力,可将游戏融入手工活动中,使游戏和手工紧密结合起来。在手工活动中,教师还可以运用故事、音乐等,使幼儿获得喜悦、好奇等情感体验。

4. 制订合理的手工活动计划

教师在开展手工活动时,应根据幼儿的年龄特点、手工活动的特点合理来制订计划。在开展手工活动前,应根据幼儿手工活动的目标,将目标分解到位,确保幼儿手工活动持续、有序地进行,克服手工活动实施的临时性,增强活动内容的系统性。在制订学期计划时,应由易到难,由浅入深,应从手工操作材料或者手工操作技能等不同的角度,多方面拓展手工活动。

5. 完善手工活动评价

学前儿童手工作品具有趣味性和创造性。幼儿常常借助各种材料把自己认为最美的事物制作出来。无论幼儿是否具备基本的手工技能,教师都不能以成人的技能标准去评价他们。当幼儿完成一件手工作品时,他们心中会充满骄傲与自豪,幼儿希望与他们共同分享喜悦,也希望得到教师的赞美。教师及时鼓励,对幼儿树立自信心显得尤为重要。幼儿手工活动评价和其他的教育评价是一样的,它是有目的、有计划、有系统地对手工能力的发展和幼儿手工制作的过程进行的客观的总结和评价。

(三)美术欣赏活动

幼儿园美术欣赏活动是教师引导幼儿欣赏、感受美术作品和周围美好事物的美术教育活动。使幼儿感受内容美、形式美,丰富他们的经验,培养其审美能力。在幼儿园美术欣赏活动中应注意以下几点。

1. 运用通感策略引导幼儿感受和欣赏美术作品

美术欣赏活动中的通感策略是指教师通过调动幼儿的多种感官,让多种感觉相互转化成美术欣赏效果。在欣赏美术作品时,加入音乐、音效等,从而增强幼儿的兴趣,引发幼儿的注意力。在美术欣赏作品中加入相关的游戏,可以使幼儿直接感受美术作品中的美感。

2. 通过对话引导幼儿分析、了解美术作品的内容美、形式美

对话是引导幼儿分析和了解美术作品的最有效的方式。在对话中,首先要创造一个比较宽松的谈话氛围,建立良好的平等的对话关系。每个幼儿的欣赏角度是不一样

的,美术欣赏活动中没有固定、正确的答案。教师应鼓励幼儿自由表达感受和体会,给幼儿创设一个敢说、想说、有话说的,并能得到及时鼓励的环境。教师应提供一个自主的空间,不要剥夺幼儿欣赏的权利。

3. 科学指导幼儿的自我评价

评价是指判断一件美术作品的价值。由于心理发展和艺术经验知识等的限制,幼儿缺乏适当的自主评价能力。幼儿自我评价阶段的指导重点应该放在对作品的欣赏判断以及作品的意义上,帮助幼儿从不同的角度去欣赏,从而提高幼儿的欣赏能力。

> **真题链接**
>
> 下列关于幼儿美术教育的做法中不正确的是( )。(2019年上半年《保教知识与能力》)
> A. 支持幼儿表达自己对美术作品的独特感受
> B. 出示范画,让幼儿模仿
> C. 鼓励幼儿用自己的方式表现为
> D. 为幼儿的美术创作提供丰富的材料

三、幼儿园美术教育活动的评价

(一) 幼儿园美术教育活动评价的目的

《纲要》中明确指出:"教育评价是幼儿园教育工作的重要组成部分,是了解教育的适宜性、有效性,调整和改进工作,促进每一个幼儿发展,提高教育质量的必要手段。"具体来说,幼儿园美术教育活动评价的目的有以下几点:

1. 提高幼儿园美术教育质量

幼儿园美术教育活动评价是提高幼儿园美术教育质量的必要手段。通过教育评价工作可以完善美术教育课程方案,增强课程实效,为课程的完善和优化提供经验基础与实践支持,以实现幼儿园美术教育质量的整体提高。

2. 促进幼儿美术素养的发展

幼儿是美术课程的创造者,同时也是美术活动的直接体验者、受益者。幼儿园美术教育活动评价的主要目的是为教师修正和改进现有的美术教育活动提供客观依据,使教师将最有价值的美术教育活动呈现给幼儿,保证幼儿园美术教育目标的实现,在提高幼儿园美术教育质量的同时,最大程度地促进幼儿的全面发展。

3. 提升教师美术领域的实践能力

教师是幼儿园美术课程的开发者、实施者,是幼儿发展的支持者、促进者。教师评价的过程是教师运用专业知识审视教育实践,发现、分析、研究、解决问题的过程,也是教师自身成长的重要途径。对于幼儿园教师来说,对幼儿园美术教育活动进行评价既是一个实践的过程,也是一个自我反思的过程。通过幼儿园美术教育活动评价及对已开展活动的反思、分析、改进,提升教师在美术教育中的专业水平。

(二) 幼儿园美术教育活动评价的原则

1. 以促进发展为根本目的

幼儿园美术教育活动评价是以提高幼儿的审美情趣,形成完整和谐的人格为终极目标,以促进幼儿园美术教育的可持续发展为根本目的,使评价过程成为一个学习、诊断、改进和逐步完善的过程,进而使得幼儿的美术教育充满魅力。

2. 强调评价情景的真实性

幼儿园美术育活动评价应在真实的生活、学习背景下展开。这种真实的生活和学习背景聚焦到幼儿的美术教育活动中主要包括:幼儿日常生活中与美术直接有关的学科或领域课程、幼儿区角活动、幼儿园及班级美术环境的创设以及幼儿的系列美术作品等。

3. 关注幼儿的动态发展过程

《纲要》指出:"评价应自然地伴随整个教育过程进行。"让教育评价融入整个教育过程,是教育评价观念的核心要求。在幼儿园美术教育评价中,形成性评价(过程性评价)有两个优点:一是能及时发现幼儿发展中的问题,并据此分析教育工作中的不适宜之处并加以进;二是保证评价信息真实可靠,防止评价结果的片面性。

4. 注重多元化评价

在美术活动中,评价的方法是多种多样的,而每一种评价方法都有自己的特点、长处和局限性。因此,教师在进行美术活动评价时,应注意综合运用多种评价方法,把定性评价与定量评价,自评与他评,结果评价与过程评价,诊断性评价、形成性评价与终结性评价相结合,根据不同的情境和要求及教师与幼儿的实际情况运用不同的评价方法。

(三)幼儿园美术教育活动内容和过程的评价

幼儿园美术教育活动内容和过程应能为幼儿提供有益的学习经验,并符合其发展需要。幼儿园美术教育活动应能让幼儿在活动中能充分感受美、欣赏美、创造美。而感受、欣赏、创造是一个渐进的过程,这需要教师在正式或者非正式的美术教育活动过程中对幼儿加以引导和发展。

在对幼儿美术教育活动进行评价时,我们可以参考一些活动评价记录表,这样能够更加便捷、有效地进行记录与分析,见表8-5。

表8-5 幼儿园美术教育活动评价记录表

活动名称			
时间		地点	
班级		教师	
环节	原始情况		分析评价
活动目标			
活动内容			
活动工具、材料			
活动过程		组织	
		讲解示范	
		指导	

(续表)

活动效果		注意力	
		情绪	
		积极性	
		作品	

(四)幼儿美术作品的评价

幼儿美术作品是幼儿认识事物、表达思想、想象和创造的另一种语言和表现形式。罗恩菲尔德从美术作品中所反映的幼儿情感、智能、身体动作、知觉、社会性、美感、创造性七个方面的发展为评价幼儿美术作品勾勒了标准,见表8-6。

表8-6 幼儿美术创作过程的评价指标

评价项目	成长的属性	评价等级		
		很少	一些	很多
感情的成长	非定型的表现			
	非概念性的表现			
	经常改变表现符号			
	自由地使用线条和笔触			
智能的成长	包含许多细节			
	色彩有变化			
	其他主动知识的呈现			
身体动作的成长	视觉和动作的协调			
	身体动作的表现			
	身体意象的投射			
	技巧熟练			
知觉的成长	视觉经验的表现:光、影、空间透射、颜色变化			
	非视觉经验的表现:触觉、纹理组织、听觉			
	运动经验的表现在作品中反映自己的经验			
社会性的成长	体验他人的需要			
	呈现社会环境的特征			
	参与团体制作			
	欣赏其他文化			
	乐于与人合作			
美感的成长	思想、感情和知觉的统整			
	对于色彩调和的敏感性			

(续表)

评价项目	成长的属性	评价等级		
		很少	一些	很多
美感的成长	对于纹理调和的敏感性			
	对于线条调和的敏感性			
	喜爱装饰物的设计			
创造性的成长	独创而不抄袭			
	独创而不模仿他人的风格			
	独创的内容			
	表现方式与他人不同			
	作品整体与他人不同			

中班绘画活动：奇特的七星瓢虫

【活动目标】

1. 能根据诗歌中的描述大胆想象。
2. 尝试在七星瓢虫的基础特征上，通过外部添加进行变形创作。
3. 能用绘画的方式表达自己对七星瓢虫的想象，体验变形绘画的乐趣。

【活动准备】

1. 经验准备：了解七星瓢虫的基础特征。
2. 物质准备：画纸若干张，舒缓的音乐，记号笔，油画棒。

【活动过程】

(一) 情境导入

诗歌导入，激发幼儿参与活动的兴趣。

师：今天我带来了一首歌，请大家来听一听！(播放音乐)诗歌中七星瓢虫飞到哪里去了？它变成什么了？你觉得有趣吗？猜一猜它还会飞到哪里？还会变成什么？

(二) 探索发现

1. 教师根据"情境导入"中的谈话，启发幼儿想象。

师：你们愿意把刚才想象的有趣画面画出来吗？假如七星瓢虫变成了戒指，是怎样变的呢？七星瓢虫会成为戒指的哪个部分呢？

2. 引导幼儿欣赏"艺术角"中的作品，发现作品中七星瓢虫的变形方法。

师：这些七星瓢虫都变成了什么？是如何变的？你还想将它变成什么？

3. 引导幼儿在示范画纸上尝试表现奇特的七星瓢虫。

指导要点：先画出七星瓢虫的外形，接着鼓励幼儿根据自己的想象在七星瓢虫的外形基础上进行添画。

（三）创作表现

1. 鼓励幼儿根据诗歌的奇特想象在"创意墙"中进行创作。

师：小朋友，你想把七星瓢虫图形变成什么？大胆画出来吧！

2. 播放舒缓的音乐，引导幼儿装饰画面，并保持画面的整洁。

师：有什么办法可以让画面变得更漂亮？

3. 幼儿自由创作，教师巡回指导。

（四）欣赏评议

1. 展示作品，引导幼儿感受"奇特的七星瓢虫"。

师：我们来看看，这些奇特的七星瓢虫都变成什么了？你们是怎么装饰的？

2. 请幼儿根据自己创作的内容，编成诗歌念给好朋友听。

【活动延伸】

师：那接下来让我们把自己的作品投放到作品展示区，活动结束以后，小朋友们可以互相说一说这作品好在哪里！

1. 选取一次幼儿园美术教育活动进行评价，并说一说改进方式。

2. 尝试运用评价量表对自己见实习过程中遇到的美术教育活动进行评价，并对比各种评价量表，试着讨论并分析使用这些量表进行评价的优点与缺点。

第九章 幼儿园音乐教育活动设计与指导

本章概要

随着国家对幼儿教育的重视和改革的深入，人们越来越清楚地认识到音乐教育在幼儿教育中的重要作用，音乐教育不仅仅可以培养幼儿的音乐素养，更重要的是音乐教育能够促进幼儿德、智、体、美各方面全面和谐发展。音乐教育不仅可以使幼儿掌握一定的音乐知识，而且能提高幼儿对音乐的感受能力及表现能力。本章通过阐述幼儿园音乐教育的基本理论，帮助学习者掌握幼儿园音乐教育的目标、内容、方法、设计思路，为提高音乐教育活动的质量提供坚实的理论支撑。

知识框架

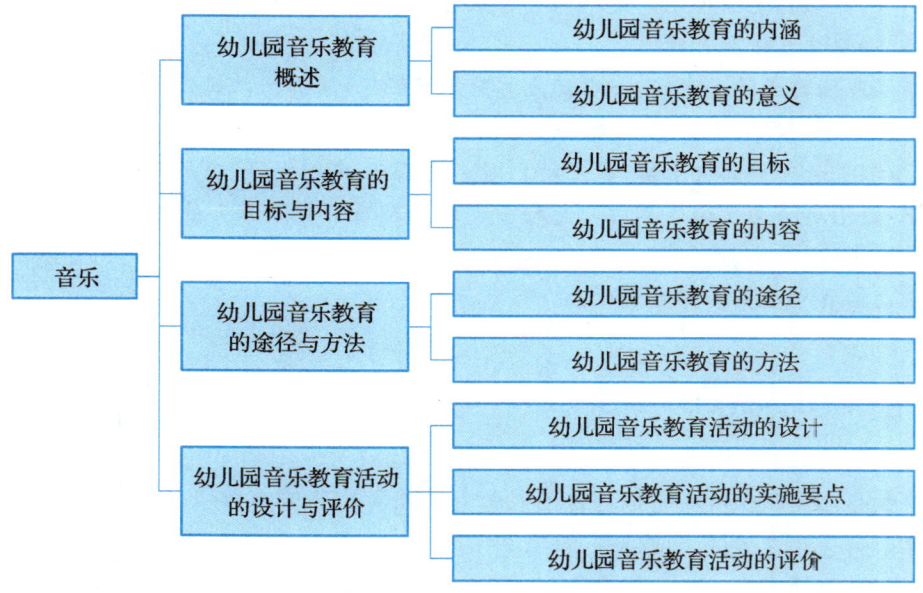

知识框架：1. 了解幼儿园音乐教育的内涵与意义。
2. 掌握幼儿园音乐教育目标的结构和幼儿园音乐教育的内容。
能力目标：1. 掌握并灵活运用幼儿园音乐教育活动的方法和途径。
2. 能够设计并组织幼儿园音乐教育活动。
情感目标：1. 感受音乐愉悦身心的重要价值，树立科学的音乐教育理念。
2. 通过音乐教育内容的学习，增强文化自信，具备协作精神与创新能力。

第一节 幼儿园音乐教育概述

在图书角，一名幼儿站在桌子前，把图画书展开，竖放在红蓝棒上面，双手弹奏起"钢琴"来，并根据图画书中的故事内容自编自唱；另一名幼儿在选择工作时，拿起一根红蓝棒，唱起了新学的儿歌。

在幼儿园自由活动时间，一名幼儿突然想妈妈了，问老师："妈妈去哪儿了？爸爸去哪儿了？"老师回答："爸爸妈妈上班去了。"另一名幼儿听到了，马上哼唱起《我上幼儿园》这首歌："爸爸妈妈去上班，我上幼儿园。我不哭，也不闹，问声老师早。"

思考：上述活动是由外界的刺激物引起幼儿丰富的想象激发的音乐活动。对于幼儿园教育来说，音乐教育是重要的内容，该怎样用音乐启迪孩子呢？这得从音乐的特质以及幼儿园音乐教育的特点谈起。

一、幼儿园音乐教育的内涵

（一）音乐

音乐是用有组织的乐音创造音乐形象来表达人们的思想情感，反映现实生活的一种艺术。音乐是艺术的组成部分，具有艺术的特性，是对社会生活的反映。但这种反映不是对现实生活中声音的自然模仿，也不是对现实生活的直白描述，而是音乐家将现实生活中的音乐素材进行加工、提炼、整理，然后把个人对社会生活的理解、思考、体验等进行艺术概括，并通过一定的音响形式表现出来。所以，音乐是对社会生活的主观反映,是一种社会审美的主观反映。

(二) 幼儿音乐

幼儿音乐活动反映了幼儿对音乐的感受、理解、表现和创造以及他们对周围世界的认识和情感。

叶圣陶先生说过,音乐是世界的语言。可见,音乐是一种人人都能理解、不需要翻译、可直接交流思想感情,并能产生共鸣的"世界语"。但是,音乐对幼儿和成人的意义不完全一致。对成人而言,音乐是用声音表达人们思想感情的一门艺术,是人类智慧结晶的高雅艺术;而对幼儿来说,音乐是获得精神满足和审美愉悦的艺术游戏。幼儿音乐具有愉悦感染性、审美教育性的特点。

(三) 幼儿园音乐教育

幼儿园音乐教育是通过音乐学科本身的情感性、感染性和愉悦性的特点来引发幼儿的情感体验,从而使幼儿获得审美感受。

幼儿园音乐教育是音乐审美教育,最根本的目的和任务,首先应该是培养幼儿的音乐审美能力,充分发挥音乐教育的审美功能。所谓音乐审美能力,包括幼儿对音乐美的感受、表达和创造这三个方面的内容。

由于幼儿天性活泼好动,这种需求是由幼儿生理和心理发展的特殊性所决定的,因此,幼儿园音乐教育的内容、手段和形式更贴近幼儿的天性,呈现趣味性与游戏性、想象性与创造性、表现性与感染性、技能性和综合性的特点。

二、幼儿园音乐教育的意义

(一) 音乐教育与幼儿的身体发展

1. 促进大脑发育

音乐教育能促进幼儿大脑两半球机能的发展。人的左右大脑的功能有一定的分工。大脑左半球掌管语言学习、数字理解、概念构成、时间连续性感受以及分析性思维活动等。大脑右半球则掌管音乐、图形感知、面孔识别、空间知觉、距离判断以及综合性思维活动。音乐、美术等以发展形象感知、思维能力为主的活动,能使幼儿大脑的潜力得到应有的开发,发挥整个大脑的最优工作能力。

2. 提高运动能力

在各种伴随音乐进行的动作表演和乐器演奏活动中,幼儿可锻炼身体各相应部分的大小肌肉、骨骼和韧带,提高神经系统反应的速度和协调能力,增强心脏等器官的耐受力。经常参加韵律活动的幼儿,更有可能获得健美的体型、端正的姿态和良好的发育。歌唱活动对发音器官、共鸣器官和呼吸器官的发育起到一定的促进作用。因此,可以有意识地利用音乐教育活动来促进幼儿的身体发展,提高他们的身体运动能力。

3. 增进身体健康

音乐教育活动与幼儿身体健康的另一种联系渠道是:科学的音乐教育活动给幼儿提供更多获得积极情绪体验的机会,而积极的情绪体验不仅是保证幼儿心理健康的重要基础,也是维护增进身体健康的重要条件。因此,应该充分发挥音乐的作用,更好地促进幼儿身心的和谐发展,提高他们的身体健康水平。

(二) 音乐教育与幼儿的认知发展

1. 促进幼儿感知能力的发展

音乐是一种听觉的艺术。音乐活动主要是借助听觉器官来进行的,幼儿阶段是听觉能力发展最迅速的时期。众多研究表明,学前期是培养听觉能力的最佳期,应及早地、更多地为幼儿提供各种音乐活动的机会和环境,并有意识地引导幼儿进行听觉的感知和分辨活动。

2. 促进幼儿记忆能力的发展

一个人只有在能对音乐进行记忆的基础上,才可能追踪音乐的发展,对音乐的形象进行审美感知。同时,音乐表演和音乐创作活动,也都不可能脱离对音乐表现的记忆、再认和再现。幼儿的音乐学习和体验能增强他们的记忆能力。

3. 促进幼儿想象力、联想、思维能力的发展

幼儿对音乐的感知、理解带有明显的直观形象性,幼儿的音乐思维方式是以一种外化的、直觉的、整体的、形象的把握方式为主的,但音乐思维本身既有形象思维,又有抽象思维,因此,教师有必要在音乐教育活动中利用一切机会和手段来帮助幼儿加深对音乐与音乐之间、音乐的整体与部分之间、音乐与其表现的客观事物之间、音乐与主体的感知体验之间关系的把握和理解,逐渐建立起最初的音乐抽象概念。

4. 促进幼儿语言的发展

一首好的歌曲往往同时又是一首好的诗歌。幼儿在大量接触优秀歌曲和有节奏的诗歌朗诵的过程中,不仅积累了音乐语汇,而且扩大了词汇的积累,增加了对文学语言的理解和运用能力。教师在教幼儿唱歌时,坚持要求正确的咬音吐字,会帮助幼儿养成口齿清楚的语言表达习惯。

(三) 音乐教育与幼儿的情感意志发展

1. 促进幼儿情感的发展

学前期的幼儿正处于个人情感由低级向高级逐步发展的重要阶段。随着幼儿社会交往活动的日益增加,情感体验的日趋丰富及逐渐细腻,富有情感性的音乐活动已逐渐成为促进幼儿情感发展的有效手段之一。音乐既能够帮助幼儿明确建构自己的感情,也能帮助幼儿与自己的感情沟通,并与其他人的感情沟通。

在音乐教育活动中,幼儿不仅获得了认知、情感和音乐技能等方面的有效发展,享受并获得了快乐的体验,更奠定了幼儿对人和事物的积极态度,而这种积极态度、探究精神、创造精神及自信心等在适当的条件下又是发展成为积极人生态度的重要基础。

2. 促进幼儿自我意识的发展

音乐教育对幼儿个性发展的作用,还表现为能促进幼儿自我意识的发展。所谓自我意识,是指个体对自己存在的感觉,即自己认识自己的一切,包括生理状况、心理特征以及与他人的关系等。在音乐教育活动中,幼儿对音乐的感受和表现需要幼儿能有意识地认识到自己的活动状况,有意识地调控自己的身体动作和活动,使其与音乐协调一致。

(四) 音乐教育与幼儿的社会性发展

幼儿的社会性是在与周围人群的交往中发展起来的。音乐的重要功能之一,就是

提供给幼儿人际交往的机会,满足他们的交往需要。成人与幼儿、幼儿与幼儿之间的音乐交往,可以给幼儿提供大量的交往机会和经验。音乐活动是一种有秩序的社会活动,它要求参加者学会按照一定的规则来活动,同时也要求参加者明确认识并自觉担负起一定的社会责任。音乐本身内在的节奏和韵律、合奏中各声部间的配合及律动、舞蹈中动作的编排、音乐游戏的规则等,都能使幼儿在一种愉快的、"不强迫"的形式下养成自愿遵守规则的习惯,从而培养幼儿自律、责任感和自我激励的意识,而这些正是幼儿将来进入有秩序的社会交往活动所必须具备的基本准则。

拓展阅读

世界上流行的儿童音乐教育流派简介

近代一些作曲家、音乐家热心于教育事业,创立了各自的早期音乐教育理论和方法,在世界上形成了不同的音乐教学体系,并且在专门的机构或幼托场所进行实践活动,取得了较好的效果。现将几种主要的教育体系做简要介绍。

1. 奥尔夫体系

卡尔·奥尔夫(Carl Orff)是德国作曲家、戏剧家兼音乐教育家,他强调节奏在音乐教育中的重要性。在其建立的儿童音乐教育体系中,他提出"节奏第一"的观点,认为"音乐构成的第一要素是节奏,不是旋律"。他主张把音乐、语言和动作的节奏结合起来训练,培养儿童的节奏感。

奥尔夫创作了整套的节奏乐曲,其中采用了明显的对比节奏和不同节奏的变化。同时,创造了与之配套的新型打击乐器,分演奏旋律与和弦节奏、音色效果两类。他认为打击乐突出节奏,音色鲜明有特点,无指法负担,有利于儿童即兴创作。

奥尔夫提倡在教孩子演奏打击乐器时,要重视发展其灵活性和创造性及即学演奏和协助演奏的能力。他认为,儿童对节奏的反应是自然的。儿童对演奏练习十分感兴趣,容易记住各种节奏类型。

2. 达尔克罗兹体系

达尔克罗兹(E. J. Dalcroze)是瑞士作曲家、儿童教育家。其教学法主要有三方面内容,即身体动作、听觉训练、钢琴上的即兴演奏。

达尔克罗兹教学的基本形式是教师在钢琴上即兴演奏,儿童仔细听、分辨,感觉音乐的基本要素,同时身体随音乐做相应的动作,用动作解释音乐,动作与音乐协调一致。这种身体动作充满着生命的节律与动感之美,故达尔克罗兹的教学体系被称作"体态律动学"。

达尔克罗兹还主张要多给幼儿听音乐,让儿童积累音乐感性经验,丰富音乐表象。他认为,在音乐伴随下让儿童根据音乐的变化用身体做出相应的协调的动作反应,可以使儿童更好地感受音乐,发展其有意识的音乐感受力。例如,用走这一动作感受音乐的内容——走动、步履沉重地走、轻轻地走、快速走、慢慢走、静立,从而用身体动作感受动作丰富的音乐内容。

达尔克罗兹的体态律动学教学面甚广,适用于幼儿、小学生和舞蹈专业的学生。

3. 柯达伊体系

柯达伊·佐尔坦(Kodaly Zoltan)是匈牙利作曲家、音乐教育家。他的体系基本上是运用儿童嗓音的方法。他主张儿童的音乐教育应从他们创作自己的音乐开始。

柯达伊根据儿童发声的能力和特点编排音乐课的学习顺序,重视唱歌教学,主张结合儿童的生活经验学习音乐。例如,四分音符=走步的速度,八分音符=跑步的速度。

柯达伊主张用音调唱名法向儿童介绍明确的调式音阶,以不同的手势动作表示音阶中每一个音高的位置,指出音调的上升和下降,再深化为用身体的动作和手势表现旋律的动向。

柯达伊认为,儿童音乐应源于优秀的民间音乐、儿歌、音乐游戏。他编写了用民间音乐改编的"五声音阶"的简单歌曲和歌曲游戏,帮助儿童掌握音乐的各种要素。

4. 铃木体系

铃木镇一是日本著名的音乐家、儿童音乐教育家。铃木的教学理论是"母语教学法",即给孩子创设像母语环境那样的音乐环境。他认为幼儿最初学习音乐不是读谱,而是用耳朵听。通过反复不断地听,熟悉所要学习的音乐作品。

铃木体系的教学包括以下六个步骤:

(1) 接触生活周围的音乐环境;

(2) 模仿;

(3) 鼓励,即老师、家长的表扬,以增加练习和积极性;

(4) 重复,即再练习;

(5) 增加,指扩大音乐范围;

(6) 改进和完善,指复习、巩固和不断提高。

铃木认为,母亲或父母在学习中起重要的作用。可先由母亲学习演奏小提琴,让孩子在家中看和听母亲的演奏,然后由孩子自己重复听熟悉了的音乐,由此开始学习小提琴。

第二节　幼儿园音乐教育的目标与内容

 情境导入

著名的发展心理学家、美国哈佛大学教授加登纳曾经说过:"在个体可能具有的所有天赋当中,音乐天赋是最早出现的。儿童对音乐有着一种特殊的敏感和接受能力,可以说幼儿是天生的'音乐家'。音乐作为一种艺术美,对儿童的心灵有强大的感染力,它那独特的艺术形象对儿童听觉、记忆、兴趣、想象、情感、性格等心理过程的形成,有积极的潜移默化的作用。"

那么,作为未来的幼儿教师,应如何制定音乐教育活动的目标?如何选择音乐教育的内容呢?

一、幼儿园音乐教育的目标

(一)《纲要》中艺术领域(含音乐)总目标

在《纲要》中,音乐教育被明确列为幼儿园教育内容的五大领域——艺术的组成部分之一。《纲要》规定的音乐领域的目标如下:

(1) 能初步感受并喜爱环境、生活和艺术中的美;
(2) 喜欢参加艺术活动,并能大胆地表现自己的情感和体验;
(3) 能用自己喜欢的方式进行艺术表现活动。

(二)《指南》中的艺术领域(含音乐)的年龄阶段目标

1. 感受与欣赏

目标1　喜欢自然界与生活中美的事物

3—4岁	4—5岁	5—6岁
1. 喜欢观看花草树木、日月星空等大自然中美的事物。 2. 容易被自然界中的鸟鸣、风声、雨声等好听的声音所吸引。	1. 在欣赏自然界和生活环境中美的事物时,关注其色彩、形态等特征。 2. 喜欢倾听各种好听的声音,感知声音的高低、长短、强弱等变化。	1. 乐于收集美的物品或向别人介绍所发现的美的事物。 2. 乐于模仿自然界和生活环境中有特点的声音,并产生相应的联想。

目标 2　喜欢欣赏多种多样的艺术形式和作品

3—4 岁	4—5 岁	5—6 岁
1. 喜欢听音乐或观看舞蹈、戏剧等表演。 2. 乐于观看绘画、泥塑或其他艺术形式的作品。	1. 能够专心地观看自己喜欢的文艺演出或艺术品,有模仿和参与的愿望。 2. 欣赏艺术作品时会产生相应的联想和情绪反应。	1. 艺术欣赏时常常用表情、动作、语言等方式表达自己的理解。 2. 愿意和别人分享、交流自己喜爱的艺术作品和美感体验。

2. 表现与创造

目标 1　喜欢进行艺术活动并大胆表现

3—4 岁	4—5 岁	5—6 岁
1. 经常自哼自唱或模仿有趣的动作、表情和声调。 2. 经常涂涂画画、粘粘贴贴并乐在其中。	1. 经常唱唱跳跳,愿意参加歌唱、律动、舞蹈、表演等活动。 2. 经常用绘画、捏泥、手工制作等多种方式表现自己的所见所想。	1. 积极参与艺术活动,有自己比较喜欢的活动形式。 2. 能用多种工具、材料或不同的表现手法表达自己的感受和想象。 3. 艺术活动中能与他人相互配合,也能独立表现。

目标 2　具有初步的艺术表现与创造能力

3—4 岁	4—5 岁	5—6 岁
1. 能模仿学唱短小歌曲。 2. 能跟随熟悉的音乐做身体动作。 3. 能用声音、动作、姿态模拟自然界的事物和生活情景。 4. 能用简单的线条和色彩大体画出自己想画的人或事物。	1. 能用自然的、音量适中的声音基本准确地唱歌。 2. 能通过即兴哼唱、即兴表演或给熟悉的歌曲编词来表达自己的心情。 3. 能用拍手、踏脚等身体动作或可敲击的物品敲打节拍和基本节奏。 4. 能运用绘画、手工制作等表现自己观察到或想象的事物。	1. 能用基本准确的节奏和音调唱歌。 2. 能用律动或简单的舞蹈动作表现自己的情绪或自然界的情景。 3. 能自编自演故事,并为表演选择和搭配简单的服饰、道具或布景。 4. 能用自己制作的美术作品布置环境、美化生活。

(三) 幼儿园音乐教育的具体活动目标

幼儿园音乐教育的具体活动目标是在对幼儿音乐活动关键经验的解读与理解的基础上,进行科学的选择与制定。

表 9-1　幼儿音乐活动的关键经验

	唱歌	音乐伴随下的动作	欣赏	节奏乐
小班	能用自然声音唱歌,基本合拍 逐步对歌曲的开始和结束做出正确反应 初步感受理解歌曲的内容,表达出基本	能随音乐合拍地做简单的动作(由非移位逐渐到移位,由上肢动作逐渐到上、下肢协同动作) 能听辨、记忆简	在教师的提示和示范下能安静倾听音乐 初步感知特点鲜明的歌曲,理解基本内容和情绪,能感知表现单一形象的简短乐曲 听辨、感知速度、力度、	探索、发现 2—3 种简单易掌握的打击乐器的音乐及敲击方法,知道名称(如串铃、响板、碰铃或发响玩具等) 能为简短的歌曲、乐

续表

	唱歌	音乐伴随下的动作	欣赏	节奏乐
	情绪，能表现出 3/4 节拍特点 尝试仿编（替换）歌曲中某一乐句的歌词	的音乐，随音乐进行游戏或动作 尝试根据歌词或音乐仿编动作	旋律、音区等音乐表现手法的表情作用 尝试根据音乐特点展开想象，并用语言、动作等进行表达表现	曲合拍地伴奏，以齐奏为主，能整齐地开始和结束 养成正确使用、轻拿轻放乐器的习惯
中班	唱歌时音调和节奏基本准确 能准确地接前奏、间奏，与集体声音和谐一致 能按歌曲的情绪特点进行演唱，能表达出 2/4、3/4、4/4 等节拍特点 尝试为熟悉的歌曲仿编歌词	能随音乐合拍、较协调地做动作 会随音乐的起止、开始或结束动作 能感知、记忆音乐，随音乐的变化而变化动作 能为熟悉的歌曲、乐曲，自由创编动作 进行即兴表演，表达情感	能安静、专心地倾听音乐，会边听边想 能理解歌曲的内容和基本情绪，感受中外不同风格的歌曲 能感知、表现两个差别明显的音乐形象的乐曲，比较不同性质、不同风格的乐曲 能听辨感知速度、力度、旋律、音区、音色、节拍、节奏等表现手段的作用 尝试根据音乐特点，描绘音乐形象，并用语言、动作进行表达表现	了解 4—5 种打击乐器的名称及演奏方法 会为歌曲、乐曲进行伴奏，学习以合奏的形式进行演奏，体验看指挥、协调配合动作的成功与快乐 尝试根据音乐的特点进行配器，创编节奏型 养成正确使用、有序收放乐器的习惯
大班	唱歌时声音自然、好听，音调、节奏基本准确 能运用速度、力度、音色等表现手段表达情感 敢于大胆地独唱、领唱 能感知、表达 2/4、4/4、6/8、3/8 等节拍特点 尝试创编歌词表达自己的情感	能随音乐合拍、有韵律感地做动作 能感受、记忆音乐的基本情绪变化，并能及时地随音乐的变化而变换动作 尝试根据对音乐的理解，创编动作，抒发情感	有倾听音乐的情趣和良好习惯 能理解、欣赏歌曲的内容和基本情绪，感受不同演唱形式的艺术美 能感受较复杂情节的乐曲，感受音乐表现手段是如何推进情节，表达情感 尝试根据音乐特点所描绘的形象及情节展开想象，并用动作、戏剧表演等多种形式进行表达表现	能运用多种打击乐器演奏较复杂的乐曲，声音和谐、好听 能集中注意看指挥，做到反应敏捷 尝试根据音乐的性质、节拍、节奏特点进行配器，创编节奏型、制订演奏方案，学习当指挥 养成正确使用乐器、爱护乐器的良好习惯

根据《纲要》以及《指南》中艺术领域的目标，以及我国幼儿音乐教育的实践，我们把幼儿音乐教育活动的目标分为认知目标、情感目标、技能目标。

1. 认知目标

认知目标表述的是幼儿音乐教育中各种有关的音乐知识，以及认识能力方面的发展要求。例如，"能正确地感知和理解歌曲中歌词和曲调所表达的内容、情感"，"能认识并辨别各种常用打击乐器及音色特点"等。

2. 技能目标

技能目标是指在幼儿音乐教育中幼儿运用身体动作进行音乐体验和表达的技能。例如,"能够较自如地运用身体动作进行简单的随乐动作表演","能够掌握一些最基本、最初步的歌唱技能"等。

3. 情感目标

情感目标包括在幼儿音乐教育中幼儿情感的体验和表达能力的发展,以及对音乐活动的兴趣和爱好的发展。例如,"乐意参与音乐欣赏活动,体验并享受音乐欣赏过程的快乐","喜欢操弄打击乐器,喜欢参加集体的打击乐演奏活动"等。

(四) 幼儿园音乐教育的分类目标

分类目标从歌唱活动、韵律活动、欣赏活动和乐器演奏活动这四个不同内容的角度描述,每种内容中又包含认知、情感态度和操作技能三个方面的具体要求。

1. 歌唱活动

(1) 认知目标:能记住歌曲名称;正确地感知、理解歌曲中歌词、曲调所表达的内容、情感;并能用自然、美好的声音进行歌唱表现。

(2) 技能目标:掌握一些最基本、最初步的歌唱技能,能够正确地咬字、吐字和呼吸;能较自然地运用声音表情和身体动作表情;能够在集体歌唱活动中控制和调节自己的声音,使之与集体相协调。

(3) 情感目标:喜欢唱歌;积极地体验参与歌唱活动的快乐以及追求用歌唱的方式与他人进行交往的快乐。

小班歌唱活动:小动物叫

小动物叫

1= C 2/4

1	2	3	4	5	—	5	4	3	2	1	—
小	猫	怎	样	叫,		喵	喵	喵	喵	喵。	
小	鸡	怎	样	叫,		叽	叽	叽	叽	叽。	
小	狗	怎	样	叫,		汪	汪	汪	汪	汪。	
小	鸭	怎	样	叫,		嘎	嘎	嘎	嘎	嘎。	

【活动目标】

1. 熟悉歌曲旋律,引导幼儿学会唱《小动物叫》。
2. 让幼儿体验2/4拍节奏特点。
3. 培养幼儿感受与同伴之间交流的快乐。

分析:此目标表述存在较多问题。首先,知识与技能目标写得不够具体和清晰,"熟悉歌曲旋律,会唱歌曲"是"万金油"式的目标,适用于任何一个歌唱活动。其次,目标的表述主语也不一致,"熟悉歌曲旋律"的主语是幼儿,"引导幼儿学会唱《小动物叫》"的主语是教师。

修改后的活动目标:

1. 感受歌曲上行和下行音阶的旋律特点,在钢琴伴奏下能较准确地唱出 2/4 拍的强弱特点。
2. 能够迁移关于动物叫声的已有经验,创编歌词的后半段(小动物的叫声)。
3. 在接唱的过程中,体验与同伴之间交流的乐趣。

2. 韵律活动

(1)认知目标:能够感知、理解韵律动作与音乐的关系,尝试进行创造性的动作表现;能符合音乐的情绪要求以及音乐表现手段和表情作用来做动作。

(2)技能目标:能够较自如地运用和控制自己的身体动作;能够掌握运用较简单的道具;能够在合作性的韵律活动中运用动作和表情与他人交流、配合。

(3)情感目标:喜欢参加韵律活动和音乐游戏;积极体验参与韵律活动和音乐游戏的快乐;主动地追求用身体动作探索、表达音乐以及与他人合作表演的乐趣。

3. 打击乐演奏活动

(1)认知目标:能够认识、辨别各种常用打击乐器及音色特点;掌握一些简单的节奏型;了解有关打击乐器的一些基本知识;能够理解指挥的手势含义并与指挥相配合。

(2)技能目标:熟练掌握一些常用打击乐器的演奏方法;能够在集体的演奏活动中有意识地控制、调节自己奏出的音色,使其与集体的演奏相协调;能够学习并掌握使用、整理和保护乐器的一些简单规则。

(3)情感目标:喜欢参与打击乐演奏活动;乐意探索乐器的不同演奏方法和尝试创造性的表现;积极体验并享受与他人合作演奏的快乐。

4. 音乐欣赏活动

(1)认知目标:能够感受、体验音乐作品所表达的内容和情绪;能够理解音乐作品最基本的表现手段;能够再认和区分已欣赏过的音乐作品。

(2)技能目标:初步学习运用文学、美术、韵律动作等各种艺术表现手段来表达自己对音乐作品的想象和情感体验;能够在音乐欣赏的过程中尝试与同伴交流和配合,共同协作来表达对音乐的感受和理解。

(3)情感目标:乐意参与音乐欣赏活动,有积极的欣赏态度;体验并享受音乐欣赏过程的快乐。

二、幼儿园音乐教育的内容

(一)歌唱活动

歌唱活动是以幼儿为主体,以适合幼儿的音乐为客体,通过教师设计和组织多种形式的音乐活动,使主、客体相互作用,以培养和发展幼儿的音乐能力,促进幼儿身心全面发展为目标的教育活动。歌唱活动是早期音乐教育的基础,是幼儿艺术教育的重要方式。歌唱活动作为幼儿艺术领域教育活动之一,为幼儿带来许多喜悦和快乐。歌唱活动是幼儿的全面发展教育的重要组成部分,在促进幼儿体、智、德、美全面发展中有着重要意义。歌唱活动在幼儿成长过程中具有重要价值:幼儿在感受歌曲内容美和曲调美的过程中得到熏陶和感染,情感体验进一步丰富,陶冶心智,完善品格,是发展幼儿音乐感受能力、表现能力和鉴赏能力的重要方式和途径。

在学前阶段,幼儿可以掌握的歌唱表演形式(包括节奏朗诵形式)主要有独唱、齐唱、接唱、对唱、领唱、齐唱、轮唱、合唱和歌舞表演。

(二) 韵律活动

韵律活动是指依据幼儿身心发展特点,在音乐或无音乐伴随下,运用肢体或语言进行的有感情、有节奏的艺术表现活动。

韵律活动的教育价值主要体现在:发展幼儿肢体动作运动能力,借助身体运动感受和表现音乐能力,提高幼儿身心协调活动能力。与此同时,韵律活动还可满足幼儿身体活动的需要。幼儿参与音乐活动的过程是满足对音乐进行探究的需要,幼儿的想象、联想、思维和情感交流是满足创造性表现的需要。

学前儿童韵律活动可采用的动作分为基本动作、模仿动作、基本舞蹈动作。

(三) 打击乐演奏活动

打击乐演奏活动是指教师指导幼儿随音乐的节奏演奏打击乐器的教育活动,也称节奏乐活动。节奏是音乐的生命和源泉,是构成音乐的基本要素,打击乐演奏活动是提高幼儿音乐感知和表现能力的有效途径。

每个幼儿都喜欢敲敲打打,对声音具有一种天生的敏感性,打击乐演奏活动很适合幼儿这种与生俱来的本能。奥尔夫认为:"打击乐器是最早为人类所掌握的乐器之一,也是现代社会中儿童最容易掌握的乐器。"在打击乐演奏活动中,幼儿手、眼、脑、心并用,使大脑建立起复杂的神经联系,让头脑变得灵敏、聪慧。活动中对音乐的寻求、对演奏状况的把握、对作品的处理和分析也都要进行丰富、活跃的形象思维,使幼儿的观察力、记忆力、想象力、创造力等都得到相应的锻炼和提高。打击乐演奏活动不仅能帮助幼儿初步掌握乐器演奏的一般知识和技能,发展节奏感及对音色、曲式结构、多声部组体表现力的敏感性,而且有助于幼儿合作意识、合作能力、组织纪律性和责任感等良好社会性品质的发展。

适合幼儿学习和操作的常见打击乐器有碰铃、串铃、铃鼓、大鼓、三角铁、响板、木鱼、双响筒、蛙鸣筒、沙球、钹、锣等。

(四) 音乐欣赏活动

音乐欣赏活动是幼儿音乐教育领域的重要组成部分之一,是幼儿在倾听音乐中对音乐作品进行感受、理解和表达的一种听觉艺术审美活动。

达尔克罗兹认为:"音乐教育的终极结果在于培养儿童歌唱及欣赏的审美情感。其中欣赏是音乐艺术中最令人神往和欣慰的,这不仅让儿童也让我们在其中体验到人类创造音乐的共同情感。"幼儿受其心理发展水平限制,他们的音乐欣赏能力还处于浅表层次,带有更多的直觉成分参与其中,理性成分明显不及成人。幼儿园音乐欣赏活动应以幼儿为欣赏主体,以音乐为活动中心,以"听"为基础,让"听"贯穿活动始终,帮助幼儿提高音乐感受和理解能力,使其享受参与音乐进行过程的快乐。幼儿的心理特征决定了他们很难长时间地以单纯静听的方式欣赏音乐,可能会用肢体动作、语言和绘画等多种方式感知和体验音乐。

1. 按照歌唱活动目标制定的要求,为歌曲活动"小树叶"制定三维目标。

小 树 叶

陈镒康 词
茅光里 曲

1= G   2/4

3 3 3 2 | 1 ⌒ 0 5 0 | 3 3 3 3 | 2 — | 2 3 5 |
秋 风 起 来   啦,   秋 风 起 来   啦,   小 树 叶
小   树 叶   沙   沙,   沙 沙 沙 沙   沙,   好   像

3 3 2 | 1· 6 | 1 — | 7· 7 | 7 7 6 5 | 6· 1 |
离 开 了   妈 妈,   飘 呀   飘 呀 飘 向   哪
勇 敢 地   说 话,   春 天   春 天 我 会   回

2 — | 2 3 5 | 3 2 | 1 — | 1 0 ‖
里?   心 里   可 害   怕?
来,   打 扮   树 妈   妈!

2. 熟悉幼儿园常用的打击乐器,掌握它们的演奏方法。

第三节　幼儿园音乐教育的途径与方法

婷婷是一名幼儿园新教师,上学时学习了很多关于音乐教育的内容,但在幼儿园里,她只会组织集体的音乐教学活动,孩子们还都不感兴趣,这让婷婷很苦恼。

请帮婷婷老师想想办法，除了集体的音乐教育活动，还可以通过哪些途径组织音乐活动？如何让幼儿对音乐活动感兴趣？

一、幼儿园音乐教育的途径

（一）幼儿园中的音乐教育

幼儿园中的音乐教育是以幼儿为主体，以适合幼儿的音乐为客体，通过教师设计和组织的多种形式的音乐活动使主、客体相互作用，以培养和发展幼儿的音乐能力，促进幼儿身心全面发展为主要目的的教育活动。幼儿园音乐教育活动的类型可分为专门性的音乐教育活动、渗透性的音乐教育活动及区角游戏三种。

1. 专门性的音乐教育活动

专门性的音乐教育活动是教师根据幼儿园音乐教育的目标和任务，有目的、有计划地安排专门的时间和空间场地，选择以音乐为主的活动内容和材料，组织幼儿参加的集体活动。

2. 渗透性的音乐教育活动

渗透性的音乐教育活动是指除专门的音乐教育活动以外，随机、灵活地蕴含、渗透在幼儿一日生活及其他教育活动之中的丰富多样的、"隐性"的音乐教育活动。

3. 区角游戏

区角中音乐教育活动丰富多样，多以音乐表演为主。可以设计舞蹈表演、音乐游戏、打击乐演奏、故事表演、木偶戏和皮影戏等。

音乐区应选择内容健康、有教育意义、符合幼儿生活经验、容易为幼儿理解又适合他们表演的音乐、文学作品作为幼儿音乐教育活动的内容。所选音乐作品要节奏明确，曲调优美；所选文学作品情节应生动活泼，角色的性格应鲜明、有特征，角色语言较简短。

（1）活动材料的提供

音乐区投放材料时，要特别在磁带（光盘）和服装道具方面选择与故事、歌、戏剧表演有关的内容。其基本材料主要包括：录音机、录音磁带（光盘）、乐器、服饰道具。

教师应吸引幼儿参与音乐活动的场地布置和材料准备。幼儿在活动中最关心的是自己的角色语言和动作，他们的表演并不受道具、场地和时间的限制。因此，道具不必追求齐全、逼真。

（2）活动场地的设置

在音乐表演区，幼儿分别充当观众与演员的角色，轮流表演一些节目。表演过程中他们如同真正的演员一样非常投入，这种表演使他们强烈的表演欲望得以满足。根据幼儿这种心理活动的需要，建立音乐表演区时，需要为幼儿提供一个宽敞的活动场地。场地的布局要合理，观众坐在哪里，演员在哪里表演，都要有一个明显的标记。

在提供足够的活动空间与场地的同时，布置一个小舞台，吸引幼儿的参与。小舞台的设计无须投入很大的财力、物力，一块绒布、几张彩色纸条，稍加修饰即可。

（二）家庭中的音乐教育

家庭是幼儿最早的音乐启蒙学校，家庭成员是幼儿最早的音乐老师。家庭为幼儿的音乐启蒙教育提供了最早的环境和渠道,如给幼儿聆听优美的音乐旋律,让他们领略音乐作品的艺术美,使其情感受到潜移默化的感染和陶冶。古今中外,许多音乐大师都是在学前阶段接受了良好的家庭音乐教育。所以,幼儿园要与家庭沟通,共同促进幼儿的发展。

(三) 社会中的音乐教育

社会中的音乐教育指幼儿园和家庭以外的社会其他机构和场所提供的早期幼儿音乐教育形式,包括各种音乐训练班、儿童音乐表演团体、儿童音乐技能比赛等,也包括广播、电视中的音乐节目。

来自社会的音乐教育内容灵活,活动方式多样,能达到幼儿园、家庭所不能达到的效果。如音乐欣赏,在幼儿园、家庭只能借助音乐录音、录像进行,而在社会的教育环境中,幼儿可以亲临音乐会现场,直接感受音乐效果,更有利于开阔幼儿的音乐视野。但社会音乐中的消极因素也会影响到幼儿的身心健康。所以,我们要积极创造健康的社会音乐环境,丰富幼儿的音乐生活,促进幼儿健康、和谐地发展。

二、幼儿园音乐教育的方法

(一) 示范法

示范法是指教师通过现场的演唱、演奏、动作表演以及图片、实物、幻灯、投影录像等直接性手段,使幼儿获得清晰的音乐表象,提高学习兴趣,从而优化学习效果的一种方法。使用时应注意教师的示范要准确、熟练、自然而富于感染力。动作示范应辅助以适当的语言讲解和提示,注意示范的位置,应使每个幼儿都能清楚地观察感知到。

(二) 语言指导法

语言指导法是指音乐活动中的讲解、提问、描述、反馈、激励等诸多以语言为主要教学方法的总称。在音乐教育中适当确切地运用语言是很重要的辅助方法,能帮助幼儿掌握一定的音乐技能,启发幼儿探索。音乐活动中常用的语言指导方法,一般有讲解、提问、反馈三种方法。

(三) 整体感知法

整体感知法是指在音乐教育活动中,利用音乐形式结构本身的整体统一性和整体协调性,从整体入手,引导幼儿感知、体验并表现音乐的一种方法。感知体验法不仅能表现出音乐形式与音乐内容之间的整体协调,而且能更好地促进幼儿与音乐在音乐审美实践活动中的整体协调。

(四) 多感官参与法

多感官参与是指在音乐活动中调动幼儿的多种感觉器官系统参与,以更好地丰富和强化幼儿对音乐的感受和理解体验,并享受音乐艺术的美。多感官参与法不仅能有效地提高幼儿感知、理解和表现音乐的能力,而且能够调动和激发幼儿参与活动的主动性、积极性和创造性。

在模拟试教中实践幼儿园音乐教育的方法。

第四节　幼儿园音乐教育活动的设计与评价

　　王老师发现幼儿园的歌唱活动中存在着一些问题。如个别教师利用多媒体教幼儿进行歌唱,省略了教师的弹琴示范演唱及教唱的环节;幼儿在唱歌时为了追求声音的洪亮出现了"说唱""喊唱"的现象;还有一些小朋友喜欢唱一些成人的流行歌曲等。

　　作为未来的幼儿园教师,我们应如何设计并组织实施音乐活动?如何评价音乐活动?

一、幼儿园音乐教育活动的设计

(一)歌唱活动的设计思路

　　(1)选择合适的导入方式。主要采用的导入方式有动作导入、直观形象导入、游戏导入、故事情境导入、歌词朗诵导入等。

　　(2)倾听教师范唱。教师范唱时应该为幼儿树立良好榜样,根据歌曲难易程度,可变换形式范唱,通过提问旋律感受、歌词记忆等问题,帮助幼儿理解歌词大意。

　　(3)完整学唱。教师要根据歌曲的性质,结合本班幼儿学习情况,帮助幼儿熟悉旋律、歌词。选用不同的演唱形式进行练习,如全体唱、分组唱、对唱、单唱等方法,并根据学唱情况,分析唱的不好的地方,开展反思评价,提升歌唱水平。

　　(4)创造性演唱。根据歌曲特点,教师要为幼儿提供展现创造力的机会,如创编歌词、歌表演等,使歌曲演唱更丰富有趣。

中班歌唱活动：在农场里

在农场里

美国儿歌

1= D 2/4

| 1 1 2 | 3 1 | 2 0 | 2 0 | 2 2 3 | 4 2 | 3 0 | 3 0 |

猪儿在农场噜　　噜，　猪儿在农场噜　　噜，
牛儿在农场哞　　哞，　牛儿在农场哞　　哞，
鸭子在农场嘎　　嘎，　鸭子在农场嘎　　嘎，

| 5 5 6 | 5 3 | 4 4 | 6 — | 5 5 4 | 2 1 | 1 — | 1 — |

猪儿在农场噜噜叫，　猪儿噜噜噜。
牛儿在农场哞哞叫，　牛儿哞哞哞。
鸭子在农场嘎嘎叫，　鸭子嘎嘎嘎。

【活动目标】

1. 感受歌曲活泼、欢快的特点，学会演唱歌曲，分角色进行歌曲表演。
2. 根据熟悉的动物形象，进行歌词的仿编。
3. 积极参与活动，体验与同伴合作歌唱的乐趣。

【活动准备】

农场图片；小猪、小牛、小鸭头饰若干；小羊、小鸡的图片；Flash"在农场里"。

【活动过程】

（一）谈话导入，观看农场图片，讲述农场里的小动物及叫声

师：这是什么地方？农场里都有谁呀？你能学一学农场里的小动物是怎样叫的吗？

（二）教师范唱歌曲，幼儿初步熟悉歌曲旋律及歌词内容

1. 教师清唱第一遍，请个别幼儿讲述。

师：农场里的小动物可开心了，它们唱起了好听的歌。

师：你听到歌曲里唱了些什么？

2. 教师钢琴伴奏，范唱歌曲第二遍，理清歌词中的动物形象顺序及叫声的节奏。

3. 教师播放Flash"在农场里"，幼儿感受旋律特点，再次熟悉歌曲内容。

师：《在农场里》这首歌曲听上去怎么样？我们应该用什么样的声音演唱歌曲？

（三）学唱歌曲，佩戴头饰进行分角色表演唱

1. 幼儿第一遍练习演唱。

师：让我们和农场里的小动物一起唱歌吧。

2. 幼儿根据喜欢的动物头饰形象,分角色进行歌曲演唱。(此处练习可以进行2遍左右,可以让幼儿自由做动物模仿动作)

师:说一说,你扮演的是谁,当歌曲唱到谁时,谁就来唱歌。

(四)仿编歌词,幼儿集体学唱新歌曲

师:农场里除了小猪、小牛、小鸭,还有很多小动物呢,请你选一种你喜欢的小动物和他的叫声编到这首歌曲里来唱一唱,好吗?

(五)听音乐离开"农场"

师:小朋友们,刚才我们唱了很多小动物,玩了很久的动物表演,让我们去和小动物们说再见吧!

【活动延伸】

1. 在音乐角中,继续进行歌词的仿编及歌表演。
2. 家园合作,回家了解更多的动物特征及其生活习性。

(二)韵律活动的设计思路

(1)为音乐配相应故事。对于初学者来说,一般都需要先设计一个特定年龄幼儿能够感兴趣的故事。故事讲述要简洁,一般情况下需要在一分钟之内讲完;也可扩展至2—3分钟。故事设计要突出重点,即突出与未来表演以及动作转换有关的情节。

(2)为故事配相应动作。律动活动中可采用教师规定的动作,也可采用幼儿创造的相应动作,还可以是教师和幼儿共同创编的动作。动作的设计要遵循以下规律:第一,从大的整体动作到小的精细动作;第二,从不移动动作到移动动作;第三,从单纯动作到复合动作。

(3)跟随音乐完整做动作。一般教师直接带领全体幼儿跟随音乐做动作2—3次。

(4)增加其他挑战。在律动活动设计中还可增添其他更高级的挑战,如人际合作、竞争、创造性表达、队形、乐器、道具等。

案例呈现

大班韵律活动:猫和老鼠

【活动目标】

1. 感受乐曲诙谐、欢快、跳跃的风格,了解其所表达的故事情节。
2. 通过手部游戏、动作创编、故事情节,进一步感受音乐节奏和变化。
3. 体验音乐带来的想象以及模仿大猫、一同游戏的快乐。

【活动准备】

音乐《香草咪咪》。

【活动过程】

(一)创编故事,引起幼儿兴趣

师:有一只大猫特别喜欢跳舞,就连走路的时候都会像跳舞那样一扭一扭的,这只大猫还很爱臭美,会在星期天的早晨穿上漂亮的衣服,化妆出去散步。在隔壁住了一群调皮的小老鼠,就喜欢逗这只大猫玩游戏,大猫去散步,小老鼠也跟在后面学走路,可是小老鼠又怕被大猫发现,它们总是悄悄的。你们知道吗?它们在游戏时还有好听的音乐,我们来听一听。

(二)感受音乐旋律的变化,创编A段相应动作

1. 播放音乐,幼儿欣赏,感受音乐的变化,讨论音乐带来的感受。

2. 师:刚才我们听的音乐有什么不一样的地方?(音量的大小,声音高的是大猫走)教师带领幼儿欣赏乐曲A段。

3. 师:声音高的是猫出来散步了,这可是一只爱臭美的猫,它会做哪些动作呢?(幼儿尝试创编对应的动作,并相互模仿、练习)

(三)带领幼儿欣赏乐曲B段,创编猫去逗老鼠的动作

师:这只大猫在散步的时候总觉得有老鼠跟着,这只大猫怎么去逗这些老鼠呢?(猫去给老鼠挠痒痒,老鼠装死)

(四)听音乐,玩游戏"香草咪咪"。

师:那我们一起来玩玩这个游戏吧!

1. 教师加大动作的难度,让幼儿模仿游戏。

2. 角色交换,请幼儿创编大猫的动作,再玩一次游戏。

(五)增加角色,丰富情节

1. 邀请急性子的猫来表演游戏,幼儿模仿。

2. 教师小结,幼儿听音乐走出活动室。

【活动延伸】

1. 在美工区中,画出猫与老鼠做游戏的场景。

2. 家园合作:回家后和爸爸妈妈一起玩猫与老鼠的游戏。

(三) 打击乐演奏活动的设计思路

(1) 导入活动,引起兴趣。根据活动内容的不同和幼儿年龄的特点,可选择以下导入方式:音乐欣赏导入、歌唱导入、律动导入、情境导入、故事导入、游戏导入。

(2) 欣赏打击乐曲。可采用倾听法、参与法,让幼儿整体感知乐曲。

(3) 练习基本节奏型。根据乐曲特点,可利用动作、语音、图形等方式帮助幼儿掌握基本节奏型。

(4) 随音乐练习合奏。可采用循序渐进的方式进行合奏,刚开始徒手练习,然后拿乐器练习,最后集体练习。

(5) 发展练习。可设计更高级的挑战,如增加配乐的难度,请幼儿进行指挥等方式。

大班打击乐演奏活动:安娜波尔卡[①]

【活动目标】
1. 进一步感受乐曲活泼以及强劲有力的曲风。
2. 会看指挥、同伴进行段落间轮流伴奏和段内轮流伴奏。
3. 在对比伴奏的过程中,体验与教师、同伴合作的乐趣,开始喜欢合奏。

【活动准备】
1. 经验准备:欣赏过乐曲并基本掌握了音乐的曲式结构。
2. 物质准备:《安娜波尔卡》完整选段、段落节奏图谱、乐器图一套;铃鼓、大鼓、沙蛋、响板各若干及小黑板等其他辅助材料。

【活动过程】
(一)熟悉音乐旋律,导入活动
师:小朋友,还记得上次玩过的摘葡萄游戏吗?让我们听着音乐再玩一次吧!
教师引导幼儿结合语词和动作熟悉音乐旋律。
(二)幼儿自选乐器自由为乐曲伴奏
师:今天老师带来了一些乐器,请你选择一种乐器,试试用乐器伴奏会不会让音乐听起来更舒服、更好听。
幼儿自选乐器为乐曲伴奏。
师:刚才的伴奏听起来怎么样?(不整齐、不好听)
小结:原来声音不整齐,节奏很乱、不清晰,会让人觉得不舒服,音乐也不好听。
(三)幼儿按照节奏图谱一起拍手伴奏
引导幼儿结合图谱(图1)共同按照 A 段节奏型一起拍手为音乐伴奏,初步感受演奏相同节奏所产生的音乐之美。
师:你觉得这次跟着音乐的伴奏整齐吗?听起来舒服吗?
师:看来按照统一的节奏演奏,声音会很好听,人听了也会很舒服。
师:我要给这快乐的音乐加点特别的声音。请你听听看,老师提供的乐器中哪种最适合为这段活泼的节奏伴奏?(播放 A 段音乐)
引导幼儿结合图谱(图2)按照 B 段节奏型一起拍手为音乐伴奏,再次感受演奏相同节奏所产生的音乐之美。
师:第一段小朋友配合不错,B 段的节奏变了,我们一起试试吧!
播放 B 段音乐,幼儿拍手伴奏。
师:你觉得这次的伴奏整齐吗?这段最适合用哪种乐器伴奏呢?(大鼓)

[①] 曾小花.大班打击乐活动:安娜波尔卡[J].福建教育,2013(6).

引导幼儿结合图谱(图3)按照A段节奏型一起拍手为音乐伴奏,第三次感受演奏相同节奏所产生的音乐之美。

XX X | XX X | XX X | X X | XX X | XX X | XX X | X X | X X | X X | X X | X X | X X | X X | X X | X X |	X — | X — | X — | XX XX | X — | X — | X — | XX XX | X | X | X | XX XX | X — | X — | XX XX | X — |	XX X | XX X | XX X | X X | XX X | XX X | XX X | X X | XX X | XX X | XX X | X X | X X | X X | X X | X — |
图1	图2	图3

师:这一段适合用哪种乐器伴奏呢?(沙蛋)

教师引导幼儿看节奏图谱一起拍手为音乐伴奏,让幼儿初步感受整齐的音乐听起来更舒服,初步体验良好合作伴奏所产生的音乐之美。同时,帮助幼儿梳理乐曲节奏并确定配器方案,为幼儿根据乐器合作伴奏做好准备。

(四)幼儿配乐伴奏

幼儿体验与同伴、教师合作分组分段轮流伴奏。教师手指图谱引导幼儿伴奏,不用语言提醒幼儿。

师:刚才伴奏的声音清晰吗?感觉舒服吗?

师:要想敲对自己的节奏,要怎么做呢?

师幼共同讨论。

小结:伴奏时需要看指挥,学会等待,轮流伴奏。

教师不指挥,让幼儿自主体验看节奏图谱伴奏,幼儿发现并感受到合作伴奏出的音乐不好听。通过讨论,总结合奏需要注意的事项。

教师引导幼儿再次合作轮流伴奏,进一步提升幼儿合作伴奏的意识。

(五)引导幼儿与教师、同伴合作进行段内轮流伴奏

1. 师幼共同分析句式中的音乐特点。

师:为了让摘葡萄的人马上听到好听的声音,快点来摘葡萄,我邀请大家:"小朋友,小朋友,小朋友,快来!"(念"小朋友"时,声音很轻,念"快来"时,声音很重)

师:我说什么的时候,声音变得很重?

师:好,那我来叫"小朋友",你们用重重的声音帮我说"快来",好吗?(互动2—3次)好,谢谢你们这么帮我,(出示"▽")我把重重的声音贴在这里,在节奏语里"▽"表示重音。

师:有这么多的小朋友帮助摘葡萄"越来越多"(有节奏念词,手指"××××")。我邀请了一个贪吃的小嘴巴帮我伴奏,它就是响板。它会说"越来越多"(手拍响板节奏),我用这个来标记(贴上画有响板的标签)。

2. 幼儿与教师、同伴合作分组轮流伴奏。

师:我要请一组"响板"乐队,专门负责响板的伴奏。谁愿意来呢?现在的分组更多了,更需要合作,大家要注意方法,老师希望你们能有更好的表现。注意,有"▽"标志的节奏要重重拍;贴着响板标签的节奏,大鼓不要伴奏,这是响板组负责的,前奏和间奏的时候大家做好准备,不演奏乐器。

3. 师幼交流伴奏的感受并总结合作的重要性，活动自然结束。

师：这次的合作伴奏听起来怎么样？

师：看来合作的力量真的很强大，会让事情变得越来越好，以后也可以经常尝试合作的方法哦！

活动结束。

安娜波尔卡 1

1 = F 2/4

[奥] 约翰·施特劳斯

[乐谱：含[A]段、[B]段及间奏的打击乐合奏谱，伴奏动作包括"身体左右摇晃""踏脚""拍手""拍腿"等，末尾标注 D.C.]

分析：波尔卡是捷克民间一种轻快、活泼的舞蹈，经常用于庆祝或者民间聚会，深受人们喜爱，它的舞曲也叫作波尔卡。《安娜波尔卡》选段为 ABA′ 曲式结构，第一段和第三段前奏稍有不同。根据音乐的曲风特点和曲式结构，本次活动通过创设摘葡萄的情境，分别开展音乐欣赏和打击乐活动，让幼儿在感受乐曲曲风和熟悉乐曲的基础上，学习与他人合作伴奏，并从中体验合作的快乐。在能够与同伴进行合作轮流伴奏的情况下，增加合作难度，进一步提升幼儿的合作意识，提高幼儿合作伴奏的水平，同时提高幼儿对音乐的感受力，懂得如何表现重音，并巩固八分音符的节奏，提升音乐素养。

（四）音乐欣赏活动设计思路

（1）故事导入，激发幼儿欣赏的兴趣。教师可以用表演、呈现直观教具、提问等方式进行导入。

(2) 引导幼儿完整欣赏音乐。教师可以用提问等方式，鼓励幼儿大胆交流欣赏的初步感受。

(3) 结合图谱，分段欣赏，感受乐曲前后两段的不同情趣。

(4) 运用多种方式欣赏音乐，表达对音乐的理解与感受。可运用绘画、语言、动作等方式表达对音乐的理解与感受。

(5) 教师组织幼儿再次完整欣赏音乐。

大班音乐欣赏活动：野蜂飞舞

【活动目标】

1. 学会渐进式欣赏乐曲《野蜂飞舞》，初步感受乐曲中高低气氛的变化与短促紧张的节奏特点，体会乐曲所表达的情感。

2. 通过说说、画画、动动、游戏等形式大胆表达对乐曲的感受，养成大胆表现和创造的良好习惯。

3. 体验音乐欣赏活动的快乐，调动热爱音乐的情感。

【活动准备】

1. 积累有关野蜂的外形特征、生活习性的知识。

2. 活动前玩过"找带头人"游戏。

3. 《野蜂飞舞》音乐，纸、笔人手一份。

【活动过程】

(一) 引导幼儿分层次欣赏乐曲，感受乐曲的紧张气氛，尝试用语言表达自己对音乐的感受

1. 初步欣赏一小段乐曲。

师：听了这首乐曲，你感觉到了什么？你喜欢这首乐曲吗？（幼儿自由表述）

2. 完整欣赏乐曲，感受乐曲的旋律与节奏特点。

师：这是一首节奏欢快、旋律跌宕起伏、富有变化的乐曲。再来听听，乐曲中野蜂在干什么？（邀请个别幼儿讲述）

教师小结：这首乐曲表现的是一群野蜂在空中飞舞的故事，音乐家把它取名为《野蜂飞舞》。

(二) 幼儿再次欣赏乐曲，尝试用线条表达对音乐的感受

1. 幼儿尝试画路线。

师：成群结队的小野蜂一会儿飞上，一会儿飞下，那你们能不能用手指画一画小野蜂飞舞的路线？

师：现在请小朋友将小野蜂飞舞的路线画在白纸上。

幼儿边听音乐边画野蜂飞舞的路线。

2. 展示幼儿作品，请幼儿介绍自己的作品。

师：你们画的野蜂的路线是什么样子的？为什么有的路线是直的，有的路线是弯弯曲曲的？

（三）创编野蜂飞舞的动作，进一步用动作感受音乐

1. 幼儿自由创编动作。

2. 幼儿展示自己创编的动作，其他幼儿评价并模仿。

师：老师想请小朋友来做做动作，学习小野蜂着急地飞来飞去的样子，你们愿意试试吗？

3. 幼儿听音乐做动作。

师：我们学了这么多野蜂飞舞的动作，现在我们跟着音乐把这些动作连起来做一做。

（四）探讨游戏与音乐的匹配，幼儿随音乐玩"找带头人"游戏

1. 跟着音乐玩"找带头人"的游戏。

2. 引导幼儿观察讨论。

（1）怎样找到带头人？（如看谁第一个编动作，大家的眼睛看着谁，看谁的神情最紧张等）

（2）带头人怎样不让侦查员找到自己？（如等找的人不看自己时再变动作，不要紧张等）

（3）大家怎么保护带头人？（如用眼睛的余光看带头人等）

（五）伴随音乐，教师带着幼儿做野蜂飞舞的动作飞出活动室

分析：乐曲《野蜂飞舞》风格欢快、热闹，描述野蜂在林间、高山、水上急速飞舞的场景。本次欣赏活动循序渐进地引导幼儿来欣赏这首乐曲，通过富有个性的想象、绘画创作、韵律表演、合作游戏等形式表达对乐曲的感受。分层次感受音乐、画音乐的尝试、随音乐自由律动、音乐游戏等环节，师幼之间凭借音乐作为媒介交流审美信息，共同分享音乐带来的愉悦。活动中采用"借助动觉，展示听觉体验"的方法，即通过引导幼儿动口回答问题、动脑想象意境形象、动手描绘音乐、动态模仿野蜂飞舞等，最终使其理解音乐，感受乐曲中高低起伏的旋律变化与短促紧凑的节奏特点，使幼儿从感受音乐逐渐到理解音乐、主动参与音乐欣赏过程，激发他们的审美情趣，提高其对音乐的感受力、表现力和创造力。

二、幼儿园音乐教育活动的实施要点

（一）歌唱活动的实施要点

1. 引导幼儿用正确的发声方法唱歌

歌唱活动是训练幼儿正确使用声带发声的活动，也是对幼儿喉部肌肉能力和声带功能的有益提高。不正确的发声方式会影响幼儿发声器官的正常发育，甚至会造成永久性创伤，培养幼儿用正确的方式唱歌就显得尤为重要。正确的发声方式就是用"自然

的声音"唱歌,放松喉部自然地发声,既要防止过分轻声,更要防止喉部紧张用力地大声喊唱。教师要用范唱引导幼儿用正确的方式唱歌,绝不应该直接用指令的方法要求幼儿压低音量,更不能用"听听谁的声音最大"来误导幼儿。

传统的分句教唱歌曲,通过机械的单句重复练习,让幼儿学会演唱歌曲,幼儿获得的经验是片段的、支离破碎的。整体感知作品的方法可以使幼儿直接地、完整地感受、体验歌曲,更加主动地参与到艺术活动中,探究歌曲的音乐要素及特点,激发幼儿对歌曲演唱和表现活动的兴趣和欲望。对歌曲的整体感知不仅仅是对歌曲的演唱,还包括完整的歌曲表演形式,如表情、动作等。

2. 在歌唱活动中培养幼儿的创造能力

音乐活动是最具个性的活动,每个人对音乐的理解不同,对音乐的表达更个性,而这种与众不同恰恰发展了幼儿的创造力。在歌唱活动的组织实施过程中,教师应提供给幼儿更多表达和表现的机会,鼓励幼儿的与众不同,以发展幼儿的创造能力。不同的歌唱方式可以表现不同的音乐作品,同一首歌曲可以用不同的表现方式进行表演,获得不同的音乐体验;选择适宜的内容,引导幼儿进行歌词的改编和创编,还可以进行身体动作的创编,有一定音乐经验的幼儿,还可以进行简单的、标题性的幼儿歌曲创编(包括旋律和歌词),在轻松愉快的气氛中,让幼儿感受音乐带来的快乐。但要做到适度,无限制地重复创编活动会造成幼儿兴趣的衰减和注意力的涣散。

(二)韵律活动的实施要点

1. 发展幼儿乐感,积累动作语汇

在组织韵律活动时,教师应该先教会幼儿听音乐,并随着音乐的节拍做动作。动作的学习应从简单到复杂,从基本的身体动作到模仿动作再到舞蹈动作,发展幼儿身体的协调性。逐步丰富幼儿的动作语汇,并鼓励幼儿在已经掌握的动作的基础上,主动地创编新动作,进行动作的分类储存,并能够根据音乐的风格,调取相应的动作,大胆地进行肢体表现。

2. 丰富幼儿的生活经验

幼儿的韵律动作语汇,是幼儿对熟悉的事物及生活经验的模仿和再现,它来源于生活,是艺术化的生活。例如,律动"小鸟飞",就是在观察现实生活中小鸟飞的基础上,通过用手臂模仿小鸟飞时翅膀上下扇动的样子,艺术地再现生活经验,获得韵律动作经验。由于幼儿年龄的限制,对周围事物的认识有限,生活经验不足,这就要求教师要有意识地帮助幼儿扩大生活范围,关注生活细节,并能够用自己的动作,形象地模仿和再现。

(三)打击乐演奏活动的实施要点

1. 重视感受演奏的整体音响效果

打击乐演奏活动,是体现幼儿合作性的活动。多声部演奏过程中,要引导幼儿不能仅仅关注自己的声部,更要关注整体音响效果,以及各声部在整体音响中的作用。

2. 教师指导节奏乐活动的技巧

(1) 哼唱曲调

哼唱曲调是教师指导幼儿进行打击乐演奏活动必备的技巧。教师哼唱使得音乐的

开始、结束、速度、表现力能够根据幼儿的演奏表现而变化,这对幼儿在打击乐演奏中随乐能力的培养有重要的意义。

(2) 指挥

指挥是乐队的核心,在幼儿打击乐活动中,指挥也发挥着重要的作用。教师应学会和善于使用指挥技术,使用击打节奏型的方法进行指挥,而不要使用划节拍的方法,甚至可以将幼儿演奏乐器的模仿动作做出来,以提示幼儿轻松、自如、正确地演奏和享受音乐。

(四) 音乐欣赏活动的实施要点

1. 利用多种感官感受音乐

幼儿期以直观形象思维为主的特点,决定了幼儿更容易接受通过多种感官直接获取的信息,而对这些直接信息的整理、分析和归纳,形成了幼儿对事物的认知。对幼儿来说,音乐不仅仅是听觉的艺术,音乐欣赏活动也不仅仅是耳朵的运用。在活动过程中,教师应调动幼儿多种感官,通过为幼儿提供视觉(图片、实物等直观教具)、听觉(音乐)、运动觉(韵律动作、身体乐器等)、言语知觉(文学作品、讲解、讲述等)等多感官刺激,帮助幼儿打开多种感知通道,引起幼儿的情感共鸣,整体感受和体验音乐作品表达的情绪,体验音乐活动的快乐。

2. 采用多种方式表现音乐

音乐欣赏活动是输入大于输出的活动。教师应鼓励幼儿大胆地、用自己喜欢的方式表达自己对音乐的理解和感受,如语言、歌唱、舞蹈、绘画、手工等。这种表达不仅是幼儿情感的释放,更是幼儿自我表达、建立自信、社会交往的重要形式。

三、幼儿园音乐教育活动的评价

(一) 对幼儿园音乐教育活动过程的评价

音乐教育活动过程是一个综合而复杂的过程,对活动过程的评价也是一个动态的评价过程,它涉及教师、幼儿以及其他方方面面。一般来说,可以从以下几个方面着手进行评价。

1. 评价教师的行为

主要是指对教师在活动中的教态、精神面貌做出一定的评价。具体包括教师在音乐活动中的教态亲切自然、精神饱满且有一定的热情;对歌唱、韵律动作等技能能做到正确而清晰地示范讲解;能巧妙而熟练地运用角色的变化引导幼儿学习音乐技能;善于创设一定的音乐活动情境,设置一定的有效提问,以引发幼儿主动学习的兴趣和激发幼儿的独立思考,进行创造性的音乐表现。

2. 评价活动中教师与幼儿的互动情况

主要包括:为幼儿提供与音乐教育目标相一致的音乐学习经验;所提供的音乐学习经验能有效地促进幼儿在音乐和其他方面的和谐发展;注意到在音乐活动过程中充分激发幼儿的兴趣、意志、自信、独立等良好的心理品质;为幼儿提供音乐活动中人际交往的机会,特别是幼儿之间相互学习和自由交流的机会;鼓励和引导幼儿积极参与音乐活动,并在其中灵活而自主地学习音乐;注意到音乐活动中与幼儿的情感交流以及为幼儿之间的情感沟通创设机会和条件。

3. 评价活动的组织形式

主要包括:恰当地采用集体活动、合作活动以及个别活动等多种组合和变化开展音乐活动;组织形式既适合大多数幼儿音乐发展水平的需要,又体现对个体差异的尊重和照顾。

4. 评价活动的结构和安排

主要包括:音乐活动的结构安排紧凑、有序;注意到音乐活动中每个环节和步骤之间的层次性、系列性和递进性;体现音乐活动结构安排上的动静交替。

(二) 对幼儿音乐发展水平的评价

对幼儿音乐发展水平的评价,从审美感受、艺术表现、想象创造三个方面进行,需要对不同的年龄班制定不同的评价指标。

1. 审美感受方面

(1) 小班

① 能集中注意倾听或观看喜欢的音乐舞蹈表演,能在音乐活动中体验快乐。

② 愿意参加音乐游戏和舞蹈活动,多渠道参与体验、感受。

(2) 中班

① 会听前奏、间奏,感受不同性质的歌曲和乐曲。

② 感知音乐中明显的音高、速度变化,感受二拍子、三拍子节拍的特点。

(3) 大班

① 感受典型的不同类型的音乐,体会明显的乐曲特点。

② 感受、理解和欣赏有典型特点的音乐作品。

2. 艺术表现方面

(1) 小班

① 能进行唱歌、律动、打击乐等活动,会跟着音乐做简单的身体动作。

② 会唱简单、熟悉的歌曲,声音响亮、发音清楚。

(2) 中班

① 能基本唱准歌曲,并知道通过动作、打击乐、语言等形式理解、表现音乐,能随音乐做简单的舞蹈动作,体验情绪情感。

(3) 大班

① 随音乐的变化改变动作的力度、速度,用动作、表情自然地表达情感。

② 吐字清楚,唱出歌曲中明显的力度和速度的变化,恰当表现歌曲的情感;会看指挥,用多种乐器进行合奏。

3. 想象创造方面

(1) 小班

① 对自己熟悉、喜爱的歌曲、乐曲能进行自主的模仿。

② 能随音乐律动做简单的模仿动作

(2) 中班

① 学习仿编歌词及舞蹈动作,能替换短小歌曲中的名词、动词,会创编简单的舞蹈

动作。

② 将新编的歌词替换到歌曲中,有一定的想象力和创编能力。

(3) 大班

① 利用各种小乐器、自制玩具进行节奏活动。

② 随音乐想象创编舞蹈动作,用自己喜欢的方式表现音乐。

技能训练

1. 以小组为单位,为歌曲《小树叶》选择适宜的年龄班,设计活动方案并模拟试教。

小树叶

陈镒康 词
茅光里 曲

1= G 2/4

3 3 3 2 | 1 0 5 0 | 3 3 3 3 | 2 — | 2 3 5 |

秋 风 起 来 啦, 秋 风 起 来 啦, 小 树 叶
小 树 叶 沙 沙, 沙 沙 沙 沙 沙, 好 像

3 3 2 | 1· 6 | 1 — | 7· 7 | 7 7 6 5 | 6· 1 |

离 开 了 妈 妈, 飘 呀 飘 呀 飘 向 哪
勇 敢 地 说 话, 春 天 春 天 我 会 回

2 — | 2 3 5 | 3 2 | 1 — | 1 0 ||

里? 心 里 可 害 怕?
来, 打 扮 树 妈 妈!

2. 按规定格式撰写小班韵律活动"穿大鞋,真有趣"活动方案,并分组进行试教。

穿大鞋,真有趣

马 成 词曲

1= F 4/4

1 3 3 0 | 3 5 5 0 | 4·4 6 6 04 | 3·3 2 2 0 |

穿 大 鞋, 真 有 趣, 踢 拉 踏 踢 踏, 踢 拉 踏 踢。

1· 1 3 3 3 0 | 3·3 5 5 5 0 | 4·4 6 5 5 | 2 1 1 0 ||

当 个 小 鸭 子, 跳 个 摇 摆 舞, 踢 拉 踏 踢 踏, 踢 踏 踢。

真题链接

1. 教师在组织幼儿园中班活动时,合理的做法是(　　)。(2018年上半年《保教知识与能力》)
   A. 要求学前儿童用胸腹式联合呼吸法歌唱
   B. 鼓励学前儿童用响亮的声音唱歌
   C. 鼓励学前儿童唱八度以上音乐的歌曲
   D. 要求学前儿童用自然声音歌唱
2. 2018年幼儿园教师资格考试面试真题:歌曲《小蜜蜂》
内容:
(1) 弹唱歌曲。
(2) 音乐律动展示。

小 蜜 蜂

1=G 2/4　　　　　　　　　　　　　　　　　　　　和平 词曲
中速

5 5.6 5 - | 3 5 1 2 - | 2.2 2 3 5.6 | 5 -
花 园 里, 鲜 花 开。 小 蜜 蜂 采 蜜 忙。

5 5.6 5 - | 3 5 1 2 - | 6.1 2 3 2 2 1 | 1 - :||
啦 啦 啦 啦 啦 啦, 飞 来 飞 去 采 蜜 忙。

基本要求:
(1) 弹唱歌曲。
完整、流畅弹奏,节奏准确。
有表情地歌唱,吐字清晰,准确把握音高。
(2) 音乐律动展示。
根据歌曲音乐的节奏,创编相应的肢体动作;边哼唱边打拍子,把握音乐节拍的强弱;表情自然,肢体动作与音乐节奏相符贴切;有一定创意。
(3) 请在10分钟内完成上述任务。

参考文献

[1] 陈秉龙,赵洪.幼儿园教育活动设计与指导[M].上海:同济大学出版社,2021.

[2] 华洁琼,杨丹,孙雁.幼儿园教育活动设计与实践[M].湖南:湖南师范大学出版社,2021.

[3] 高敬.幼儿园教育活动设计与指导[M].上海:华东师范大学出版社,2014.

[4] 叶亚玲.幼儿园教育活动设计[M].上海:复旦大学出版社,2014.

[5] 杨旭,杨白.幼儿园教育活动设计与指导.上海:复旦大学出版社,2014.

[6] 学前儿童身体健康教育问题探析[J].刘春雨等,文教资料,2021(9).

[7] 加强儿童心理健康教育,促进学前儿童心理健康发展——评《学前儿童心理健康教育》,王志贤[J].学前教育研究.2020(6).

[8] 浅谈学前儿童心理健康教育存在的问题及对策[J].张欣,考试周刊,2019(67).

[9] 顾荣芳. 幼儿园健康教育论[M].南京:江苏教育出版社,2009.

[10] 倪晓寅,吴兴莉. 幼儿园健康教育园本课程的构建与实施[J]. 上海教育科研,2005(12):80-82.

[11] 王慧玲.幼儿园健康教育活动与指导[M].北京:北京师范大学出版社,2016.

[12] 张晓辉,王小芳,曾朝坪.幼儿园健康教育活动与指导[M].北京:北京理工大学出版社,2018.

[13] 唐冰瑶,刘伟.幼儿园健康教育活动与指导[M].南京:南京大学出版社,2019.

[14] 赵寄石.学前儿童语言教育[M].北京:人民教育出版社,1993.

[15] 周燕.幼儿园语言教育与活动指导[M].南京:南京师范大学出版社,2018.

[16] 李季湄,冯晓霞.《3—6岁儿童学习与指南》解读[M].北京:人民教育出版社,2013.

[17] 叶亚玲.幼儿园教育活动设计[M].上海:复旦大学出版社,2019.

[18] 曲新陵,章丽.幼儿园综合教育课程[M].南京:江苏教育出版社,2013.

[19] 周兢,张杏如.幼儿园活动整合课程[M].南京:南京师范大学出版社,2009.

[20] 施燕.学前儿童科学教育[M].上海:华东师范大学出版社,2008.

[21] 董英伟,陈文凯.学前儿童科学教育(第2版)[M].长春:东北师范大学出版社,2018.

[22] 华洁琼,杨丹,孙雁.幼儿园教育活动设计与实践[M].长沙:湖南师范大学出版社,2020.

[23] 杨旭,杨白.幼儿园教育活动设计与指导[M].上海:复旦大学出版社,2014.

[24] 姚雪栋.STEM教育在幼儿园科学教育中的有效融合[J].读写算,2021(30):

37-38.

　　[25] 张俊.幼儿园数学领域教育精要——关键经验与活动指导[M].北京:教育科学出版社,2015.

　　[26] 徐莹莹.幼儿园数学教育与活动指导[M].南京:南京师范大学出版社,2018.

　　[27] 李军华.学前儿童数学教育活动指导[M].西安:陕西师范大学出版社,2013.

　　[28] 教育部教育管理信息中心组编.全国优秀幼儿社会教育活动课例评析[M].重庆:西南师范大学出版社,2011.

　　[29] 刘晶波等著.幼儿园社会领域教育精要—关键经验与活动指导[M].北京:教育科学出版社,2015.

　　[30] 徐慧.幼儿社会教育活动设计与指导[M].北京:北京师范大学出版社,2016.

　　[31] 彭海蕾.学前儿童社会教育与活动指导[M].北京:教育科学出版社,2012.

　　[32] 许卓娅.幼儿园音乐教育与活动设计[M].北京:高等教育出版社.2009.

　　[33] 刘昕.学前儿童艺术教育与活动指导[M].北京:教育科学出版社,2020.

　　[34] 黄瑾.学前儿童音乐教育[M].上海:华东师范大学出版社,2001.